怎样上好一节精彩的

思政课

俞慧文 主编

朱双双 副主编

上海教育出版社

图书在版编目（CIP）数据

怎样上好一节精彩的思政课 / 俞慧文主编；朱双双
副主编. — 上海：上海教育出版社，2023.11
ISBN 978-7-5720-2412-2

Ⅰ. ①怎… Ⅱ. ①俞… ②朱… Ⅲ. ①思想政治教育 –
研究 – 中国 Ⅳ. ①D64

中国国家版本馆CIP数据核字(2023)第236409号

责任编辑　袁　玲
书籍设计　王　捷

怎样上好一节精彩的思政课
俞慧文　主编
朱双双　副主编

出版发行　上海教育出版社有限公司
官　　网　www.seph.com.cn
地　　址　上海市闵行区号景路159弄C座
邮　　编　201101
印　　刷　上海商务联西印刷有限公司
开　　本　787×1090　1/16　印张 14.5
字　　数　309 千字
版　　次　2024年1月第1版
印　　次　2024年1月第1次印刷
书　　号　ISBN 978-7-5720-2412-2/G·2142
定　　价　58.00 元

如发现质量问题，读者可向本社调换　电话：021-64373213

序

打造"红色一课"，传承红色基因

上海的红色资源丰富而遍布全市，它们既凝固着历史，又承载着精神。在模范机关创建中，上海市教师教育学院在中共上海市教育卫生工作委员会、上海市教育委员会的指导下，开展上海"红色一课"馆校合作优秀课程征集及展示活动，牢牢把握课堂主阵地，用好用活红色资源，推动红色资源融入教育体系，让党史学习教育可见可感，将丰富多彩的学习成效转化为实实在在的工作实效。

一、为什么要开展"红色一课"

习近平总书记明确指出："上思政课不能拿着文件宣读，没有生命、干巴巴的""'大思政课'我们要善用之，一定要跟现实结合起来"。

第一，知识学习本身具有教化作用，馆校合作课程不是干巴巴地简单宣读与识记知识，而是把知识置于实践场域，化知识为实践能力和真实情感，实现理论与实践的统一和升华。通过馆校合作，把红色资源融入教学，便是重要且有效的实践路径。通过与校外的各类馆所相结合，让知识可见，让能力可感，让责任可担。

第二，馆校结合的价值在于学科教学方法的逐步创新和完善。教师通过运用场馆资源，逐步把循证教学的思想融入学科教学，使学生在场景中体验和感悟真实的历史。在该项专题活动中，教师设计了多种场馆教学模式，学生在场馆中不仅能看到鲜活的资源，还能形成一种史学方法。

第三，所有的课程都在场馆中进行。一方面让场馆发挥了更大的作用；另一方面形成了示范性课程的辐射作用，为教师利用场馆资源开设课程提供了参考，也为"双减"政策下的学校课后服务提供了优质资源包。

二、"红色一课"的亮点

"红色一课"的教学模式是将具有历史价值和教育意义的场馆、重要遗址旧址、重要文献、手稿等资源融入现场情境教学与实景课堂教学，让思政教育"实起来"，让红色资源"活起来"。

获得"最美教师"称号的陈明青老师带着学生在上海市龙华烈士陵园讲述英烈们用生命守望信仰的故事。当学生们走进局促的牢房，看到残酷的刑具时，不仅为之感动，还受到震撼，并对坚守有了不一样的感悟。陈老师还设计了一个百年问答，让学生问百年前的英烈"为什么会信仰共产主义",以生动鲜活的实景微课,讲好"四史",引导学生正确了解党和国家历史上的重大事件、重要人物和历史成就,从而做到知史爱党,知史爱国。

钱学森是从小学到高中思政课中都会提及的人物。当教师带着学生走进钱学森图书馆,学生见到钱学森当年回国过程中的手写信件、导弹模型、充满冲击力的大幅图片、珍贵照片等场馆教育资源时,能真正感受到钱学森不仅是一名伟大的科学家,更是一名拥有爱国情怀的共产党员。这种教学效果是课堂教学所达不到的。

在上海电信博物馆中,授课教师为了让学生能感受到当年李白烈士的一个个惊心动魄的发报瞬间,让学生亲手制作发报机,以及创设模拟隐蔽战线,体验发报收报的全过程,进而让学生感受到中国共产党人不屈的革命精神。

三、"红色一课"的组织和效果

"红色一课"由上海市教师教育学院和上海市青少年学生校外活动联席会议办公室、上海市学生德育发展中心共同举办,收到各区申报的微课共计 284 节。经专家评审后,有 100 节微课入选优秀课程。同时,开发了初心之地、复兴之路、强国之梦、文化之根、魅力之城五个课程群。

"红色一课"的成员都是"双名工程"成员、特级教师、高校教师、教研员等骨干教师,涉及一千多人次。前后历时半年,教师走出学校,走进场馆,与馆员同上一节课。他们注重课内外衔接,将百年工业、百年金融、百年市政和百年伟人等教育内容与语文、历史、思想政治、劳动等学科教学相结合,在教学中采用了探究、体验、模拟等生动的教学方式,构建了全员育人的教育大格局。

"红色一课"是上海市教师教育学院开展党史学习教育的生动实践,推动党史学习教育"落地有声",引导广大师生厚植理想信念和爱国情怀,增强使命担当,站在新的历史起点上,学史明理、学史增信、学史崇德、学史力行。

教育部高等学校思想政治理论课教学指导委员会副主任
上海市重大行政决策咨询论证专家
2023 年 10 月

前　言

党的十八大以来，党中央高度重视青年思想政治工作。习近平总书记多次召开会议、考察学校、致信勉励，就办好思政课做出一系列重要论述、重要部署。习近平总书记指出："'大思政课'我们要善用之，一定要跟现实结合起来。"在习近平总书记重要讲话精神的指导下，上海市作为"大思政课"建设综合改革试验区，积极推动"大思政课"建设，而上海市教师教育学院则聚焦思政课和思政课教师队伍建设，进行馆校合作课程的理论和实践探索。本书既是思政课建设的成果体现，也是对党的二十大精神的深入学习。

本书是思政课教师对馆校合作课程的一次积极探索。一方面，通过学习、研讨、撰文等方式，提高思政课教师对馆校合作课程内涵的认识，分析了运用场馆资源开发课程给不同学段思政课教师带来的要求和挑战；另一方面，通过开展教学设计和教学实践，不同区域、不同学段思政课教师正努力把"大思政课"建设从理论上的可能性转化成实践上的可行性，不断探索馆校合作背景下思政课建设在教学环节上真正落实的路径。

本书的特点在于，集中了不同学段思政课教师的理论和实践智慧，从思政课纵向贯通的角度进行了馆校合作背景下思政课建设的理论探析和实践探索。特别值得一提的是，本书中的绝大部分作者参与过中小学思政课骨干教师培训班或大中小学思政课一体化主题教学展示活动，他们一直发挥着"种子教师"的作用，分享自身的感悟、思考、实践，为上好一节精彩的思政课不断积极探索。因此，本书也是他们发挥种子效应的新形式。

上海是中国共产党的诞生地。优良的革命传统、深厚的红色底蕴等，为爱国主义教育提供了取之不竭的素材和养分。"红色一课"是在建党百年这一伟大历史节点，在中共上海市教育卫生工作委员会、上海市教育委员会的指导下，上海市教师教育学院、上海市青少年学生校外活动联席会议办公室、上海市学生德育发展中心将上海红色资源与学科教学相结合的一次积极探索，是全面推进"大思政课"建设中教学形式与内容的一次改革创新，是用好爱国主义教育基地等校外教育资源的一次深入实践。此外，还在安徽和江苏的部分红色场馆进行了教学探索。因此，这些亲历者对本次馆校合作课程教学的反思与分享，无疑会给广大思政课教师带来启示，这也是本书的独特之处。

本书的编著完成，首先要感谢这样一群有理想、有信仰、有想法、有做法的一线思政课教师在繁忙的教学工作之余还乐于思考和勤于探索，他们的理论领悟力、实践执行力都非常强。其次要感谢高德毅教授为本书作序，以及邹竑、陈明青、秦书珩、季晓军、杨颖、傅强等老师给予的专业指导，还有为每一节思政课做精彩点评的市、区思政学科教研员和思政名师等。

本书是 2020 年上海市马克思主义理论教学研究"中青年拔尖人才"计划项目"智能情境下跨区域小学思政课教师专业发展路径研究"(项目编号:2020BJ49)的阶段性研究成果,也是 2023 年度上海市教育科学研究项目"上海高校哲学社会科学研究专项""'伟大建党精神'融入思政课教学的课例研究"(项目编号:2023ZSW016)的前期研究成果。

最后,还要感谢上海市教师教育学院周增为书记、陈霞研究员对本书编著工作的大力支持,感谢上海教育出版社公雯雯老师、袁玲老师对本书出版的帮助。本书能顺利出版,与她们的支持和帮助分不开,在此一并表示感谢。

编者

2023 年 9 月

目　录

一块感恩石的记忆

华东师范大学附属天山学校　季晓军

教学实录

师:同学们,在长宁区的中山公园里,有这样一座占地1300平方米的博物馆,它就是上海凝聚力工程博物馆。参观这座博物馆前,大家有没有什么想要了解的呢?

生1:我有个问题,什么是凝聚力工程?

生2:我想知道为什么上海要建一座凝聚力工程博物馆。

师:你们提的问题都非常好。今天,就让我们带着这样两个问题,走进这座博物馆,一起探访学习。

师:同学们,这座博物馆大厅里的浮雕凝聚了很多的往事和记忆,让我们一起来看一下。

生1:老师,这块浮雕上写了党员服务中心、平价菜供应点、博客,这些看上去都很平常。

生2:老师,那边还写着感恩石。感恩不是应该放在心里吗?为什么要刻在石头上?

生3:老师,这里为什么会有一块感恩石?这块石头和普通的石头又有什么区别?

师:看来大家对这块感恩石都特别感兴趣。这块感恩石的等比例复制品就在这座博物馆里。我们今天的学习任务就是带着你们手中的任务单进行探究。

【出示活动任务单】

1. 寻找博物馆中的感恩石。

2. 思考:谁为谁建的感恩石? 为什么要建感恩石? 为什么要在上海凝聚力工程博物馆放置这样一块感恩石?

师:同学们,大家都已经完成了第一个阶段的探究任务,找到了这块感恩石。对于任务单上的问题,大家都有答案了吗?

生1:刚才我们小组看了资料,知道这块感恩石是虹储小区的居民为其党支部和居委会建的。

生2:是的,建这块感恩石是因为朱国萍。当时,她是虹储小区的党支部书记,带领党员解决了小区的水质变味、污水泛滥等生活难题。

生3:她不仅带领党员解决了水的问题,还解决了煤气的问题。朱国萍书记和其他党支部成员一直想的都是让群众得实惠。

生4:朱国萍书记解决这些问题的过程不是一帆风顺的,开始的时候很多人都不配合。

为了保证工程顺利推进,朱书记就和班子成员上门做工作,耐心地对那些居民进行劝解,直到他们同意配合。

生5:是的,这个过程真是太不容易了。他们还遇到过各种问题,比如,施工资金不够、居民意见不统一、天气恶劣等,但他们从没想过放弃。

生6:在施工的时候,朱国萍书记和其他党支部成员天天在工地上转,能及时发现问题并努力解决。比如:发现临时步行踏板没搭好,他们就自己动手搭建;发现施工队有不文明施工现象,他们就上门好言规劝,把妨碍居民生活的负面影响降到最低;雨天路滑,他们就抬出木板、草垫,铺在泥泞的施工路段,防止人们滑倒、摔伤。小区居民将这些付出看在眼里,记在心里,也就多了一份理解和支持。

生7:工程结束后,居民用上了清洁的水,换上了安全的煤气管,家家户户欢欣不已。他们就自己凑钱雕刻了一块感恩石,并将其立在小区入口的绿化带里,用来感谢虹储小区的党组织为民办好事、办实事。寄托着居民心声的感恩石,就是这样矗立起来了。

生8:关于这个故事还有后续,每年7月1日前后,总会有居民自发地聚集到感恩石前,自带刷子和颜料,将感恩石上的字一遍遍描红。十几年过去了,感恩石虽经历风吹日晒,但是上面的字迹却依旧崭新如初。

师:同学们讲述的关于这块感恩石的故事非常完整,也非常真实。虹储小区的居民们用这样一块感恩石来铭记对朱国萍书记和她的党支部班子的感恩之情。我想问问大家,为什么要在上海凝聚力工程博物馆里放置这样一块感恩石?

生1:我觉得是想把这个党员帮助群众,群众铭记感恩的故事记录下来,告诉更多的人。

生2:这块感恩石就是那段记忆的见证。把它搬进博物馆,也是为了将这份真心实意为人民办事的信念传递给更多的党员干部,影响和激励他们的行为。

生3:我觉得这也是为了让更多的人去了解这个故事,学习这种精神。我刚才看了一段介绍说,每一次开会,朱国萍书记总会带着班子成员来到感恩石旁。她说:"工作好不好,就看感恩石干不干净;我们受教育到不到位,就看为老百姓办的事是不是办到老百姓的心坎里。"

生4:老师,这块感恩石是不是就说明了这座博物馆的名称?像朱国萍书记那样的党员,真心实意为老百姓解决困难,就把大家的心凝聚在一起。大家团结在一起,听党话、跟党走!

师:同学们把这个探究任务完成得非常棒!朱国萍书记和班子成员正是在这块感恩石的见证中,彰显了他们了解人民的困难,一心解决人民生活问题的一种党员精神。几十年如一日,了解人、关心人、凝聚人。

师:同学们,在参观这座博物馆的过程中,你们有没有发现其他类似凝聚人心的故事呢?

生1:老师,我们小组还注意到了这个水盆,它让我们特别感动。1991年8月7日,上海下了场特大暴雨。当时苏州河旁的华阳路街道都是旧式里弄棚户区,十家人家有九家进了水。居民们把家里几乎所有的盆啊桶啊都拿来接水了。

生2:那么大的雨,人们都回到家里躲雨、接水。但是,很多街道干部却赶到受灾比较严重的居民家里,帮助他们一起用水盆、簸箕等舀起屋里的水往外倒。

生3：我们当时就在想，这么大的雨，用水盆舀水其实也解决不了什么问题。等雨停了，水自然会慢慢干。为什么这些街道干部还要去做呢？在博物馆的视频里，我们看到当时的居委干部说："尽管这些水用水盆舀不完，虽然它也会自己干，但在这样的时刻，我们一定要出现在居民家中，与他们同甘共苦，这是我们必须做到的。"

生4：如果我是受灾的居民，在我们最需要帮助的时候，这些居委干部不顾自己家的困难，和我们在一起，我一定特别感动。

生5：老师，我们认为这个水盆是凝聚人心的表现，民心就是这样逐渐凝聚起来的。

师：你们说得太对了。这些党员的心中始终装着群众，在最困难的时候，他们始终和群众在一起，以身作则，为群众排忧解难，安抚民心。

生1：我们小组觉得这些街道干部的走访笔记也很重要。这些笔记详细记录了华阳路街道的党员干部是怎样帮助群众的。他们在帮助群众前，先详细地了解群众的困难，细致地开展走访工作。

生2：你们看，根据当时的排摸结果，华阳路街道将有困难的群众分成不同的类别，针对不同的需要，提供不同的帮助，对症下药。

师：说得很对。因为他们串百家门，知百家情，才能雪中送炭，解百家难，暖百家心。

生1：刚才，我们小组找到了一个铜铃，它的背后也有一个凝聚人心的故事。居委会的杨金秀阿姨只要一摇铃铛，家家户户就会打开窗户，居民们都会跟着杨阿姨一起打扫卫生。

生2：不仅如此，如果有居民吵架或者不开心了，只要杨阿姨一出现，大家都会停下来，愿意听她的调解。在当时的报道中，有一位阿姨是这样说的："她是党员，事事都带头走在前面，我们就都跟在后面。只要她一号召，我们就都会响应起来。"

生3：我们认为这也是一种凝聚人心的体现。因为杨阿姨不但为大家着想，而且带头吃苦，大家都愿意跟着像她这样的党员。

师：就像刚才这个小组同学发现的故事一样，只要党员带头走，扎扎实实、聚精会神地为人民群众排忧解难，人民群众就会自然而然地听党的话，跟着党一起干！

师：从同学们刚才分享的故事中，老师也深刻地感受到正是无数基层的党员用他们经年累月的真心和行动，架起了党和群众之间联系的桥梁。从了解人、关心人到凝聚人，其实并没有什么惊天动地的大事。但正是在这一件件小事中，聚拢了人力，凝聚了人心。

师：一转眼，20多年过去了，当年的那股力量现在怎么样了？

师：看到这儿，你们有什么感受吗？

生1：我看见这股凝聚起来的力量越来越大！

生2：我看到凝聚力工程的范围越来越广，已经从之前的华阳路街道发展到整个上海了！

生3：老师，我要补充。除了队伍越来越庞大外，凝聚力工程也在不断创新，开发新的服务项目。

师：你们说得都不错，从过去到现在，凝聚力工程发生了很大的变化。其中有没有什么是不变的？

生1:我觉得他们全心全意为人民服务的想法没变。

生2:用之前故事里的话来说,凝聚力工程做的都是让老百姓看得见的实事。

生3:是的,都是在解决老百姓的困难。

师:是啊,从当年的华阳路街道发展到今天的整个上海,从当年解决群众的温饱问题到今天大范围的便民服务,从当年凝聚党员和群众到今天凝聚全社会,一切为了群众,为了群众的一切。无论时代和社会怎么改变,中国共产党人这颗全心全意为人民服务的初心一直都没有变化。

师:同学们,现在你们明白为什么上海要建造这样一座博物馆了吗?

生1:我想是为了让我们铭记,在20多年前,上海就有这样一群党员,为人民群众排忧解难,奋斗至今!

师:说得真好。

生2:在这座博物馆里了解了这么多故事,我很感动。因为我就是从小生活在长宁区的孩子,我在爷爷奶奶家里也见到过这些老物件,可没想到它们背后有这么多故事。我想,我生活的地方正是因为有了这些叔叔阿姨的辛勤付出,才会变得这么美好。

生3:我们要珍惜现在的幸福生活,因为在这背后是无数人的辛勤付出。作为一个上海人,我很幸福,我也会像那些叔叔阿姨一样,做一个关心身边人、帮助身边人的人。

生4:和刚才的同学说的一样,我也会帮助生活中那些需要帮助的人。可能我的年纪还比较小,能做的事也不多,但我觉得有的时候做一些力所能及的小事,说不定就能成为别人生活中的微光。

师:大家说得真棒。

生5:就像他说的那样,作为一名小学生,除了要学好知识、打好基础外,我还打算积极参加校内外的志愿者活动,用自己的课余时间去帮助别人,从小事做起,争做祖国未来合格的建设者和接班人。说不定多年以后在这座博物馆中也会有我的故事!

师:同学们说得真是太好了,老师也被你们刚才的话语感动了。2021年是中国共产党成立100周年。当前,全国各族人民在中国共产党的领导下,正满怀信心地向着第二个百年奋斗目标努力前进。老师希望你们铭记此刻的感动,不忘初心、牢记使命,在今后的学习和生活中,不断通过自己的实际行动,努力让自己成为新时代的建设者和接班人。

 教师手记

从"认识"到"认知"再到"认同"

——关于"一块感恩石的记忆"的教学思考

欣然接受这节红色文化场馆资源课的教学任务,虽然于我而言是一次挑战,但我认为,

这样的场馆思政课应该是今后"大思政课"的一种常态。因为红色文化蕴含着巨大的凝聚力和感染力，是实现文化自信的精神源泉和动力。上海作为中国共产党的诞生地，是中国红色文化的源头，拥有丰富的红色文化资源。研究、挖掘、梳理上海的红色文化资源，并用实践智慧将之转化为新时代"大思政课"鲜活的教学资源，是思政课教师适应课程发展要求的必然选择。

小学阶段是学生整个人生成长过程中的启蒙阶段，在这一重要阶段进行价值观启蒙教育尤为关键。2007年，习近平总书记在上海市长宁区调研时指出："要切实提高党建工作的有效性，真正做到，哪里有群众，哪里就有党的工作；哪里有党员，哪里就有党组织；哪里有党组织，哪里就有党的战斗力。"我选择上海凝聚力工程博物馆作为校外课堂和教学资源有两点原因：一是因为这座博物馆是基层党建特色博物馆，对于新时代儿童从认识基层党建工作的重要意义，到逐步形成拥护党的领导和社会主义制度以及坚持和发展中国特色社会主义的认同、自信与自觉，有重要而独特的学习价值；二是因为这座博物馆就在我们身边，就在长宁区的中山公园里。孩子们虽然很多次从这里经过，但却对这里很陌生。

场馆资源具有巨大的学习效应，因此可以把思政课放到博物馆里，延展思政课的学习空间。但是，如何发挥博物馆的教育功能，让博物馆具有教育性，把巨大的学习效应转化为学生真实、深度、有效的学习，是需要深入思考和精心设计的。上海凝聚力工程博物馆有丰富的学习资源，对小学生而言，如何选择学习内容，如何组织和指导学习，将会对他们的成长和收获产生极大的影响。由于小学生的学习有其特殊的规律，在上海凝聚力工程博物馆的学习中，我们充分关注学生道德建构从"认识"到"认知"再到"认同"的发展过程：走进场馆，认识这座博物馆从长宁区华阳路街道起步，迅速推广到全市，探索出一条以经济建设为中心，从关心群众入手，卓有成效地加强基层党组织建设的新路径；了解这座博物馆里陈列的从20世纪90年代至今长宁区城市建设和经济社会发展、社会组织创新、志愿服务、法律服务、社区居民管理以及为区域园区和商务楼提供凝聚力工程建设的成果；在看到、听到、感受到凝聚力工程一路发展的过程中，深度认同"一切为了群众，为了群众的一切"的中国共产党全心全意为人民服务的初心。

为了让学生在行走于上海凝聚力工程博物馆的过程中，实现从"认识"到"认知"再到"认同"乃至逐步"践行"，我对这节课做了精心设计：课前，就学生对凝聚力和上海凝聚力工程博物馆的了解展开调研，发现他们无论是对凝聚力还是对上海凝聚力工程博物馆都所知甚少；基于调查结果，实地走访了这座博物馆，进一步了解这个以"了解人、关心人、凝聚人"的党建经验为主要呈现内容的校外课堂，寻找契合小学生认知规律的学习焦点，明确了以完成驱动性任务为主线的教学思路。在随后的场馆学习中，从引导学生质疑开始，确定了以学生感兴趣的一块感恩石为线索的学习任务，指导学生带着"谁为谁建的感恩石？为什么要建感恩石？为什么要在上海凝聚力工程博物馆放置这样一块感恩石"等问题开展场馆探索。在学生了解了朱国萍书记及其团队服务华阳路街道群众的故事之后，又设计了"在参观这座博物馆的过程中，你们有没有发现其他类似凝聚人心的故事呢"的问题，带领学生进行更大范围的探索,引导学生走场馆、听故事、看变化、悟精神。场馆学习过程,实现的是促进学生建立知与不知、认知与认同、认同与践行的三重关系,实现知、信、行有机统一的价值形塑。

15分钟的课堂呈现,有一个较大的延展空间。这个延展空间基于课前的思考,给予学生充分的质疑时空:对学生而言,这是一个陌生的实践基地,要引导学生开展充分、真实的学习,需要有思想和认识上的准备;带着任务开展场馆学习,则为他们的情感养成奠定了坚实的基础,完成任务的过程也是他们情感建构的过程。学生们讲述的一个个故事,关于一块石头、一本笔记、一个水盆、一个铃铛……不仅激发了学生浓厚的学习兴趣,还为学生给基层党组织、党员点赞,并与他们形成情感共鸣和精神回应做了充分的铺垫。在讲述这些故事的过程中,学生逐步认识到一个个普通的中国共产党党员在基层党组织的带领下,本着为了人民的初心,解百家忧,排百家难,经年累月在努力。学生在平凡而又伟大的基层党建工作者身上感受到的精神,也将会是今后指引他们人生的不朽的力量:为了人民,为了人民的一切,努力前行!

"未来社会的形态或者理想取决于当下儿童学习和活动的方向。历史的滚滚洪流离不开当下儿童成年后的所作所为。正是因为有了儿童的不断加入,社会才能不断推动自身的生存和革新。"培养有理想、有本领、有担当的社会主义事业建设者和接班人,思政课教师大有可为。

学生感悟

当我第一眼看到上海凝聚力工程博物馆时,就感受到这幢砖红色建筑的力量感,令我不禁想更深入了解几分。

通过介绍,我知道了博物馆的配色方案展示的是,以推动习近平新时代中国特色社会主义思想更加深入人心为目标,坚持"党建引领、践行文明、凝聚合力",汇聚文明实践的榜样故事、上海精神,浓缩基层党建引领下的精神文明建设发展历程。听完季晓军老师以及同行参与活动的小伙伴们分享的几段令人动容的小故事后,我深刻意识到正是无数基层党员用他们经年累月的真心与行动架起了党和群众联系的桥梁。

我作为一名少先队员,发自肺腑地想说一声:"我爱你,中国共产党!"

(上海市长宁实验小学　陈珺玼)

在季晓军老师的带领下,我和同学们参观了位于中山公园内的上海凝聚力工程博物馆。在参观的过程中,我们了解到凝聚力工程从华阳路街道起步,以"了解人、关心人、凝聚人"为主要内容,并迅速推广到全市的历程,知道了"凝聚党员,凝聚群众,凝聚社会"的发展过程,见证了朱国萍书记、杨阿姨等一批急群众之所急、想群众之所想的党员带头人,不怕苦,不怕困难,冲锋在前,起到了模范带头作用。与此同时,我们还参观了很多的展品,如感恩石,了解了感恩石的由来,看到了华阳路街道当年帮助困难群众解决水灾问题的水盆和箕箕等物件。这一张张珍贵的照片以及实物和艺术作品等,都是一个时代的回忆。

现在我已经步入预初的学习阶段,当年精彩的课程和参观仍然让我记忆犹新。无论时代怎么变,党员为人民服务的心一直没有变。我们要珍惜现在的幸福生活,我也会像这些叔叔阿姨一样关心身边的人和事,除了学习好校内的课本知识外,还会积极参加校外的志愿者活动,并在生活中多做一些力所能及的小事,帮助那些需要帮助的人,从小事做起,争做祖国未来合格的建设者。

(上海市南洋模范初级中学　童　妍)

感恩石的故事讲的都是平常事,虽然没有那么惊天动地,但点点滴滴都给人一种十分光明和温暖的感觉,就像春天的阳光一样。

共产党员是做什么的?他们是为人民服务的。他们中既有伟人,也有英雄,但更多的却是看似平凡的人,而且就在我们身边。只要人民群众有需要,他们就会立刻出现,帮助大家排忧解难,就像自己的家人一样。朱国萍书记等党员干部每天心里都装着老百姓,不管是什么样的事情,他们都认真负责,而且持之以恒。他们用自己的实际行动告诉我们,什么叫共产党员,为人民服务又是怎么一回事。

同样,老百姓们也没有忘记这些共产党员的真心付出,感恩石就是人民群众感恩的心。虽然既不是金钱,也不是美食,但一颗感恩的心比任何东西都要珍贵。

(上海市长宁实验小学　姚唐若欣)

专家点评

"一块感恩石的记忆"这节课,为运用红色文化资源对小学生进行思政教育的探索实践提供了有益的启示。

一、对教育资源的选择别具匠心

本课将上海凝聚力工程博物馆里的一块感恩石作为教育资源,这一选择颇具教育者的匠心,因为这一资源具有三个优点。一是以小见大。一块石头虽小,却蕴含着党和人民血肉相连,党把为人民服务作为宗旨的大道理。社区工作看似普通平凡,并不起眼,却是党的执政基础。从这个小切口进入,可以让学生对党和群众的关系有真切的体会,从而增强爱党的情感。二是贴近生活。它既是发生在当代的现实故事,又是发生在社区生活中的故事,贴近学生的生活经验,因此,学生容易理解、接受和认同。三是可敬可学。学生生活在社区,享受着社区工作者的服务,却很少体会到社区工作的重要性。将社区工作中的感人故事作为教育资源,能激起学生对社区工作者的敬佩之情。同时,社区工作者的可敬又体现在看似平常的行为中,因而可学、可仿、可行,为达到知行结合的效果创造了有利的条件。

二、对课堂模式的探索很有创新

首先,本课把教学点放在博物馆内,这就增强了教学的真实性和现场性。其次,学生进入博物馆后不是单纯地听教师讲解,而是自主参观、思考与体验。教师为学生营造了一种沉浸式学习环境,让学生在领悟中即兴地表达真实的感受,呈现思想认识逐步深化的过程。最后,整节课中的师生关系是师重在导、生重在悟,实现了教师主导作用与学生主体地位的融合,是对课堂教学模式的创新。

三、对教学过程的引领重在"议""思"结合

从师重在导、生重在悟的理念出发,注重"议""思"结合。第一步是以物激疑,让学生观察感恩石,思考"为什么博物馆里要放这么一块石头?为什么这块石头被称为感恩石?要感恩谁"等一系列问题,这就起到了设置悬念,激发学生探究兴趣的作用。第二步是以事动情,让学生通过了解有关图片资料,了解感恩石的由来,被朱国萍书记及其团队的感人事迹打动,体验了党员关心居民、居民爱戴党员干部的真切情怀。第三步是以情探理,启发学生想一想从这个故事中悟出了什么道理,再举一反三地联系更多的事例,让学生通过拓展认知的广度和思维的深度,对党把人民利益放在最高位置的宗旨产生理性的认识。第四步是以理促行,启发学生将对先进人物的敬佩之情转化为学习的行动。教师在与学生的对话交流中设置了一个又一个问题,因势利导,引导学生逐步深入,从而完成了教师手记中所说的从"认识"到"认知"再到"认同"的发展过程。

综上所述,这是一节十分成功的思政课,是对小学思政教学的有益探索,可供同行们学习和借鉴。

(上海市教师教育学院　关月梅)

 作者简介

季晓军,华东师范大学附属天山学校副校长,上海市政治特级教师,正高级教师,长宁区小学思政兼职教研员,上海市大中小学思政课一体化建设指导委员会专家组成员,上海市第六轮小学道德与法治学科德育实训基地主持人,华东师范大学马克思主义学院兼职导师,华东师范大学课程与教学专业在读博士,上海市首批中青年骨干教师团队发展计划领衔人,上海市中小学"研训一体"网络课程开发团队领衔人,上海市教材审查专家。获得国家级教学成果奖二等奖和上海市教学成果奖一等奖、二等奖。

永不消逝的电波

——走进李白烈士故居

上海市位育中学　尹　珺

 教学实录

师：各位同学下午好！

生：老师下午好！

师：今天老师要带大家参观位于虹口区黄渡路107弄的一处名人故居。1949年5月27日，上海刚解放，陈毅市长便接到了一通急电，是中国共产党隐蔽战线上的杰出领导人李克农同志打来的。随后，陈毅市长以中国人民解放军军事管制委员会的名义，向上海市公安局发出电文："兹于1937年冬，延安党中央派往上海地下党工作之李静安同志，去向不明，特劳查。"

师：那么，这个李静安到底是何人？为何让李克农同志如此重视？陈毅市长又为何费力寻找此人？此人到底是生是死？

师：李静安就是我们面前这间屋子曾经的居住者——李白。李静安是李白为隐藏身份而用的化名。1949年5月7日，上海解放前的20天，李白被秘密杀害。是谁夺去了他的生命？他又为何而牺牲？让我们带着这些疑问，走进李白烈士故居。

师：同学们，李白就是我们故事的主人公，是一位革命烈士。1910年，他出生在湖南浏阳，15岁便加入了中国共产党，投身革命。1937年10月10日，李白化名李霞，到达上海，并于第二年初春设立了第一个秘密电台。当时的上海已沦为"孤岛"，李白俨然位于敌人的心脏，任务之繁重与艰巨可想而知。他的秘密电台就像一座无形而坚固的"空中桥梁"，架设在上海与延安之间。

师：以上寥寥介绍远不足以描述李白短暂而又伟大的一生。那么，李白究竟是一个怎样的人？请大家先参观场馆，通过展品告诉我李白烈士是一个怎样的人。

生1：我觉得李白是一个出身寒微却心怀伟大理想的人。李白虽然只上过三年学，但在学堂中就已接触了当时的进步期刊《新青年》。民主与科学印在了他的心间，也一定在他的心中埋下了马克思主义和革命的种子。在当学徒期间，他饱受不公的对待，看到了半殖民地半封建社会的积贫积弱、任人宰割。这一经历使他更加坚定革命的信念，15岁加入中国共产党，为了心中的理想走上了反帝反封建的革命道路。

生2：我认为李白是一个具有强烈家国情怀的人。他在抗战胜利后给父亲写的信中如

此说道:"日本已投降,我们胜利了! 男等为国家民族奋斗多年,总算亲眼看见有了今日。以后当然只有加紧国内团结,实现建立新中国。月前曾寄回信两封,汇款壹千元,不知收到否? 自从去年三月间接到家信以后,至今未接着家信,大人福体康健否? ……回乡之日,当不再远。男当设法救济家庭之困苦,可能时即从速返乡拜见父亲大人及各房户六亲。总之,请大人好好保养身体,一切问题请勿多虑。"从信中可以看出,李白为抗战和革命而远离家乡与亲人,在他为抗战胜利而欢呼雀跃、为建立中华人民共和国而不懈奋斗时,也满怀对家人的深深愧疚、担心与思念。在他的心中,一定期盼着革命早日成功,早日与亲人团聚吧,这便是他对于美好生活的向往。

生3:我认为李白是一个勤于学习、机智果敢的人。为了更好地完成秘密电台任务,他潜心研究电台的修理和隐蔽技术,成功地利用两根小线圈将收音机改造成无线收报机,并成功地躲过了日本宪兵队的搜查。他高超的无线电技术使得党的秘密电台得以稳固。

生4:李白还是一个刚强勇毅的人。李白曾三次被捕,在冰冷的大牢中,无论敌人怎样严刑拷打,他都未曾透露半分党的机密。他这一生忠于人民忠于党,始终保守党的秘密,充分彰显了中国共产党人为中国人民谋幸福、为中华民族谋复兴的初心和使命。

师:在大家的分享中,一个有血有肉、有情有义的李白走到了我们的面前。他是儿子,是丈夫,是父亲,更是一名党员,是中国共产党最早培养的无线电通信员之一,是"中国无线电波之父",是"十大红色特工"之一。李白特殊的身份与职责注定了他不同于寻常的儿子、丈夫和父亲,他的心中信仰的是电台,是党的事业,是民族,是国家。

师:李白在红军长征期间曾对无线电队全体战士说:"电台是全军团几千人的耳目,是与总部联系的主要工具,我们要视电台重于生命。""电台重于生命"这句话成为整个长征途中无线电队的口号。同学们,"电台重于生命"这句口号体现了以李白为代表的中国共产党人怎样的精神特质? 场馆中有哪些展品能够体现呢?

生5:中国共产党人有坚定的理想信念,坚守自己的职责。他们一旦认定了信仰和主义,就再没有彷徨过、动摇过,不惜用青春和鲜血浇灌"共产花开"。

师:他们认定的信仰和主义是什么?

生5:他们信仰的是一个超越资本主义世界的新世界,就像《共产党宣言》中的描绘:代替那存在着阶级和阶级对立的资产阶级旧社会的,将是这样一个联合体,在那里,每个人的自由发展是一切人的自由发展的条件。

师:在你的心中,这个新世界、联合体是什么样的?

生5:没有剥削、没有压迫,劳动光荣,人人都平等富足,和谐相亲,人的价值居于第一,自由而快乐。

师:"人的价值居于第一"让我想起了习近平总书记的一句话:人民对美好生活的向往,就是我们的奋斗目标。中国共产党除了工人阶级和最广大人民群众的利益,没有自己特殊的利益。在中国共产党艰苦漫长的斗争历程中,在以李白为杰出代表的隐蔽战线上,有无数不能拥有姓名的战士。他们无处不在,胜利了不能宣扬,失败了无法解释,甘愿将知道的一切带进坟墓。

师:1949 年 5 月 7 日晚,李白等 12 位党员被押往浦东戚家庙秘密杀害。李白牺牲时年仅 39 岁,离上海解放的日子不到 20 天。1958 年,以李白为原型的电影《永不消逝的电波》轰动全国,激发了无数群众对革命烈士英勇斗争的崇敬之情,"永别了,我想念你们"也成为家喻户晓、感人至深的一句经典台词。在这座场馆内有一台发报机,老师为大家准备了摩斯密码,请大家尝试用这台发报机给李白和无数的无名英雄发出你现在最想和他们说的话。

生 6:GAO(告)。中国特色社会主义进入了新时代,在党的领导下,我们从站起来、富起来到强起来,实现了历史性飞跃。2020 年,我们实现了全面建成小康社会的目标。面对突如其来的严重疫情,上下同心,众志成城,构筑起疫情防控的坚固防线。党的领导永远是最可靠的主心骨。我希望把自己今日的幸福和骄傲告诉李白,告慰千千万万的革命先烈,党没有辜负他们,人民没有辜负他们,祖国没有辜负他们。

生 7:JI(继)。我会永远铭记李白,铭记一切为中华民族和中国人民作出贡献的英雄们。他们是民族的脊梁,他们的事迹和精神都是激励我们前行的强大力量。习近平总书记强调,当今世界正经历百年未有之大变局,我国正处于实现中华民族伟大复兴关键时期。生逢盛世,肩负重任,我们更要继承烈士的精神和信念,脚踏实地,埋头苦干,以所学服务社会、贡献国家,为实现第二个百年奋斗目标而努力!

师:电波不逝,信念永存。同学们,习近平总书记多次强调,一个有希望的民族不能没有英雄,一个有前途的国家不能没有先锋。对于一切民族英雄、人民英雄,我们永远怀念他们、牢记他们。我们有义务用胜利告慰先烈,我们有责任让历史告诉未来,接续他们的梦想,创造更大的奇迹!

 教师手记

基于红色场馆资源利用的体验式教学思考

——关于"永不消逝的电波"一课的教学反思

《普通高中思想政治课程标准》(2017 年版 2020 年修订)明确规定:"高中思想政治课程具有学科内容的综合性、学校德育工作的引领性和课程实施的实践性等特征……"通过促进知行合一,凸显活动型学科课程的实践性和参与性。活动型学科课程的定位进一步要求实现"课程内容活动化"和"活动内容课程化"。此时,"活动"不再仅仅是一个教学环节,而成为整个课堂教学的载体。因此,要充分拓展"活动"的概念,并强调设置相应的"情境"来推动活动的开展。立足学生可知可感的真实世界,使其能有效地将课堂学习与真实世界进行关联,强化学生在活动学习中的真实体验,并使其在认知冲突中形成思辨,深化理解,提

高认识。

随着我国课程改革的不断推进,体验式教学在国内中小学教育教学领域广泛开展起来。体验式教学与思政课程本身的综合性、实践性有着很高的契合度,在一定程度上能为改进教学方式和学习方式提供有效路径。

体验式教学活动是指以学生在校期间所获得的全部教育性经验为课程理念,以课堂教学、参观考察、日常生活体验、社会实践等活动为主要教学形式,以个体主动参与、亲身体验为特征,以直接经验为主要课程内容,所展开的教学活动。① 教学效果往往取决于学生对于活动的参与度,参与度越高则教学效果越好。学生在体验式学习过程中所获得的不仅是学科知识与技能,更是丰富的人生体验。

一、用好红色场馆资源开展体验式教学

习近平总书记曾强调:"要讲好党的故事、革命的故事、根据地的故事、英雄和烈士的故事,加强革命传统教育、爱国主义教育、青少年思想道德教育,把红色基因传承好,确保红色江山永不变色。"红色资源是开展德育工作的重要载体。作为海派文化发祥地,虹口区拥有独特的红色文化资源和深厚的红色文化底蕴,是上海"党的诞生地"和"初心始发地"重要区域之一。以山阴路、多伦路为主的街区曾留下了鲁迅、瞿秋白、茅盾等人的革命足迹。四川北路沿线有中共四大纪念馆、中国左翼作家联盟会址纪念馆、李白烈士故居等多处红色场馆。虹口区的北外滩更是见证了一批赴法勤工俭学的学生在这里扬帆起航。回国后,他们中的5人成为"四大"代表,并成长为中国共产党早期领导人。作为一名虹口区的思政课教师,如何围绕区域红色资源,探索立德树人的有效途径,使红色基因渗进血液、沁入心扉,引导学生树立正确的世界观、人生观和价值观,成为摆在我面前的一项重要使命。

为准备"红色一课",我参观了诸多红色纪念馆。当一份份珍贵的历史资料呈现在眼前,当一位位鲜活的英雄形象跃然于纸上,当一幕幕只在书中读过的场景出现在身边,这种沉浸式体验带来的不仅是历史细节的还原,还是超越时空的、巨大的情感冲击,更是理想与信念的有力传递。特别是隐藏在普通居民楼中的李白烈士故居,生动地还原了李白烈士生前生活和战斗的场景,里面的一封封书信、一部部电台、一条条电报,共同讲述着一个为了党的利益和民族复兴事业甘愿献出生命的英雄故事。学生是否能在李白烈士曾经生活和战斗的地方接收到那条永不消逝的电波呢? 于是,我选择这里作为课堂,依托李白烈士故居中的展品资源,带领学生了解李白的生平事迹,感受李白为解放事业所做的牺牲,体悟中国共产党人的初心使命和不朽的英烈精神。

二、红色场馆体验式教学设计思路

体验式教学的关键在"体验",通过亲身体验,使教育内容与学生产生紧密联结。联结的程度会随着体验的不断深入逐渐加强。结合场馆中的现有资源和教育主题,本节课教学目标的设计也要突出学生参观体验的不断深入:第一,了解李白烈士的生平,知道他投身革

---

① 余双好.关于思想政治理论课体验式教学的思考[J].思想教育研究,2012(4):54-58.

命的决心和信念;第二,知道他在上海的艰巨职责和使命,通过观察其生前的诸多物品,感受革命年代坚守岗位的艰辛和大无畏精神;第三,感恩英烈,珍惜当下的幸福生活,弘扬与传承英烈精神和社会正气。

基于沉浸式体验的教学初衷,本节课的教学过程分为学生自主探索和师生交流探讨两部分。首先,学生通过自主探索,能有充足的时间参观故居,从丰富且珍贵的资料中发掘故事、还原人物、体会情感。同时,不同的学生会在自主探索中形成不同视角和侧重的故事与人物解读,为后续的师生交流探讨积累素材。其次,在师生交流探讨过程中,教师有指向性地引导学生准确选取资料,分析背后所蕴含的意义与价值,聚焦中国共产党人的特质和英烈精神,实现从感性到理性的升华,从而达成本节课的教学目标。

为实现教学目标,学习任务的设定同样要循序渐进、逐步深入。讲好李白烈士的故事,首先要全方位了解李白。只有一个真实、有血有肉的人,而非刻板、公式化的人,才能让学生真正在情感上产生共鸣。因此,本节课的第一个学习任务设定为:通过列举展品,描述李白烈士。此时,学生在自主探索中所形成的不同视角和侧重的故事与人物解读,便会在此学习任务的交流和探讨中相互补充结合,最终形成一个多面、较为完整的人物小传。当作为一个儿子、丈夫、父亲、战士的李白被真实地呈现在学生面前时,便是他与学生产生的第一次联结:这样的一位烈士,原本也是和我们一样的普通人。他时刻牵挂着自己的家人,一直在努力学习知识和技能,既为世间的不公而愤懑,也为取得了胜利而激动,盼着革命早日成功后与家人团聚。这样的李白就像千千万万善良、正直、有理想的中国人的缩影,投射在学生的身上。

但同时,李白又是不平凡的,因为他特殊的身份和职责注定了他不同于寻常的儿子、丈夫和父亲。于是,第二个学习任务设定为:利用展品资料,进一步挖掘李白身上作为中国共产党人的精神特质,并从李白身上看到那些在中国共产党艰苦漫长的斗争历程中,战斗在隐蔽战线上的不能拥有姓名的战士。学生可以通过角色扮演的方式,体验李白烈士在危难时刻做出抉择的场景。在此任务的学习过程中,李白烈士作为中国共产党人的特质,再次与学生原有的情感认知产生联结:正是中国共产党人所认定的信仰和主义,造就了不畏牺牲的英烈,成就了如今的繁荣盛世。这个学习任务能进一步加强学生对于党和国家的情感与认同。

最后,借由场馆中的交互功能,设计一些独具巧思的仪式作为最后的学习任务,带领学生告慰英烈。比如,通过线上献花、宣誓、用摩斯密码发报等方式表达对英烈的感恩,抒发自己的情感,这不仅是对永不消逝的电波的回应,更加深了学生与英烈、与民族国家的联结。电波不逝,信念永存。

整个场馆教学过程围绕"体验"展开,从人物到故事再到情感和信仰,逐步加深的体验不断强化李白烈士与学生的联结,使学生在体验活动中树立正确的价值观,传承红色基因。红色文化资源通过体验式教学发挥其在思政课德育中的重要作用,更展现出了思政课活动型学科课程的育人魅力。

学生感悟

上了这节课我才知道,电影《永不消逝的电波》里的主人公李侠原来就生活在我家附近! 原来这里曾住着一名大英雄!

我很喜欢胡歌在舞台剧《永不消逝的电波》中演绎的李侠,高大帅气、英勇果敢。但是,当我真正站在李白烈士故居中,看着他黑白的照片,读着他写给父亲和妻子的书信,走过他生活起居的卧室和每日深夜悄悄发报的阁楼时,我才真正认识并了解了李白。他出身贫寒,年幼时受到马克思主义的启蒙,世间的苦难和不公让他坚定了革命的信念。其中,最让我感动的是他写给父亲和妻子的书信。抗战胜利了,满心喜悦的他第一时间给父亲写信报喜,字里行间难掩激动之情,同时惦念着家人,关心父亲的身体,细细地询问家中弟妹的生活情况,盼着与他们早日团聚。当他身陷囹圄,知道自己可能面临生命危险之际,却镇定坦然地向妻子诀别道:"我在这里一切自知保重,尽可放心。家庭困苦,望你善自料理,并好好抚养小孩为盼。祝好。"写下如此平实文字的他,早已视死如归了吧。

真实的李白可能并不高大帅气,他将自己隐藏在无数普通人中,勇敢坚定地做着最不普通的事。李白烈士的英勇事迹被《永不消逝的电波》记录了下来,但还有千千万万的无名英雄默默无闻地作出贡献直至牺牲,他们和李白一样,坚信"电台重于生命"。不是中国共产党党员生来就无惧死亡,而是当他们选择走上革命的道路,坚守崇高的信仰时,便将生死置之度外,将千千万万劳苦大众的解放视为生命中最重要的东西。如果他们能收到我发出的电报,我希望把自己今日的幸福和骄傲告诉他们,党没有辜负他们,人民没有辜负他们,祖国没有辜负他们。未来有我,请他们放心!

(上海市北虹高级中学 徐 菀)

专家点评

"永不消逝的电波"这节课重点实践了沉浸式体验的教学方法,以红色场馆为平台,以场馆主题为情境,有效深入地践行了高中思政课作为综合性、活动型学科课程的定位要求。这节课让学生在场馆中充分地开展自我探究活动,通过领会情境中的核心任务,充分利用场馆展品进行分析研究与观点表达,避免了走马观花式的浏览与"一言堂"式的灌输,拓宽了学生的历史视野,加深了学生的政治认同,进一步理解并坚定了对于中国特色社会主义道路的信念。

这节课充分利用了红色场馆的馆藏资源,实现了校内外思政课资源联动,是"大思政"理念下的思政课一体化建设的成功案例。教师做到了在平日里充分寻找和挖掘行政区内的红色资源,课程设计时选取匹配度高、代表性强的相关活动,通过实地浏览与探究的方式,使得思政课资源摆脱了一味依赖课堂内多媒体展示的传统路径,以身临其境的方式,让学生直面珍贵的历史文物,有效拉近了学生与历史人物的距离,在一定程度上克服了历史相关主题所携带的时空隔阂感，由此保证了学生能收获更加真切的感悟，并由此上升至对观点与理论的认同，激励他们主动承担起自身肩负的历史使命。

这节课充分聚焦学科课程目标，有效地提升了学生的核心素养。首先，不仅始终牢牢地站在鲜明的政治立场上，将感性的情绪渲染与理性的分析评述相结合，使学生在体悟革命烈士动人事迹与高尚情操的同时，进一步加深对中国革命和中国特色社会主义的理解与认同，有效地强化了政治认同。其次，注重以引导学生自主探究、言之有据的方式，促进学生在讨论问题时秉持科学精神，通过充分挖掘馆内藏品的内容与价值，将对烈士及其信仰的理解落到真实的基础上，避免了大而无物的宣讲方式与流于表面的授课效果。最后，独创性地以模拟电报的方式组织学生与烈士进行跨越时空的"对话"。这不仅在形式上具有一定的创新性和趣味性，易于调动学生的积极性，还营造出某种可以代入学生主体情感的活动环境，升华了活动主题，非常顺利地将学生从游客的身份定位转变为接班人的自觉担当，进一步提升了立德树人效果。

（上海市教师教育学院　庄坚俍）

 作者简介

尹珺，上海市位育中学政治教师，中级教师，2021年上海市中小学思政课骨干教师培训班学员。曾获上海市中小学（幼儿园）中青年教师教学评比一等奖，参与上海"空中课堂"、上海市中小学"学科德育精品课"、"红色一课"和教育部"基础教育精品课"等的开发与录制。

寻海派文化之根，探广富林文化遗址

上海市松江区泗泾第二小学 殷 垚

教学实录

师：同学们，第七次全国人口普查数据公布：上海的常住人口约为 2487 万，其中外省市来沪常住人口占比为 42.1%。你们的老家在哪里呢？

生 1：我来自浙江。

生 2：我来自上海。

生 3：我也来自上海。

生 4：我也来自上海。

生 5：我来自江苏。

生 6：我来自安徽。

生 7：我也来自安徽。

生 8：我来自上海。

生 9：我来自湖北。

生 10：我来自安徽。

师：看来同学们中既有土生土长的"老上海人"，也有来自外省市的"新上海人"。我们虽然来自不同的地方，但是都生活在这座城市——上海。上海是一座包容的城市，海纳百川，兼收并蓄，上海文化也被称为海派文化。同学们，你们知道上海的历史和海派文化的历史有多久吗？

生 1：我觉得有一百多年。

生 2：我觉得有两百年。

生 3：大概有三四百年。

生 4：大概有几千年。

师：从大家的发言中可以看出大家对上海和海派文化的历史充满了兴趣。今天，请大家跟随老师一起走进位于松江区的广富林文化遗址，让我们开启一场文化寻根之旅吧！

师：考古研究显示，距今四千多年前，来自北方黄河流域的部落，经过长途跋涉来到了广富林地区，和当地的居民一起融合发展，共同建设了这片家园。下面，让我们分小组去参观他们的生活场景吧。

师：同学们，老师发现你们刚才在参观过程中讨论交流非常热烈，看来你们收获不少，我们一起来交流一下。

生1:我们小组发现先民们在广富林附近狩猎捕鱼,还圈养了很多野猪,生活过得有滋有味。

生2:我们小组发现先民们的生活还挺有趣的。他们在这里不仅生活充实,还制作了许多手工艺品,特别是陶土制品。你看,他们正在一起制作陶器。

生3:我们小组考察了他们的居住情况,发现他们的屋子既有草屋也有正在搭建的木质房屋。这个房屋下面还有一些木头支撑着,大概可以防潮防虫。经过介绍后,我们还了解到他们是以村落的形式居住在广富林附近。

生4:我们小组发现他们吃的东西既有捕的鱼又有打到的猎物。

生5:我们还发现他们进行了很多生产劳作,如采摘果子,种植农作物,不仅收获了粮食,还会制作衣物来抵御严寒。

师:同学们,你们考察先民的生活时看得非常仔细,交流的内容也非常全面,涵盖了先民生活的方方面面,让我们看到了先民生活的丰富场景。我们要思考一下:为什么先民的生活能如此丰富多彩呢?

生1:因为他们很勤劳,如打猎、建房子等,通过自己的双手创造了这样的生活。

生2:我认为在劳动的基础上,他们还善于创造、大胆创新,通过制作一些工具来改善自己的生活。

生3:来自北方黄河流域的居民与当地的居民融合起来,共同建设这片土地。如果一直战争就可能会两败俱伤,大家共同发展就会一起进步。

生4:我想,也许广富林以前就是一个好山好水的地方,这样的环境很适合居住和发展,才会有这样丰富多彩的生活。

师:同学们,你们懂得从文物展开合理想象和推理,思考得很全面!的确,正如你们所讲,热爱劳动、富于创造等优良的品质一直就在我们的基因中。同时,南北先民在富饶的广富林地区融合发展,从数千年前就深深地刻进了海派文化的核心中。这些优良的品质、海纳百川的融合精神正是海派文化的核心所在,至今仍熠熠生辉。

生1:老师,原来上海和海派文化的根源拥有这么悠久的历史!

师:通过这次来到场馆实地考察先民们的生活,你们在这场文化寻根之旅中的收获可真不小。实际上,正是在融合发展的基础上,松江地区乃至整个上海地区逐渐地繁荣发展起来。接下来,让我们一起继续在时空隧道中探寻吧!

师:同学们,穿越了几千年的时光,现在你们有什么感受呢?

生1:我发现古代上海的经济可真发达。

生2:商店商品琳琅满目,好热闹!

生3:我看到了一些店铺,像余天成药店,原来很早之前就有了。

生4:上海的变化可真大,静态展厅还有许多国外的新鲜事物,如火车、电车等。因此,上海成为一座国际化城市。

师：是啊！同学们，老师也有类似的感受。海派文化的根在数千年前扎下之后，就一直在持续发展，这座城市也在不断繁荣进步。其中，红色文化也开始传播发展并不断壮大。大家看，这座建筑就是石库门建筑。一百多年前，中国共产党第一次全国代表大会就在法租界的一座石库门建筑内召开，宣告了中国共产党的正式成立。在中国共产党的领导下，上海成为一座人民的城市。人民城市人民建，人民城市为人民。你们觉得今天的上海怎么样？

生1：我觉得今天的上海很繁荣，人们生活很幸福，吃的喝的都很丰富。

生2：我也觉得今天的上海很繁荣。我记得家人带我去陆家嘴的时候，到处都是高楼大厦，车水马龙。

师：同学们，通过这次文化寻根之旅，我们一方面了解到海派文化的源头和上海的历史，另一方面也感受到今天生活的美好。老师想再问问你们：为什么我们今天的生活能如此繁荣和美好？

生1：我觉得是上海人民一起努力建设这座城市，让这座城市变得越来越繁华，越来越发展。

生2：我同意你的观点，是上海人民一起建设的。我们一家来自浙江，我的爸爸也是上海建设者中的一员，他为建设上海贡献了自己的一份力量。

生3：我同意他们两个人的想法。无论是外地人还是上海本地人，都在一起努力地建设这座美好的家园。

生4：老师，我认为上海这一百年来的巨大变化离不开中国共产党的领导。

生5：是的。上海正是在中国共产党的领导下才取得如此辉煌的成就！

师：同学们，你们说得很正确。党的正确领导和人民的努力建设，让我们共同的家园——上海越来越繁荣，越来越发展，也让海派文化不断繁荣发展。这次文化寻根之旅，今天就暂告一段落。之后你们打算做点什么呢？

生1：我想给同学们介绍一下广富林文化遗址和海派文化的源头，这可比我们想象中历史悠久多了。

生2：我家来自安徽，我要回家告诉爸爸妈妈，原来在几千年前就有外来居民融入这里了。同时，我一定要努力学习，长大之后要好好建设我们的家园。

生3：通过这次文化寻根之旅，我不仅知道了海派文化的源头，还感受到了红色文化。之后，我想去参观一下中共一大纪念馆，去了解一下中国共产党的发展史。

生4：老师，我想知道为什么中共一大会在上海召开。

师：同学们，看来你们对此充满了兴趣。我们下次一起去参观中共一大纪念馆，去了解更多关于中国共产党的历史。

 教师手记

跨越千年的桥

这次"红色一课"活动，我选择的场馆是位于松江区的广富林文化遗址。这是一个极富特色、具有重要意义的展馆，展馆的内容展现了上海的起源和数千年来城市发展的脉络，体现了海纳百川、兼收并蓄的精神。展馆内的各种模型建筑、遗迹文物、塑像复原等，可谓形式多样，信息量极大。同时，展馆的内容在时间跨度上达四五千年，对学生而言，这和他们的生活相距甚远。如何拉近学生与展馆的距离，让学生更好地走进展馆，了解丰富的历史信息，感受其背后的精神价值，获得良好的思想道德教育，是我在准备阶段着重思考的内容。

想把学生培养成什么样的人，自己首先就应该成为什么样的人。在展馆上课，教师自身须先将展馆的内容吃透。上课之前，我多次前往广富林文化遗址，一次次在展馆中或驻足或徘徊，一遍遍触摸历史留下的道道痕迹，一点点记录下时光长河中的细微之处。渐渐地，我对展馆的布局、发展的脉络已了然于心：先民狩猎劳作时滴落的汗水是如此晶莹透亮，北方部落迁徙而来的喜悦一扫脸上的辛劳，朝代的更迭、城市的发展如海浪拍岸声般经久不息，中西方文化的碰撞交流和融合，以及石库门内响彻世界的开天辟地的雷声……一幅幅画面如幻灯片似的在脑海中不断重映，海纳百川、兼收并蓄的精神越发清晰。光影变化的背后，最终一个颜色格外耀眼——红色。在对展馆有了一定的了解后，加上相关专家给出的指导意见，我确定了这节课的一个核心要点——融合：数千年前，北方部落南迁到广富林地区，同当地居民融合发展，共同促进了广富林地区的繁荣；2021年，上海2487万常住人口中，外来人口占比达42.1%；我们班的49名学生中有近一半来自外省市，他们共同学习成长。在跨越千年的岁月中，融合的基因从未消失，历史的画卷与此时此刻的我们建立起了美妙而浪漫的联系。"引导学生更好地走进展馆"的目标也逐渐清晰起来——那便是从学生本身出发，结合场馆特色，通过问题来引导，使学生感受到融合的历史、先民们的勤劳与智慧、党的光辉历史和今天幸福生活的来源。《义务教育道德与法治课程标准》（2022年版）指出："以学生的真实生活为基础，增强内容的针对性和现实性，突出问题导向……"我通过设置一系列问题，为学生学习搭建了三座桥梁。

一、兴趣之桥

兴趣是最好的教师，好的问题能激发学生的学习兴趣，指明方向，引发思考，让学生通过思考和回答问题，达到学习目的，获得成长。在本节课的开头，我首先让学生说说自己的老家在哪里。虽然这个问题十分简单，但能使学生联系自我，回顾自己的"源头"。同时，在他人的交流回答中，每个在场的学生都能认识到同学分别来自祖国的各个地方，这为之后课程要突出的"融合"做了铺垫。在回顾自我"源头"的基础上，我顺势抛出下一个问题，让

学生大胆猜测上海的历史和海派文化的历史有多久。学生们畅所欲言,给出了不同的答案。这个问题的抛出,让学生在课堂伊始——刚进入展馆时,便对整个参观学习过程有了一个方向性指引——自己并非漫无目的地参观,而是带着目的去找寻答案,这样就能将以往看展览时被动接受讲解转化为主动探索。学生的回答也展现了浓厚的学习兴趣与强烈的探索欲望,可以说是充分调动了学生的学习积极性。通过问题激发了学生的兴趣,激起了他们探索的那股劲。接下来,我要做的便是将他们的这股劲引到突破课堂中的一个个难点上,让学生在探索学习的过程中有所收获,有所感悟,有所成长。

二、心灵之桥

习近平总书记说:"思政课的本质是讲道理,要注重方式方法,把道理讲深、讲透、讲活,老师要用心教,学生要用心悟,达到沟通心灵、启智润心、激扬斗志。"这对思政课教师上好思政课具有指导意义。这节课的难点之一是,通过了解先民的行为,体会到他们的融合以及勤劳创新等精神。通过展厅的复原展览,学生能直观看到先民的行为,但这些行为背后所体现的内容则需要学生深入思考。对于这样一个难点,如何进行突破,是需要方法技巧的。对于课堂中的难点,提出问题,解决问题,突破难点,这些只是手段,一切都要服务于学生成长这个目的。对于难点问题,如果不加以引导,直接把难题抛给学生,对大多数学生来说不仅颇具挑战性(这也是难点的由来),还容易产生畏难情绪,最终易导致学生解决问题的目的变成完成老师的任务,而非自己探究和成长。手段取代了目的,这显然不是教育的初衷。难点高高在上,需要教师通过设置相关问题,为学生搭建突破之桥。具体而言,我先安排学生分成若干小组,从多个方面去探寻先民的生活。各个小组观察的方面各不相同,对于先民生活的某一方面能有详细的了解与思考;在交流环节,先让每个小组交流自己看到、了解到的内容,学生们从不同小组的交流中体会到先民生活的丰富多彩;在有了这样的认识的基础上,我通过提出"为什么"的问题,进一步引导学生对所观察到的现象进行深入思考。有的小组从狩猎耕作中看到了先民的勤劳,有的小组从制作工具中体会到先民的智慧,还有的小组从建筑描述中了解到北方部落的迁移融合……在整个交流过程中,学生从多个角度了解到问题的答案。"为什么"的问题实际上成了引导,让学生去整合自己的观察、他人的启发以及自己的思考,并最终迸发出思维的火花——认识并感受到先民丰富多彩生活背后的勤劳、创新、融合。

三、红色之桥

思政课是落实立德树人根本任务的关键课程。对于小学生的思想教育,要采取小学生喜闻乐见、易于接受的形式展开,通过教育引导,增进学生对党和祖国的热爱。这节课的前半段侧重了解先民的历史,让学生感受中华民族的悠久历史和光辉灿烂的文化,培育其民族自豪感。在后半段课程中,尽管学生身处展馆,但视野绝不会局限于展馆。我以展馆中的一栋石库门建筑为切入点,作为红色之桥的入口,为学生讲述这栋看似平常的建筑在一百多年前所发生的开天辟地的大事——中国共产党正式成立了!接着,学生在我的引导下谈了今天上海的繁荣和生活的幸福,并用"为什么"的问题来思考今天幸福生活背后的原因。学生通过参观学习,分别从历史、融合等角度来回答问题,但最后都十分赞同一点,就是中国共产党的领导。从关注展馆里的历史到关注学生的实际感受,使学生切切实实感受到在党的领导下今天生活的幸福,同时也激发了他们对学习党史的兴趣。他们十分好奇为什么中共一大会在上海召开,迫切想去了解党的光辉历史,对党的向往之情更是通过他们真挚的眼神流露出来。通过这座红色之桥,引领学生向党组织靠拢,培养他们从小感党恩、听党话、坚定跟党走的决心。

这节思政课通过搭建三座桥,帮助学生更好地了解了历史,知道了上海和海派文化的"源头",更感受到城市发展中的融合以及先民的智慧和勤劳,感到在中国共产党的领导下才能有今天的幸福生活。三座跨越时间的桥梁,让学生了解了过去,感悟了现在,更对未来充满了信心。虽然这节"红色一课"结束了,但我们为学生搭建的"党史学习教育之桥"才刚刚开始,学生内心激发起的对党史的兴趣,将引导着他们继续学习,而每一名思政课教师必将陪着学生一起进步。

学生感悟

今天,我们和殷老师一起来到松江区广富林文化遗址开展了"红色一课"教育活动。我们去的目的地是广富林的核心区域——水下博物馆。整个展馆建立在水下,只有三角形的玻璃屋顶"浮"在富林湖中,玻璃顶在阳光的照耀下熠熠生辉,与周围优美的自然风景相得益彰,勾勒出美丽画卷。

进入馆内,听完殷老师的讲述后,我对上海的历史和发展有了深深的了解与感悟。现今上海的繁荣昌盛是先民靠着聪明的才智、勤劳的双手与和谐相处的融合精神换来的。上海近百年来的巨大变化,更离不开中国共产党的领导,解放上海,发展上海,繁荣上海。"乘风破浪会有时,直挂云帆济沧海。"新时代的青少年肩负着建设祖国的责任与使命,我将更加发愤图强、努力学习,为建设祖国贡献自己的力量。

(上海市松江区泗泾第二小学　陈姿吟)

我小时候经常做考古的梦,感觉带上铲子去外婆家的老房子墙脚下挖一挖,就能挖到古代的东西。

今天,老师带领我们去探寻松江的古文化脉络,也是上海的文化之根——广富林文化遗址,去了解历史。这是一节让我难以忘记的红色文化课!

走进遗址,即可看到古色古香的建筑物。沿着一条青砖小路继续往前,两侧是高大的仿古建筑物,别有一番景色。我只在电视剧里面看到过这些建筑,今天亲眼所见,感觉自己都穿越到那个时期了!

我们参观了好几个展馆,让我印象最深的是"漂浮"在水中的博物馆。进入展馆之后,最先映入眼帘的是一个粗壮的树根,这应该象征着上海之根吧。按照指示的路线前行,最先到达的是发掘现场,走过发掘现场,接着就是一条长长的时光隧道,我们参观了各式各样的展示……

通过参观学习,我对上海的历史有了新的认知,了解了多年来广富林的演变和发展,更知道了中国共产党的诞生地,了解到今天的美好生活离不开党的领导。时代在发展,作为新时代的青少年,我们要继承和发扬中国五千年的历史文化,要传承中国文化中的优秀道德品德,同时听党话、感党恩、跟党走,努力学习,积极向上,用自己的实际行动为我们的城市、国家作出贡献!

(上海市松江区泗泾第二小学　陆施淇)

专家点评

"大思政课"我们要善用之。本节课中,教师带着孩子们走进松江区的广富林文化遗址,构建立体、生动、鲜活的思政课堂,引导孩子们在质疑、探究、想象中感受上海的海派文化与红色文化,坚定对中华传统文化、中国共产党的高度认同。

一、一次神奇之旅:走进上海千年历史

过去的上海是怎样的?面对未知,孩子们饶有兴趣。松江区作为上海之根,是海派文化的发祥地,具有深厚的历史底蕴,特别是以广富林文化为代表的一批文化遗存,体现了中华民族悠久的文明历史,展现了数千年来的变迁与发展。这些重要的文化遗存所体现的文化价值,无疑是宝贵的精神财富。殷垚老师选择广富林文化遗址进行场馆教育,正是对区域宝贵文化价值的发掘之旅。对成长、生活在这片土地上的孩子们而言,这趟发掘之旅是一种对成长土壤的再认识和对生活环境的深度了解,更是对自身民族发展历程、城市变迁的全面认识。每一个孩子都为这座城市的过去所着迷,为自己是上海人而感到骄傲。

二、一次发现之旅:走进先民浪漫生活

坚持开门办思政课,强化问题意识,突出实践导向,充分调动全社会力量和资源,建设"大课堂",搭建"大平台",培养"大师资"。如何在场馆学习中引发孩子思考,激发孩子自主探究?殷垚老师做了很好的尝试。他以问题为导向,引导学生自主探索场馆,在生生交流、组组交流中完成了对场馆所见所闻感性层面上的认识,同时适时用一些"为什么"的问题来引发学生进一步思考,探寻现象背后的原因。通过"发现—想象—推测",孩子们的思维逐渐拓展走深,思维火花开始闪耀,先民丰富多彩、浪漫有趣的生活场景仿佛就在眼前。

三、一次寻脉之旅:走向儿童美好未来

广富林文化遗址所体现的先民融合发展,与海派文化的"海纳百川、兼收并蓄"的核心密切相关。教师从学生入手,关注到班级学生的组成——外来务工人员的子女和上海本地土生土长的孩子的比例近乎一比一,将这一实际情况作为切入点来开展课堂教学,引导学生发现"我"与上海文化之间的关系,在寻根文化中发现红色文化的意义与价值。在后半段课程中,殷垚老师以展馆中的一栋石库门建筑为切入点,重温一百年前所发生的开天辟地的大事——中国共产党正式成立了。通过一个个"为什么"的问题,引导学生在看中听、在听中想、在想中悟，体悟着今天幸福生活背后的原因。

　　红色研学之旅是孩子成长路上的必要一课，正如本课结束时，殷老师在鼓励孩子们继续探究的同时，也期待着更多的思政课教师去探索、实践场馆教育。

（上海市松江区第三实验小学　马莉莉）

作者简介

　　殷垚，上海市松江区泗泾第二小学教师，小学二级教师，2018年、2020年上海市中小学思政课骨干教师培训班学员。曾获上海市"红色一课"馆校合作优秀课程征集及展示活动一等奖，被评为松江区泗泾镇道德与法治学科"教坛新秀"。参与编写义务教育教科书（五·四学制）《道德与法治活动册》（三年级第一学期）。

参观红色殿堂，聆听红色故事，传承红色精神

——走进国歌展示馆

华东师范大学附属小学　李子卿

教学实录

师：每天早晨，我们都要唱国歌。今天，让我们一起走进国歌展示馆，去了解国歌背后的故事。

师：同学们，老师来考考大家，中华人民共和国国歌又被称为什么？

生1：老师，我知道，是《义勇军进行曲》。

师：没错，《义勇军进行曲》被称为中华民族解放的号角。可是，你们有谁知道这里的义勇军指的是什么吗？

生1：老师，我的外婆之前告诉过我，1931年九一八事变后，面对日本帝国主义的侵略，各省的爱国军民自发组成了民众抗日武装，被称为义勇军。

生2：上海也成立了"上海市民义勇军"等民间抗日组织，提出"北上抗日"的口号。

师：你们猜猜国歌诞生在哪里？

生1：我猜是在军队里诞生的。

生2：我猜是在学校里诞生的。

师：《义勇军进行曲》的诞生离不开电影《风云儿女》。1935年，电通影片公司从南市的斜土路搬迁至此地（杨浦的荆州路），在这里拍的第一部影片就是《风云儿女》，《义勇军进行曲》是该片的主题歌。因此，我们脚下的这片土地，就是国歌诞生的地方。

师：你们看，这就是抗战电影《风云儿女》的海报。它讲述了抗战时期，青年诗人辛白华目睹挚友牺牲之后投入抗战的故事。

生1：没想到，上海也有这么深的革命渊源。

生2：这真是让人意想不到又无比骄傲。

师：（指着展板上的照片）你们认识他吗？

生1：老师，我认识。他是田汉。

生2：田汉就是国歌的作词人。

师：没错，他还是电影《风云儿女》的编剧。1934年秋，田汉为该片写了一首长诗，其中最后一个诗节就是《义勇军进行曲》的歌词。歌词写完后，田汉还没来得及把故事大纲编成电影脚本，就被国民党当局以宣传抗日的罪名逮捕入狱。

师：尽管田汉等人相继被捕，但人民音乐家聂耳却不顾个人安危，挺身而出，主动请缨，接下了《义勇军进行曲》的谱曲工作。你们看，这就是《义勇军进行曲》曲谱的手稿复制品。

生1：哦，原来如此。没想到，国歌的诞生过程可谓一波三折。

师：现在，老师来考考大家，《义勇军进行曲》分别是由谁作词和作曲的呢？

生1：是由田汉作词、聂耳作曲的。

生2：可是老师，我想知道这部电影上映后反响如何。

师：我们一起看看《风云儿女》的片段吧！

师：随着电影《风云儿女》的上映，《义勇军进行曲》在中国大地上唱响。你们觉得是什么原因让《义勇军进行曲》能如此迅速地风靡全国？

生1：老师，我觉得是因为这首歌道出了人们打倒日本侵略者、打倒帝国主义的决心与愿望，大家深受感触。

师：没错，最主要的原因就是它唱出了全国人民爱国抗日的心声。

生1：老师，可是一首电影主题曲怎么会脱颖而出，变成国歌呢？

师：老师告诉大家，第二次世界大战即将结束之际，《义勇军进行曲》因其高昂激越的旋律和鼓舞人心的歌词，很快在国际上小有名气，甚至还被定为同盟国胜利之日预定的音乐节目广播歌曲之一。因此，中华人民共和国成立之际，很多人都提议将《义勇军进行曲》作为国歌。

生1：确实，一首既有国际影响力，又唱出全国人民心声的歌曲当之无愧。

生2：可是，我们花了14年时间赶走了日本侵略者，又经过3年内战打败了国民党反动派，这样不是已经取得胜利了吗？为什么还要唱"中华民族到了最危险的时候"？

师：当时有很多人和你的想法是一样的，他们认为中华人民共和国即将成立，新的中国将是欣欣向荣的，"到了最危险的时候"这种说法已经过时了。在大家各执一词且争论不休的时候，毛泽东是怎么说的呢？我们一起来看看电影片段："中华民族到了最危险的时候"这句歌词过时了吗？我看没有。我国人民经过艰苦斗争终于胜利了，但还是受着帝国主义的包围，不能忘记帝国主义对我们的压迫。我们要争取中国完全独立解放，还要进行艰苦卓绝的斗争。将来就是我们中华民族强大了，还是要唱这个国歌，让我们的人民不要忘记，我们是从苦难中过来的。50年以后，100年以后，我们都要唱这个国歌。中华民族在苦难中奋斗崛起，这歌词是永远不会过时的。

师：毛泽东的话统一了大家的意见。就这样，在中国人民政治协商会议第一届全体会议上，确定了以《义勇军进行曲》为代国歌。

生1：毛泽东的话给了我很大的启发，虽然现在我们的祖国富起来、强起来了，但是我们依旧不能忘记那段悲壮的历史。

师：居安思危是中华民族的优良传统，我们无法忘记，更不能忘记我们是从苦难中走过来的。2021年是中国共产党成立100周年。这100年来，一代又一代的中国人民不忘初心、砥砺前行。我们要用自己的一生去践行国歌中最后一句的呐喊，前进！前进！前

进！进！

师：让我们再一次向这些人民英雄致敬，再一次高唱流淌在我们血液里的旋律。

（学生齐唱国歌）

教师手记

我们为何前进

——基于"红色一课""国歌——流淌在血液里的旋律"的思考

《义勇军进行曲》中的"前进！前进！前进！进"的歌词早已扎根于学生的内心，但"我们为什么要冒着敌人的炮火不断前进"这个学生闲聊时提出的疑惑引起了我的思考。

正如习近平总书记所说："思政课是落实立德树人根本任务的关键课程。"作为一名思政课教师，如何讲好红色故事，将红色基因扎根于学生的心中？也正是这个问题，拉开了"红色一课"的序幕。

一、用好红色资源，在体验中学习

1. 走进"红色教室"，亲历国歌诞生

习近平总书记曾说过："红色资源是我们党艰辛而辉煌奋斗历程的见证，是最宝贵的精神财富，一定要用心用情用力保护好、管理好、运用好。"作为中国共产党的诞生之地，上海拥有大量的红色场馆，这些红色场馆不仅是展陈之地，还是给当下和未来提供启示与动力的精神引领地，更是实践思政课的绝佳场所。本节课所选取的国歌展示馆，坐落在上海市杨浦区荆州路 151 号的国歌纪念广场西南侧，总面积 1500 平方米，由序厅、国歌诞生厅、国歌纪念厅、国歌震撼厅、我和国歌厅等部分组成，全面展示了《义勇军进行曲》诞生的背景和过程、如何被确定为国歌、国歌作者、国歌故事等内容，是展现国歌魅力的平台及爱国主义教育的有效载体。走进这样的"红色教室"，学生就仿佛置身于那个"觉醒年代"。场馆中小到电影《风云儿女》的唱片盒，大到人民音乐家聂耳的塑像，都在为学生还原当时的历史细节。每参观一件展品，教师就会为学生讲述其背后的小故事，而这些息息相关的小故事串联起来就成了国歌诞生的历史。在这里，学生既是红色历史的亲历者，更是国歌诞生的见证者，脚下是国歌诞生之地，眼前是诉说着革命先辈奋斗故事的展品。相较于课本上的内容，这样的情境化学习带给学生的体验是完全不同的。

2. 学习"红色教材"，感受国歌魅力

为了避免参观展馆时走马观花，让学生在红色场馆中进行更高效、真实的学习，在课前，我结合思政课教材，安排学生自主学习了"百年追梦 复兴中华"相关内容。同时，帮助学生了解近代以来中国人民为实现民族复兴走过的历史进程以及中华人民共和国成立的伟大历史意义，明白是中国共产党带领中国人民实现了民族独立与人民解放，并带领全国人

民自力更生、奋发图强,进行社会主义建设,使中国巍然屹立于世界东方。

在这些知识的积淀下,整个《义勇军进行曲》从诞生到传唱的故事,便成了学生与教师互动的"红色教材"。当看到义勇军的旗帜后,有个学生马上向大家进行了科普:1931年九一八事变后,面对日本帝国主义的侵略,各省的爱国军民自发组成了民众抗日武装,被称为义勇军。另一个学生也积极补充:上海也成立了"上海市民义勇军"等民间抗日组织,提出"北上抗日"的口号。

当提及田汉、聂耳两位创作国歌的革命先辈时,学生们也争先恐后地对其进行了介绍,他们互相补充、分享自己了解到的田汉、聂耳的故事。在这样的分享过程中,学生不仅是倾听者,还是讲述者。当看到自己分享的故事中的实物——《义勇军进行曲》曲谱的手稿复制品后,他们又成了参与者。《义勇军进行曲》的故事就像一本引人入胜的"红色教材",近在眼前的真实史料,同伴口中的英雄故事,缩小了时间与空间的距离。正如学生课后所言:"我感觉自己不再是历史的看客,而是真实地置身于这段故事中。"

所以,在了解了《义勇军进行曲》反响热烈的情况后,面对教师提出的"是什么原因让《义勇军进行曲》能如此迅速地风靡全国"的问题时,学生很自然地将其文化内核脱口而出:"它唱出了全国人民爱国抗日的心声。"

值得一提的是,在介绍《义勇军进行曲》的过程中,我也听到了学生的感叹:"上海也有这么深的革命渊源。"确实,上海不仅是中国共产党的诞生地,还是国歌的诞生地。在学习过程中,学生对上海的认知也不再局限于一个国际化的金融中心,而是一个有深厚革命渊源的革命圣地,是一座有光荣革命传统的城市。这也给了我很大的启发:上海这座城市,本身又何尝不是一本"红色教材",以自己的故事激励着这片土地上的子民们,传承这座城市的红色基因,肩负起属于我们的时代使命呢?

二、铭记红色历史,在比较中学习

学生对国歌的诞生已经有了一定认识,为了将这种认识转化为认同,从而发挥好思政课在落实立德树人根本任务中的关键作用,我设计了一个真实的历史情境供学生参与——比较国歌的歌词。

接着,继续补充国歌的故事:《义勇军进行曲》因其高昂激越的旋律和鼓舞人心的歌词,很快在国际上小有名气,甚至还被定为同盟国胜利之日预定的音乐节目广播歌曲之一。中华人民共和国成立之际,将《义勇军进行曲》作为中华人民共和国国歌的呼声也越来越高。

不过,当时人们却对歌词产生了分歧。有人认为中华人民共和国即将成立,新的中国将是欣欣向荣的,"到了最危险的时候"这种说法已经过时了。大家在商讨会上争论不休。此时,我将选择权交给学生,让学生比较并思考,是否应该删去"中华民族到了最危险的时候"这句歌词。对此,学生意见不一。有人认为中华民族花了14年时间赶走了日本侵略者,又经过了3年内战打败了国民党反动派,歌词应与时俱进。

在大家各执一词之际,我播放了电影片段。毛泽东的话让学生们得到了自己的答案:中华民族在苦难中奋斗崛起,这歌词是永远不会过时的。此时,让学生谈谈对"中华民族在苦难中奋斗崛起"的看法。学生纷纷举出例子:从甲午风云、万里长征、抗战胜利到"军神"中的刘伯承、"为中华之崛起而读书"的周恩来,大到国家的兴衰,小到个人的选择。此刻,大家在课堂上学到的历史知识、生活中听到的红色故事从记忆深处被唤醒。无数历史故事告诉大家:落后就要挨打,发展才能自强。

在大家的分享中,学生不禁感慨:"虽然现在我们的祖国富起来、强起来了,但是我们依旧不能忘记那段悲壮的历史。"

经过这样的比较、分享和思考,学生不仅学习了国歌的历史,还由点到面地了解了中国的近代史。这不仅是一段中华民族遭受深重苦难的屈辱史,还是一段中国人民不甘屈服、前赴后继、奋起抗争的奋斗史。

三、传承红色精神,在行动中学习

读史以明志,知古可鉴今。在这样情境化的学习中,学生通过了解国歌的故事窥见了中国近代史的一隅。为了帮助学生将这些内化于心的知识外化于行,教师拿出事先准备的卡片,向学生提问:现在你还看得到不甘屈服、前赴后继、奋起抗争的中国故事吗?

卡片上熟悉的画面引发了大家热烈的讨论:从人人皆知的奥运名将到为抗击疫情而通宵达旦的无名志愿者,从远在星海的航天明星到身边为维持治安而持续加班的警察爸爸……在场的每个学生都有自己的中国故事可讲,而更多的中国故事每时每刻都在发生。

"你打算怎样写好属于你的中国故事?"

"未来我要做一名科学家,用自己的知识为祖国作贡献。"

"从现在开始,我要努力地看书,再把我读到的中国故事讲给更多人听!"

"我也认为我们应该从现在做起,从小事做起。比如,做作业时遇到不懂的题目不轻易放弃,遇到不爱吃的饭菜也要想办法吃完,这才对得起他们(革命先辈们)的付出。"

"这100年来,一代又一代的中国人民不忘初心、砥砺前行。我们要用自己的一生去践行国歌中最后一句的呐喊,前进! 前进! 前进! 进!"

在这样的师生互动中,学生纷纷对自己提出了新的要求。不难发现,尽管学生的回答略显稚嫩,但他们已经将自己今天学到的知识转化为未来行动的力量。此刻,他们心中已经种下了红色的种子,在场的每个学生不仅是红色故事的见证者,还是红色精神的传承者。习近平总书记曾说过:"这个革命历史是弘扬社会主义核心价值观、开展革命传统教育和爱国主义教育的生动教材,也是党的建设的宝贵资源。"我相信,这些革命历史故事将成为一个又一个的灯塔,引领这群少年克服困难,不断前进。假以时日,他们也会凭借这份力量说好自己的中国故事,实现中华民族伟大复兴的中国梦。

在这样的氛围中,学生们再次高唱国歌。这一次,国歌不再只是操场上的千人合唱,而是一份即将担于肩上的历史使命和一种从先辈口中传承下来的红色精神。

古往今来,多少人前赴后继,坚持着这条实现中华民族伟大复兴的正确道路。在中国共产党的领导下,这路越走越顺,越走越远。但无论走到哪里,我们都应该记得他们留下的足迹,更不能忘记我们为什么前进。

学生感悟

《义勇军进行曲》是我从小牙牙学语时学会唱的第一首歌,是伴随着猎猎作响的五星红旗回荡在万里河山的一首歌,是激励万千中国人走过艰苦岁月的一首歌。

国歌展示馆曾是《义勇军进行曲》的诞生地。在李老师的带领下,我们观看一张张泛黄的历史图片,就像走进了时空的长廊,回到了田汉和聂耳"冒着敌人的炮火"谱写《义勇军进行曲》的时刻。在战火纷飞中,他们不顾个人安危,谱写出中国人民反抗侵略的高歌。

《义勇军进行曲》一经问世,就成为凝聚起中华民族奋起反抗的号角。穿过历史的长河,它始终是中国人的精神象征。无论何时何地,这激昂的战歌一经响起,那个绵延在民族血脉中的"前进!前进!前进!进"的沸腾之音,就会激起中国人心中的昂扬斗志,不断催促着我们只争朝夕,并伴随中华民族一路高歌猛进。

(华东师范大学附属小学　王劼鸣)

我们在李老师的带领下参观了国歌展示馆,在展馆外就被它吸引了。国歌展示馆被一个直径为54米的圆形"国歌主题广场"包围着,犹如一张巨大的黑胶唱片,配上一条条向四面辐射的环状带,就像唱片正在留声机上缓缓旋转,《义勇军进行曲》就从这里唱响。

《义勇军进行曲》由田汉作词、聂耳作曲,它的诞生也伴随着抗战的烽火。我们在展厅中看到了聂耳的曲谱手稿复制品,也知道了这些爱国人士为谱写出这样一首曲子所付出的伟大牺牲。展厅里有个模拟剧场,还原了当时放映电影的场景。站在剧场前,我好像也变成了电影中的一员,亲历那激动人心的一幕。第一次身临其境地听到国歌,感受到歌曲带给我们的那种澎湃激越、鼓舞人心、奋发前进的力量,这是爱国抗日的呼声!

从李老师的讲述中,我了解了《义勇军进行曲》从诞生到成为中华人民共和国国歌的过程,这正是中华民族居安思危的精神体现。我们每一个少先队员都有责任也有义务了解《义勇军进行曲》的诞生和传唱的时代脉络,保持永远奋斗的昂扬斗志,把其中蕴含的爱国热情和使命担当传承下去。

(华东师范大学附属小学　王间维)

专家点评

本课选择了具有上海本土特色的红色教育资源"国歌展示馆"进行红色研学,既包含了小学道德与法治教材内容,又有很强的场馆实地体验的教育效果。

首先,李老师能贴近学生的认知基础,在学生熟悉的事物中抓住儿童认知规律,通过一连串的问题与解答,将与国歌相关的政治概念交代清楚。如"中华人民共和国国歌又被称为什么""你们有谁知道""这里的义勇军指的是什么""你们猜猜国歌诞生在哪里"等问题,使学生形成了连贯的学习体验。其中,教师没有把严肃的政治概念变成脱离学生经验之外的讲解,而是通过对现场照片、视频、实物等展馆资源的观察、品味、解读,使得党史学习教育与学生的认知发展过程产生一定契合度,帮助学生在体验中增强对中华民族、中华人民共和国、中国共产党的认同感。

其次,李老师能贴近学生的生活环境,将严肃的理论学习从成人视角拉到学生熟悉的日常生活背景中,从小范围切入讲述大道理。在参观过程中提出"随着电影《风云儿女》的上映,《义勇军进行曲》在中国大地上唱响。你们觉得是什么原因让《义勇军进行曲》能如此迅速地风靡全国"的问题,快速地将学生带入历史场景,并以日常生活中流行歌曲风靡全国的视角展开思维,找到了红色资源和实际生活体验的最佳结合点,使得学生能从人民反帝决心、抗日心声等角度有所发现和体会,增强了说理的生动性。

最后,李老师能贴近学生的心理特征,把握住抽象和形象的结合点展开教学与引导。抓住"我们……不是已经取得胜利了吗?为什么还要唱'中华民族到了最危险的时候'"这一具有时代特征和思维深度的问题,引导学生在众多历史发展进程中找寻答案。通过丰富的史料、适当的逻辑推演启发学生思维,用形象来说明抽象、支撑抽象,最终揭示"居安思危是中华民族的优良传统"这一道理。

值得注意的是,对于国歌在新时代的内涵解读不仅仅局限在"居安思危"这一点上,可以引导学生从激励奋进、探索新途径等角度加以展开,特别是将它与中华民族伟大复兴联系起来,挖掘新时代新征程中国歌正在发挥的强大力量。

(上海市闵行区教育学院　王玉兰)

作者简介

李子卿,华东师范大学附属小学教师。曾荣获普陀区第三届"新蕾杯"见习教师规范化培训评优展示活动优胜奖、普陀区中小学"线上线下融合教学"优秀论文案例一等奖、普陀区义务教育阶段"项目化学习"优秀论文案例二等奖、第七届上海教师书法和板书大赛三等奖。

大飞机之梦，从这里起航

上海市民办文绮中学　许灵均

教学实录

师：同学们，大家都坐过飞机吧。你们知道曾经坐的飞机都是哪家生产的吗？

生1：欧洲的空客。

生2：美国的波音。

师：今天，老师想告诉大家，我们国家有了自己的民用飞机，它的名字叫C919。现在我们来到上海航空科普馆，让我们一起走近中国大飞机，了解我国的大飞机之梦。

（来到中国民用飞机展览前）

师：同学们，老师一直有个疑问：现在我们国家经济实力也提升了，为什么我们还要花大力气研制自己的大飞机，直接买别的国家的不行吗？请同学们带着这个问题参观展览，参观完毕后帮老师答疑解惑吧。

生1：20世纪60年代，周恩来总理到欧洲进行访问。此时，世界的运输情况完全不一样了，而我们没有飞机，供政府代表团出国的飞机是从苏联租的旧的螺旋桨飞机。所以，有的国外的记者就讽刺说，中国是一只没有翅膀的鹰。

师：老师听出来了，这是一个事关民族尊严的问题。谢谢你的分享。

师：既然说到这里了，老师继续补充一下。在这种情况下，我们国家发现要在喷气运输方面急速地赶上去。20世纪70年代初，我国第一个大型喷气式客机"运-10"项目悄然上马。但遗憾的是，由于资金不足等问题导致的重重阻碍和我国工业基础薄弱的现实，"运-10"最终没能进入量产，悄然下马。所以，20世纪80年代，我国依然没有自己的大飞机。

生1：老师，我还知道要想换一架空客飞机，就要付出出口八亿件衬衣所得的利润；要想换一架波音飞机，就要出口十亿双袜子。在复杂多变的国际形势下，没有自主创新，我们必将受制于人。

生2：而且我国对民航客机的需求量非常大，每年要从国外进口数千架客机。

生3：据有关数据估计，未来20年，中国对民航客机的需求量高达8500架。如果按照一架波音737飞机的价格为8000万美元来计算，这将会是一笔巨大的开支。

师：大家都说得太好了！没有自己的大飞机，就意味着我们要将平均每年数百亿的市场拱手送人。除了国家经济利益受损外，有些国家还会以此来要挟我们答应其他条件，这是事关国家利益的大事。

师:因此,习近平总书记曾经这么嘱咐过:"我们要做一个强国,就一定要把装备制造业搞上去,把大飞机搞上去,起带动作用、标志性作用。"

生1:老师,我看到过这样一条新闻。2021年3月1日,中国东方航空公司与中国商飞公司在上海正式签署了C919大型客机购机合同,首批引进5架,这是C919在全球拿下的第一单。

师:一个属于中国自己的国产大飞机时代来临了,一个打破波音、空客垄断的崭新局面开始了!真是令人骄傲!

(来到沙盘前)

师:同学们,老师还想请大家分析一下:今天,我国的大飞机之梦为什么能取得成功?

生1:我觉得一个很重要的方面是,改革开放以来,在党的领导下,我国经济实力、科技实力等综合国力的提升,为大飞机之梦的实现提供了坚实的物质基础。之前,"运-10"的下马有一个很重要的原因就是资金不足。

生2:改革开放以来,我国非常重视教育和人才的培养,重视自主创新能力。C919的自主创新首先体现在自主设计总体方案,没有任何外国企业涉足。此外,C919的设计研制中还有多项重大技术突破,如超临界机翼、新材料应用等。

师:可见,科技创新能力已经成为综合国力竞争的决定性因素。我国正从中国制造走向中国智造。

师:除了以上几方面外,还有什么重要原因?大家有没有看到生产车间里的横幅,上面都写了些什么?

生1:长期奋斗、长期攻关、长期吃苦、长期奉献。

师:这16个字意味着什么?

生2:这16个字意味着正是由于许许多多的航空人发扬着这种长期奋斗、长期攻关、长期吃苦、长期奉献的精神,才能克服艰难险阻,获得成功。

师:大家知道什么叫"711"和"724"工作模式吗?

生1:我曾经在C919总设计师吴光辉老师的报道中看到他带领大家实行"711"和"724"工作模式。"711"是指一个星期工作7天,每天工作11个小时;"724"是指在关键工作上7天24小时运转,工作人员进行倒班。

师:关键是这些工作人员在这种强度下工作也是无怨无悔的。你们还记得书上讲到过的"大国工匠"胡双钱老师吗?

生1:胡双钱老师是飞机零部件制造师,是一名"大国工匠"。在30多年的飞机制造工作中,他经手的零件没有出过一次质量问题。这种恪尽职守、精益求精的精神品质,令我们动容。

师:尽管大飞机研制曾经是我国的短板,但我们已成功了一大步。要把这么难的事办成,没有这种以爱国主义为核心的民族精神和以改革创新为核心的时代精神是不行的。

师:同学们,通过今天的参观学习,你们最大的收获是什么?

生1:要想实现中华民族伟大复兴,必须要自力更生、依靠自主创新,而创新的主力军就是未来青年。

生2：现在我国正在向第二个百年奋斗目标前进，青少年要担负起时代责任，坚定理想信念，努力学习科学文化知识，为担负起时代责任做好准备。

生3：在学习和生活中，我们也会经常遇到这样或那样的困难，有时会很容易轻言放弃。但今天，我明白了任何一件事情的成功都离不开这种恪尽职守、精益求精的工匠精神，因此我要继承发扬这种工匠精神，在生活中敢于直面挑战、突破自己。

生4："纸上得来终觉浅，绝知此事要躬行。"中学生担负着民族复兴的伟大重任，应该在不断学习和实践中走向未来。

师：听了你们的感受，老师被深深地感动了。2021年是中国共产党成立100周年，中国共产党带领中国从中国制造向中国智造迈进，中华民族迎来了从站起来、富起来到强起来的伟大飞跃。但面对百年未有之大变局，青少年要接过历史的接力棒，要有忧患意识和危机意识，要发扬以爱国主义为核心的民族精神和以改革创新为核心的时代精神，为实现中华民族伟大复兴继续努力奋斗！

 教师手记

站起来，挺起胸

—— 如何利用红色资源提升初中道德与法治课程的育人价值

思政课是落实立德树人根本任务的关键课程。道德与法治课程是义务教育阶段的思政课，旨在提升学生思想政治素质、道德修养、法治素养和人格修养等，增强学生做中国人的志气、骨气、底气，为培养以实现中华民族伟大复兴为己任的有理想、有本领、有担当的时代新人打下牢固的思想根基。

基于以上要求，作为一名思政课教师，不仅要深入挖掘课内的育人资源，还要利用好课外的红色资源，引导学生在亲身参与的基础上，获得精神情感上的升华，感受祖国的强大，让家国情怀的种子在学生内心深处生根发芽，使得初中道德与法治课程的育人价值得以提升。

2021年，正值中国共产党百年华诞，上海市师资培训中心[今上海市教师教育学院（上海市教育委员会教学研究室）]联合上海市青少年学生校外活动联席会议办公室、上海市学生德育发展中心共同开展以"寻访百年路 奋斗新征程"为主题的上海市"红色一课"馆校合作优秀课程征集及展示活动。接到这样一个任务，我的内心非常激动，这是一次利用红色资源提升初中道德与法治课程育人价值的尝试与实践。部编版《道德与法治》九年级上册第一单元的主题为"富强与创新"，学生已从教材中了解到我国经济建设和社会建设取得的辉煌成就，理解了创新驱动是国家命运所系。如何让学生更好地理解学科知识，提升核心

素养,充分感受国家的巨大变化,增强民族自豪感和自信心,提升使命感和责任感,是我一直在思考的问题,因此选择了闵行区的上海航空科普馆。通过上海航空科普馆内的"红色一课",学生了解了中国大飞机之梦的前世今生,理解了中国为什么要有自己的大飞机,明确了大飞机之梦成功与否关系到国家利益,感受到工作人员长期奋斗、长期攻关、长期吃苦、长期奉献的民族精神与时代精神,感悟到大飞机之梦的成功与国力提升、创新能力提升、民族精神发扬是分不开的,认识到劳动创造美好未来,最终明确在实现第二个百年奋斗目标进程中的使命担当。

但场馆教学与课堂教学还是有所不同,场馆通过实物、模型的布置,配合图片、文字说明,构建出一个结构化的学习内容。基于场馆教学的优势,如何区别于专业讲解员,更好地利用场馆资源提升思政课的育人价值,我认为坚持问题导向尤为关键。对初中生来说,问题的提出可以很好地激活其思维。特别是将学生放置于具体情境中,可以获得理想的教学效果。

首先要思考设置什么样的问题。河南师范大学马克思主义学院的马福运教授在一次访谈中说道:"思政课建设要坚持问题导向,积极回答中国之问、世界之问、时代之问、学生之问,必然要求因事而化、因时而进、因势而新。"这就启发教师要以问题为导向,结合国内外历史和现实,着力讲好中国故事。于是,在去上海航空科普馆之前,我先询问了一些学生,了解到他们普遍对中国大飞机是如何做到从无到有的过程比较好奇。带着学生的好奇,我先来到上海航空科普馆。我发现科普馆内的这些资源虽然能满足学生的好奇心,但是仅仅停留在过程这个角度还是比较浅显的。在充分利用馆内资源的基础上,我设置了这样两个问题:"现在我们国家经济实力也提升了,为什么我们还要花大力气研制自己的大飞机,直接买别的国家的不行吗?""今天,我国的大飞机之梦为什么能取得成功?"把学生置身于问题情境中,为培养学生学习能力和促进思维发展服务。

其次要思考如何破解问题。习近平总书记指出:"要坚持灌输性和启发性相统一,注重启发性教育,引导学生发现问题、分析问题、思考问题,在不断启发中让学生水到渠成得出结论。"这就启发教师要把大道理转化为小故事,用身边人讲述身边事,更好地解答学生所关注的问题。在本次"红色一课"活动中,我带领学生来到沙盘前,围绕"今天,我国的大飞机之梦为什么能取得成功"这样一个主问题,不断引导学生观察、思考。"大家有没有看到生产车间里的横幅,上面都写了些什么?""大家知道什么叫'711'和'724'工作模式吗?""你们还记得书上讲过的'大国工匠'胡双钱老师吗?"通过一个个小故事的层层启发,让学生意识到"尽管大飞机研制曾经是我国的短板,但我们已成功了一大步。要把这么难的事办成,没有这种以爱国主义为核心的民族精神和以改革创新为核心的时代精神是不行的"。通过"问题切入—案例启发—事实支撑—思想引领—增强自信"的过程,形成丝丝相连、环环相扣的教学路径。思政课教学不仅在于知识传授,更在于价值引领和精神塑造,着力引导学生增强"四个自信",培养他们自尊、自信、自立、自强,成为担当民族复兴大任的时代新人。

红色文化植根在中华大地这片沃土之上,是中国特色社会主义文化中不可分割的一部分,其中关于党的故事、革命的故事、英雄的故事都是红色文化的重要表现形式。因此,将其融入思政课中，引导学生在参观体验中收获知识，感知其中蕴含的精神品质，达到提升道德与法治课程育人价值的目的。通过这堂课的实践，学生的主体性得以凸显。通过问题联结师生，并在合作探究中解决问题，激活了学生的内驱力，变"要我学"为"我要学"。学生在课堂最后的感悟令人动容："要想实现中华民族伟大复兴，必须要自力更生、依靠自主创新，而创新的主力军就是未来青年。""'纸上得来终觉浅，绝知此事要躬行。'中学生担负着民族复兴的伟大重任，应该在不断学习和实践中走向未来。"……课堂的最后，学生们"抬起头，挺起胸"，我想这就是思政课的魅力吧。

 学生感悟

　　春暖花开，青春正好。2021年，于中国共产党的百年华诞即将到来之际，我们跟随着许灵均老师前往上海航空科普馆，聆听了一节"大飞机之梦，从这里起航"的思政课。在课堂上，许老师带我们了解了中国大飞机的前世今生。同时，我们也了解了大飞机之梦的起航，以及国产大飞机时代的来临之于当代中国的重要意义。正如习近平总书记所说，"我们要做一个强国，就一定要把装备制造业搞上去，把大飞机搞上去，起带动作用、标志性作用"，大飞机事关国家利益和民族尊严。从"运－10"到C919，大飞机承载着几代人的青春和梦想。从一代又一代奋斗者的身上，我们看到了正如大飞机生产车间所挂的横幅上写的"长期奋斗、长期攻关、长期吃苦、长期奉献"，这正是民族精神和时代精神的生动写照，也是当代中国巍然屹立在世界东方的重要原因。通过这次学习，我不仅了解了大飞机之梦的起航，感悟了创新精神和民族精神的意义，更从中领悟了从大飞机事业到航空事业，国家的复兴必须坚持中国共产党的领导，同时，也体悟了时代赋予我们青年的意义。习近平总书记曾说："青年的人生目标会有不同，职业选择也有差异，但只有把自己的小我融入祖国的大我、人民的大我之中，与时代同步伐、与人民共命运，才能更好地实现人生价值、升华人生境界。"在中国共产党领导人民向第二个百年奋斗目标进军的过程中，青年人便是主力军。因此，我们身上背负着强国的使命。

（上海市民办文绮中学　吕　诚）

专家点评

　　把红色资源利用好、把红色传统发扬好、把红色基因传承好，引领学生更好地感悟信仰之力、理想之光、使命之艰、担当之要，更好地汲取开拓前进的强大勇气、智慧和力量，是思政课教师的职责和使命。本课的教学实践为如何利用场馆资源，将上海红色文化资源融入初中道德与法治课提供行之有效的探索。

　　第一，力求落实核心素养发展要求。学生走近中国大飞机，追溯百年航空史，了解国情，体悟伟大精神，增进爱国情感，增强政治认同，提升责任意识。一系列数据的呈现，激荡

心灵,感悟大飞机建造的必要性以及其中的艰辛与不易;了解航空工作者,分析优秀人物的先进事迹,将红色基因植入学生心田,落实革命传统文化教育,发挥道德与法治课在落实立德树人根本任务中的关键作用。

第二,力求实现课内课外融合。本课充分挖掘并有效利用上海航空科普馆中的资源,根据教学目标,巧妙创设问题链,将教学的重难点转化为探究任务,凸显实践性,实现课程内容活动化,引领学生在真实的情境中历经知识构建、认知提升、行为转化的过程,从而明确道德与法治课不仅是知识学习,还是感知和体验、实践和探究,更是师生共同建构有意义的课内课外联结的学习活动。

第三,力求创新教学方式。本课尝试探索议题式、体验式等多种教学方法,聚焦基于问题解决的学习实践活动设计,力求活动目标具有针对性、活动情境创设具有真实性,注重活动主体的广泛参与性、活动操作的可行性、活动行为的导向性,将师生之间授与受的关系转变为平等互动、对话交往的关系。同时,通过本课的实践可知,场馆资源也是实现教学方式创新的有效载体。

第四,力求促进知行统一。辨析明理环节是育人实效性的理性载体。本课结合学生真实思想和困惑,激发学生真思考,融知识性和思想性为一体,突破学科知识上的重点和思想教育上的难点。重温大飞机建造历史,现场的冲击力和产生的心灵共鸣让学生更加明白今天的幸福来之不易,更加认识到弘扬和传承伟大精神的必要性,因此要更加珍惜当下,努力学习,为实现中华民族伟大复兴的中国梦奠定扎实的基础。

本课可以给学生提供更多自主学习的空间,视野可以更加开阔,思考的深度和广度有待进一步加强。

(上海市闵行区教育学院　刘　芳)

 作者简介

许灵均,上海市民办文绮中学党支部副书记,中学高级教师。曾获上海市园丁奖、闵行区骨干教师、闵行区记功、闵行区"三八红旗手"、闵行区优秀党员等多项荣誉称号,获上海市中小学(幼儿园)中青年教师教学评比一等奖、上海市"红色一课"馆校合作优秀课程征集及展示活动一等奖。录制上海"空中课堂"示范课若干节,其中"治国安邦的总章程"一课入选教育部"基础教育精品课"。公开发表多篇论文、教学案例及课例。

纪念上海解放

——走进上海市历史博物馆(上海革命历史博物馆)

上海市民办新北郊初级中学　戚敏婕

教学实录

师:同学们,今天我们来到的是上海市历史博物馆(上海革命历史博物馆)。这栋建筑原为上海跑马总会大楼,1949年后相继被用作上海博物馆、上海图书馆和上海美术馆,既是上海重要的文化场所和城市地标,也是上海市文物保护单位及优秀历史建筑。上海市历史博物馆全面梳理了上海历史的脉络,展现了城市发展各个历史时期的重要节点和重大革命历史事件。今天让我们一起走进这里,了解上海解放的那段故事吧!

环节一:提出问题,引入故事

师:同学们,当我们身处上海解放展厅时,你对哪一件展品印象最深?

生1:我对新华社《祝上海解放》的社论印象最深,通过文物下面的注解了解到这是由毛泽东审阅修改的。可我有个疑问:我们在语文课本上学习过毛泽东的《七律·长征》,在我印象里他的诗词风格是大气磅礴的,和这份修改得如此仔细的社论风格大不相同,这是为什么?

师:这个问题非常好!《祝上海解放》明确了上海的历史定位:"上海是中国工人阶级的大本营和中国共产党的诞生地,在长时期间它是中国革命运动的指导中心。"这是中国共产党第一次郑重宣告上海是中国共产党的诞生地。毛泽东对此文的修改共8处、136字,可见毛泽东对这篇社论的重视程度。《祝上海解放》的文稿中红、蓝、黑三色笔迹交错其上,凝结着几多心血,深刻揭示出上海解放的重大意义。上海解放被誉为世界战争史上的奇迹,接下来让我们一起通过一次上海解放文物之旅来重温那段战争奇迹的故事吧!

环节二:自主探究,诞生奇迹

师:想要了解上海解放的那段历史,就要从那次会议说起。

生2:我知道,那次会议是中共七届二中全会,就是这张照片上所讲述的历史事件。1949年3月,召开了中共七届二中全会,确定了党的工作重心由乡村转向城市。这次大会为上海的解放和接管作了具体安排与部署。

师:在中共七届二中全会上,毛泽东指出,进入上海,中国革命要过一大难关。中国共产党有无能力接管上海,关系到中国共产党在世界的形象。他说,上海是远东最大的工商业城市,是中国唯一的国际性贸易城市,一定要让这座世界名城完好地回到人民手中。

生 3:老师,既然要打仗,怎么可能让上海完好地回到人民手中?

师:看来大家都有这样的疑惑,但最终上海真就完好地回到了人民手中,其中的奥秘正是这本小身材大作用的小册子。大家来猜一猜这本小册子里写了什么。

生 4:我们学唱过一首红歌《三大纪律八项注意》,这本小册子是否有类似的内容?

师:是的。人民军队自成立之日起,就非常注重加强革命纪律。毛泽东在井冈山时期就提出"三大纪律六项注意",后来发展为"三大纪律八项注意",并在实践中逐步完善。有谁能和大家说说这本小册子的故事吗?

生 3:通过查阅相关文献资料可知,这是 1949 年 5 月由华东军区司令部印发的《入城纪律》。毛泽东曾说过:"打上海,要文打,不要武打,打的不仅是一个军事仗,也是一个出色的政治仗,不仅要消灭敌人,还要保全城市,还要争取人心。"因此,1949 年 5 月,陈毅发表了著名的丹阳讲话,明确宣布:《入城纪律》是入城政策的开始,是给上海市民的见面礼。《入城纪律》规定不在市区使用重武器,将城市破坏和人民伤亡降到最低。

师:是这样的! 1949 年 5 月 26 日,被陈毅形象地比喻为"瓷器店里打老鼠"的上海战役基本结束。

师:同学们,我们来看看这张照片,是不是有一些似曾相识的感觉?

生 5:这个画面在我们之前观看的电影《建国大业》中出现过。影片中宋庆龄走出家门,看到中国人民解放军和衣而卧在街道上,深受感动。这张照片应该就是描绘了 1949 年 5 月 28 日清晨,上海市民打开窗户,惊讶地发现那么多的解放军都睡在了大街上。从照片里可以看出,中国人民解放军始终坚守纪律、不入民房。

生 6:对的! 我爷爷也和我讲过当时解放军入城的故事……

师:听完这个故事,我们可以了解到上海解放的胜利不仅依靠着中国共产党的正确领导、中国人民解放军严明的纪律,以及他们的奋勇斗争,还依靠着军民一条心。在这个展厅里陈列着一个臂章,我们请一位同学来讲讲这个臂章的秘密吧!

生 7:上海解放前夕,中国共产党上海市委员会决定,在上海人民团体联合会领导下建立统一的人民保安队和人民宣传队,分别负责护厂护校和政策宣传等工作。这就是当时使用的臂章。当时,全市成立了六万人参加的人民保安队和四万人参加的人民宣传队。主战场的邮政局没有丢失一封信件,炮火中作为战略目标的发电厂和水厂 24 小时不曾停歇地供应着居民区,城市档案馆没有丢失和损坏一份档案。

师:正是在中国共产党的正确领导下,在解放军战士的浴血奋战中,依靠全市人民的积极配合,诞生了上海解放的奇迹。历经 16 个昼夜的激战,1949 年 5 月 27 日,上海宣告解放。此时,上海沸腾了,无论男女老幼,都走上街头,欢迎解放军入城。这就是上海市民欢迎解放军进入上海的照片。

环节三:联系时代,不忘初心

师:同学们,今天我们重温了上海解放的历程,你们有什么样的感受?

生 7:我觉得上海解放是烈士们用鲜血换来的,整场战役中有 7000 多名解放军指战员牺牲了,其中很多都是共产党员。

生8:令我感触最深的是,共产党员面对的一面是敌军,一面是民众的境地,始终把民众的生活放在首位。从建党初期到上海解放,这样的信念从未改变。

师:是啊,今天我们来到上海市历史博物馆,瞻仰的一件件文物映照着中国共产党的初心故事。这对我们当下有什么意义?

生9:我想到了我们现在美好的生活。这里展示的是20世纪五六十年代、20世纪七八十年代以及21世纪初的家居环境。比如,这个蝴蝶牌缝纫机是父母辈的童年记忆。之前学校组织的学工活动中,我们用的都是多功能电动缝纫机,可比这个高级多了!

生10:这个援鄂医疗队臂章的主人是复旦大学附属中山医院重症医学科副主任钟鸣医生。他是上海最早出征的"逆行者"之一,在武汉市金银潭医院重症病区工作了整整75天。上海抗疫期间,张文宏医生同样将上海抗疫比喻成"瓷器店里捉老鼠",城市闭环管理,尽量将疫情对上海市民正常生活的影响降到最低。在抗疫过程中,中国人民解放军在党的领导下积极应战,驰援疫区,保护了全国人民的安全。

生11:在这个展厅我看到了上海为脱贫攻坚作出的贡献,从受捐学生赠送给志愿者的刺绣到上海援疆纪实资料,从大理州对口帮扶的案例到上汽大众帮助云南省得马村上千人解决生活困难,这一个个鲜活的事迹告诉我们,为中国人民谋幸福、为中华民族谋复兴的初心和使命从未间断,从未改变。

师:习近平总书记指出:"一切向前走,都不能忘记走过的路;走得再远、走到再光辉的未来,也不能忘记走过的过去,不能忘记为什么出发。"我们必须永远牢记共产党人的初心和使命,人民城市人民建,人民城市为人民,这也是纪念上海解放的意义所在。

师和生:(齐声)不忘初心、砥砺前行!

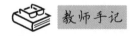 教师手记

当思政课走进博物馆

——以"纪念上海解放"场馆教学为例

《义务教育道德与法治课程标准》(2022年版)明确指出:"坚持教师价值引导和学生主体建构相统一,建立校内与校外相结合的育人机制……坚持校内教育和校外教育相结合,引导学生走出课堂、走出校园,积极参与社会实践活动,把知识运用于社会,服务于人民,强化学生的社会责任感,提高他们的实践创新能力。"在这样的背景下,初中道德与法治课要与社会实践活动相结合,加强课内课外联结,实现从思政小课堂走进社会大课堂,促进知行合一,把思政课上成学生真正喜爱且终身受益的育人课程,成为落实立德树人根本任务的关键课程。

博物馆作为终身学习的重要场所,记载着人类的历史记忆,珍藏着民族的灵魂,记录着时代的变迁。博物馆不仅是收藏的场所,提供展示的空间,还有着教育、研究价值。

在面向全社会的党史学习教育中,始终把青少年摆在非常重要的位置。习近平总书记指出,"思政课不仅应该在课堂上讲,也应该在社会生活中来讲"。因此,本节场馆里的思政课以中国共产党百年华诞为契机,通过走访上海市历史博物馆和研究上海解放的意义,形成可看、可听、可感的浸润式"博悟"模式,培养学生自主探究能力、团队合作和实践能力,培养学生的爱国爱党情怀。下面,从场馆教学设计的实施方法与路径来浅谈一些想法和感悟。

一、加强馆校课程衔接,形成"博悟"模式

博物馆课程的学习和学校课程的开展有机结合,实现优势互补,在更大程度上激发学生的学习兴趣,引导学生开展深度学习。深度学习是指在教师引领下,学生围绕感兴趣的学习主题,全身心积极参与、体验成果和获得发展的有意义的学习过程。从博物馆的展品中探索历史,以点带面,在合作探索、辩证思考中获得知识,正是培养学生核心素养的有效途径。

在导入环节,学生自己介绍上海市历史博物馆,探寻上海解放的故事。转变传统课堂教学模式,在社会大课堂中讲思政课,形成"博悟"模式。"博"指向视野的开放,倡导党史学习教育回归学生的生活世界。无边界的真实世界都是课程实施的场所,博物馆这一社会资源能让学生的视野超越学校的围墙。"悟"指向思维的拓展,倡导在潜移默化中用心感悟。在"博"的基础上主动思维,在感悟和体悟中真正获得价值认知及价值情感。在沉浸式体验中,一件件饱含上海解放历史印记的展品吸引学生的目光与学习的脚步,全方位影响学生的情感态度价值观的形成。

二、开展自主学习探究,建立文物关联

博物馆课程设计的价值取向从学科本位、知识本位转向学生本位、素养本位。学生才是博物馆课程中的认知主体,教师不仅要调动学生倾听的欲望,发挥小组合作探究的优势,还要呈现差异性和多元化,以此促进学生产生疑问,激发学生自主思考和讨论的欲望,从而引发学生对话。学生只有在积极的互动交流中才能更全面感知博物馆资源。

本节课以学生为中心,构建"《祝上海解放》社论—《入城纪律》—当今社会"三者的关联。通过查阅文献以及实地观察文物来理解上海解放的内在意义,结合改革开放成果、上海抗疫大背景以及上海为脱贫攻坚作出的卓越贡献,思考对于当下的现实意义。

通过突出重点革命文物,传承红色基因,突破革命文物和时空的限制,提出核心问题,挖掘文物背后的精神与故事。课前布置文献资料查阅任务,让学生主动去了解党史内容。通过师生互动,近距离地了解革命文物,邀请学生参与课堂,身临其境地以"指战员"的角色介绍战争过程。以史为鉴,从精神文化中汲取深厚滋养,进一步理解上海战役的重要意义。

三、构建立体式学习体,引发自身体悟

在上海市历史博物馆中,学习是互动、交织着多重声音的生动世界。学生与教师、场馆讲解员、展厅中的游客构建起学习共同体,让文物"活"起来,实现与客观世界、与他人、与自我的立体式对话,从而充分挖掘文物背后的故事和文物自身所承载的历史价值,使其成为党史学习教育的重要载体,深刻理解中国共产党人的初心和使命。

在最后升华部分,学生主动探寻上海解放对于当今社会的现实意义,将父母辈的生活与自己的美好生活作对比。比如,在场馆展览中找到了蝴蝶牌缝纫机,并联想到之前学校组织的学工活动中用的是多功能电动缝纫机,感叹生活幸福安康。在抗疫过程中,上海市政府在党的领导下保护了上海人民的安全。作为新时代少年,更应扎实学习科学文化知识,多多参与社会实践活动,从身边的一点一滴做起。

学生感悟

这次的学习像是一次跨越时空的旅行,看着当时留下来的一张张照片、一件件遗物,我们似乎也经历了那场战役。我和同学们追随着他们的脚步,在与老师的互动中更详细、具体地了解了上海解放的神奇之处,深刻认识了中国人民解放军坚决不拿百姓一粒米的决心。那些解放军如此勇敢,他们踏荆棘而来,倒在泥泞中,而后来的我们踏着他们开辟出来的道路并奔赴黎明。悠悠一百年,中国共产党的思想有着璀璨的光辉。我们度过了大自然的天灾,也挡住了侵略者的铁蹄。饱受创伤后的涅槃重生使中国如大鹏扶摇直上九万里,铸就一篇又一篇盛世华章。于是,我提起笔,将这堂课的美妙与自己的感受记录下来。就好像他们将字写在那些小小的册子上,期待着它可以载着那段故事穿越时光。

(上海市民办新北郊初级中学　樊昔哲)

经过上海市历史博物馆的学习,我明白了上海解放依靠着中国共产党的领导、中国人民解放军的浴血奋战和军民一条心,最终才有人民的幸福生活。在底楼,我也看到了老式蝴蝶牌缝纫机。通过将其与如今的多功能电动缝纫机相比较,我懂得了科学技术的发展对现今的生活非常重要。作为新时代青年,同时也作为一名团员,应该努力学习科学文化知识,承担社会责任,争取早日加入中国共产党,传承中国共产党人的初心和使命,为建设更美丽的上海作贡献。

(上海市民办新北郊初级中学　辛若瑄)

专家点评

在场馆讲红色故事,凸显了教师的主导作用。红色故事是党的百年历史的生动体现和情景再现,蕴含着深厚的政治理论、党史知识和革命精神。教师作为上海市历史博物馆的志愿讲解员,以科学、严谨的态度将思政课与社会实践活动相结合,带领学生参观走访上海市历史博物馆,探究上海解放的重大意义,引导学生开展自主学习与合作学习,促进学生感悟与建构,发挥了主导和示范作用。教师通过校内与校外两个场所的鲜明导向,让红色故事成为赓续红色血脉和续写新时代红色华章的不竭动力源泉,实现了隐性课程和显性课程的相配合。

在场馆讲红色故事,激发了青少年学生的主体作用。青少年阶段是人生的"拔节孕穗期",是世界观、人生观、价值观形成的关键时期。在上海市历史博物馆里用故事讲历史、讲理论、讲道理,是青少年学生易于和乐于接受的方式,有利于促进青少年学生形成正确的三观。同时,讲故事与听故事是一个相互作用的过程。红色故事是跨越时空的种子,教师没有将学生看作单纯的听众和受众,而是通过"博悟"模式构建立体式学习体,积极引导和鼓励学生发挥主体作用,挖掘红色故事新的时代内涵,彰显新的时代价值,增强了红色故事的感染力、感召力和影响力,更好地发挥了教育的激励作用。

在本节课中,校内思政课程与校外场馆课程协同发力、统筹推进,以广大青少年学生为主体,在场馆讲好党的故事、革命故事、英雄故事,对于教育和引导青少年学生厚植爱党、爱国、爱社会主义的情怀,自觉践行社会主义核心价值观,不断增强永远跟党走的信仰、信念、信心具有很好的示范意义。

(上海市虹口区教育学院　高　巍)

作者简介

戚敏婕,上海市民办新北郊初级中学道德与法治教师,中学一级教师,虹口区中学政治陈明青学科高地成员。曾获全国中小学论文(课件)大赛一等奖、上海市"红色一课"馆校合作优秀课程征集及展示活动一等奖、上海市民办中小学青年教师教学评比三等奖、虹口区中小幼教师教学单项技能评比一等奖。工作之余,担任上海市历史博物馆的志愿讲解员。

解放军叔叔进城睡马路背后的故事
——走进上海解放纪念馆

上海市教师教育学院　俞慧文

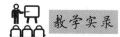 **教学实录**

师:同学们好!

生:(齐声)老师好!

师:今天我们来到了上海解放纪念馆,一起来了解一段了不起的历史,讲一讲过去的故事。既然是上海解放纪念馆,大家是否知道上海是什么时候解放的? 在解放过程中又有哪些值得纪念的关键事件、关键人物? 今天就让我们带着这些问题一起走进上海解放纪念馆。

师:同学们,在这座展馆里有着非常丰富的史料、照片和文物,以时间为脉络,分为"运筹帷幄""军政全胜""城市新生"三部分,深入挖掘上海解放前后惊心动魄的历史瞬间,真实再现解放上海、接管上海、建设上海的光荣岁月。展馆还设置了多处多媒体互动展项,增强观众的参与度,使观众如身临其境般地见证人民军队解放上海的光辉历程和丰功伟绩。

师:今天俞老师想请大家带着一项任务来参观上海解放纪念馆。俞老师给大家准备了一些信封,信封里可能是一个关键词,或者是一张老照片。请大家找一找这些关键词和老照片背后的历史资料,以及这些历史资料反映了哪些动人故事。下面请大家依次把你们所抽到的内容给我们分享一下。

生 1:睡马路。

生 2:丹阳。

生 3:见面礼。

生 4:背包上。

生 5:集训。

生 6:陈毅。

生 7:老照片(图片)。

生 8:入城纪律。

师:下面请同学们带着这些关键词和老照片去找一找它们背后的历史资料和动人故事。

师：看来同学们都已经完成了任务，是吗？

生1：是的。

师：你们是否愿意和我们分享一下自己所找到的历史资料？

生1：鉴于上海这座大城市的重要性，中共中央将江苏丹阳作为接管准备工作的集训基地。1949年5月上旬，大批准备接管上海的干部汇聚丹阳。总前委和华东局的领导强调军政人员的入城纪律，对其进行政策教育、思想教育，并开展了机构的干部配备、进城后的军事准备、人民生活必需品的供应等工作。

生2：第三野战军党委组织大家深入学习入城守则和纪律，以及入城三大公约和入城十项守则。

生3：解放军战士将入城守则和纪律绘成图片，挂在背包上，一边行军一边学习。

生4：我抽的史料是老照片，在二楼。不入民宅是部队入城纪律中最基本的一条，是人民解放军送给上海人民的入城见面礼。图为人民解放军进入上海市区严格遵守三大纪律、八项注意和入城守则，风餐露宿，以实际行动扩大了中国共产党和中国人民解放军的政治影响，赢得了广大群众的赞扬。

师：听完了同学们给我们分享的历史资料，相信大家都能明白解放军叔叔进城睡马路背后的动人故事，了解中国共产党领导下的人民军队纪律严明。

师：同学们，你们知道为什么要有严明的纪律吗？

生1：这样的纪律可以维护社会的稳定性。

生2：遵守这些纪律可以提升生产效率。

生3：没有规矩不成方圆。

生4：我觉得这也体现了人民解放军军纪严明。

师：中国共产党坚持"进城不扰民"，就是在全世界面前展现了中国人民解放军纪律严明。中国共产党是世界上最守纪律、最讲规矩的政党，这些历史资料就是最生动的写照和说明。

师：一个个生动感人的细节都在告诉我们：和平来之不易，中国共产党及其领导下的人民军队是我们永远的守护者，我们要珍惜今天来之不易的幸福生活。在新时代，还需要这样的严明纪律吗？

生1：我认为还需要这样的严明纪律。疫情期间，人们自觉遵守国家各项防疫要求，戴口罩、勤洗手，最后取得了很好的成效。

生2：作为学生，每天早晨要自觉记录体温，并定期上交学校。

生3：作为学生，也应该遵守考试纪律。

师：同学们讲得非常好，老师相信大家都能说到做到。

师：通过在展馆中观看这些珍贵的历史资料以及同学们的分享，我们都深深感受到历史能留给我们最深刻的印象就是生动的细节，历史人物能留给我们最深刻的印象就是关键时刻的表现。中国共产党一经诞生，就把为中国人民谋幸福、为中华民族谋复兴确立为自己的初心和使命。这是中国共产党的精神之源。一百年来,中国共产党弘扬伟大建党精神,在长期奋斗中构建起中国共产党人的精神谱系。在实现第二个百年奋斗目标的新征程中,如何更好地弘扬光荣传统,把伟大建党精神继承下去、发扬光大?我想听听同学们的想法。

生1:作为新时代的青少年,我们应当具备奉献精神,比如,双休日可以到社区中参与志愿者工作。

师:做好志愿者,服务社会,奉献社会。

生2:我们还可以去红色场馆当小小志愿者或者小小讲解员,让人们更加了解红色文化,并传承红色精神。

师:用好红色资源,传承红色基因。

生3:我们可以学习"四史",然后向低年级的弟弟妹妹们传播"四史"。

生4:我们可以参观红色场馆,学习革命精神。

师:同学们讲的就是伟大建党精神中所说的担当使命、不负人民。我们要以人民为中心,这是一条把人民放在最高位置,得民心、顺民意、惠民利的初心之路。

师:2021年7月1日,是中国共产党建党100周年。同学们有什么话想说给党听?

生1:天地无边在你眼前,辉煌无尽在你身边。建党伟业100年,神州大地尽欢颜。

师:让我们一起开创更美好的未来。

生2:八千里江山云和月,一百年岁月风和雨。在党的下一个百年,祖国更强,党更盛。

生3:一百年筚路蓝缕,一百年风华正茂,党的下一个一百年必当更加辉煌。

师:在新的征程上,我们都是追梦人。新时代的中国青年要以实现中华民族伟大复兴为己任,不负时代,不负韶华,不负党和人民的殷切期望!有中国共产党的坚强领导,有全国各族人民的紧密团结,全面建成社会主义现代化强国的目标一定能实现,中华民族伟大复兴的中国梦一定能实现!

 教师手记

一张老照片背后的故事

习近平总书记多次强调,"要把红色资源利用好、把红色传统发扬好、把红色基因传承好"。上海是中国共产党的诞生地,有着非常丰富的红色资源。红色场馆资源是一种优质的红色教育资源,具有政治性、价值性、实践性和生动性等特点。教师要用好这些红色场馆资源,增强思政课的思想性、理论性、亲和力和针对性,引导学生深度体验学习,强化社会责任感,认同中华优秀传统文化,坚定理想信念,厚植爱国主义情怀。习近平总书记指出,"讲好思政课不容易,因为这个课要求高""要高度重视思政课的实践性,把思政

小课堂同社会大课堂结合起来"①,还提出"'大思政课'我们要善用之,一定要跟现实结合起来"②。

作为一名思政课教师,要思考的是如何用红色资源上好思政课。

我带领学生在上海解放纪念馆上的这节思政课。上海解放纪念馆位于宝山区宝杨路599号,是"国家级烈士纪念设施""上海市爱国主义教育基地"。授课对象是来自上海市宝山区教育学院附属中学的八年级学生。上课之前,这些学生已经来过上海解放纪念馆,对展馆里的一些史料有一定的了解。我自己也多次参观上海解放纪念馆,了解到展馆里的相关资料生动再现了上海解放前后惊心动魄的历史瞬间。同时,我还阅读了上海交通大学刘统教授创作的《战上海》等书籍。通过参观和学习,我深深地体会到上海解放对于全国解放有着特殊而又重要的意义。学生如何通过学习也能体会到呢?

著名心理学家布鲁纳说过:"学习的最好刺激,乃是对所学材料的兴趣。"呈现哪些展馆中的历史资料给学生,如何呈现给学生,以凸显思政课铸魂育人的教学目标?许许多多的历史资料能留给我们最深刻的精彩瞬间,就是一个个生动的历史细节;无数的历史人物能留给我们最深刻的光辉形象,就是他们一个个在关键时刻的感人表现。所以,作为教师,要在课上激活这些真实历史细节,使学生置身于这些真实的历史情境,获得在场感和当事人的主体体验,从而做出正确的价值辨析和行为建构,发挥好思政课落实立德树人根本任务的关键作用。

上海解放纪念馆众多的历史资料中最打动我的是一张老照片,这张老照片拍摄的场景是:1949年5月28日清晨,上海市民打开家门,发现解放军战士们排着队形露宿街头。这些刚刚解放了上海的解放军战士们横向侧卧,衣不解带,一个挨着一个地躺在地上,从南京路至外滩汉口路的老市政府,一路一直延伸了500多米。这张老照片背后有哪些感人故事?这些感人故事如何能走入学生的心灵,引发其共鸣和思考?

明代书法家祝允明说:"身与事接而境生,境与身接而情生。"教师要创设好情境,唤醒学生的积极情绪,调动学生的学习兴趣,才能激发学生的情感。为此,这节课的一开始我就设计了一项任务:让学生每人抽取一个信封,信封里装的是一些关键词和一张老照片。关键词有丹阳、集训、睡马路、背包上、见面礼、入城纪律、陈毅,老照片是解放军进城睡马路的照片。学生将自己抽到的关键词或老照片作为线索,在展馆中去寻找、发现和探究这些关键词和老照片指的是哪些历史资料,以及这些历史资料背后的动人故事,并在完成任务后进行分享交流。

整堂课上,教师设计了三个关键问题:(1)解放军进城后为什么要睡马路?(2)为什么要有这个严明纪律?(3)在新时代,还需要这样的严明纪律吗?通过任务设置、问题思考和思维辨析,教师建立起了教学情境与学生生活的有效连接,使学生们明白了解放军叔叔进

---

① 习近平.思政课是落实立德树人根本任务的关键课程[J].实践(党的教育版),2020(9):4-11.
② 杜尚泽."'大思政课'我们要善用之"(微镜头·习近平总书记两会"下团组"·两会现场观察)[N].人民日报,2021-03-07(1).

城睡马路背后的动人故事。中国共产党是世界上最守纪律、最讲规矩的政党。作为新时代的中学生,在生活和学习中要严守纪律,遵守规则。和平来之不易,因此要珍惜今天来之不易的幸福生活。中国共产党及其领导下的人民军队是我们永远的守护者。

这三个问题的核心指向都是在回答党的初心和使命:中国共产党一经诞生,就把为中国人民谋幸福、为中华民族谋复兴确立为自己的初心和使命。"一百年前,中国共产党的先驱们创建了中国共产党,形成了坚持真理、坚守理想,践行初心、担当使命,不怕牺牲、英勇斗争,对党忠诚、不负人民的伟大建党精神,这是中国共产党的精神之源。"①"一百年来,中国共产党弘扬伟大建党精神,在长期奋斗中构建起中国共产党人的精神谱系,锤炼出鲜明的政治品格。"②

历史川流不息,精神代代相传。所以,当教师追问学生:"在实现第二个百年奋斗目标的新征程中,如何更好地弘扬光荣传统,把伟大建党精神继承下去、发扬光大?"有学生自然而然地说道:"作为新时代的青少年,我们应当具备奉献精神,比如,双休日可以到社区中参与志愿者工作。"还有学生这样回答:"我们还可以去红色场馆当小小志愿者或者小小讲解员,让人们更加了解红色文化,并传承红色精神。"

在这节课的最后,教师还设计了这样一个小环节:"2021年7月1日,是中国共产党建党100周年。同学们有什么话想说给党听?"有学生发自肺腑地说:"一百年筚路蓝缕,一百年风华正茂,党的下一个一百年必当更加辉煌。"

这节思政课就是在上海解放纪念馆这一场馆里,坚持教师的价值引导,精心设计了一个任务,与孩子们主体建构相统一,让孩子们根据自己抽取到的一个关键词或一张珍贵的老照片,去探究这些历史资料背后的一个个动人故事。这一个个故事就是激发青少年做有理想、有本领、有担当的时代新人的精神动力。

这样,思政课才能真正做到"以透彻的学理分析回应学生,以彻底的思想理论说服学生,用真理的强大力量引导学生"③。

🖉 **学生感悟**

我在俞老师的带领下走进了上海解放纪念馆,共同品学那段历史。俞老师让我们根据信封中的提示自由探索。漫步在场馆中,一件件藏品向我讲述着那段光辉岁月。这时,一尊雕塑吸引了我:那是解放军战士睡马路的情形,他们满脸倦容,却坚决不入民宅。我被深深地震撼到了:这是一支守规矩、爱人民的军队。2021年正值中国共产党的百岁诞辰,在这样特殊的日子里,我感受到了那抹"中国红"催人奋进的力量。它在百年前照耀着爱国志士的内心,也在今天洗礼着我的心灵。没有人永远年轻,但永远有人年轻。相信吧,在这抹

---

① 习近平.在庆祝中国共产党成立100周年大会上的讲话[N].人民日报,2021-07-02(2).
② 同①。
③ 习近平.思政课是落实立德树人根本任务的关键课程[J].实践(党的教育版),2020(9):4-11.

"中国红"的照耀下,在一代代青年人的接力下,我们的明天会更加灿烂辉煌。

(上海市宝山区教育学院附属中学　黄奕斐)

这次,我们和俞老师一起来到了上海解放纪念馆。看到这座雄伟挺拔的建筑静静地屹立在我的眼前,神圣又严肃,使我油然而生敬畏之情;看到深灰色的"上海解放纪念馆"馆名,沉稳又磅礴,使我的心中泛起一阵感动;看到扬起的屋顶朝高处延伸,热情又豪迈,使我激情澎湃。跟随着俞老师的讲述,我的心中荡起涟漪,也为我的探索之旅拉开帷幕。俞老师满含深情的讲解,让我对这一壮丽史诗也有了更深的了解和感悟。如今上海的繁荣昌盛,靠的是无数解放军战士牺牲,靠的是无数革命先烈对中国共产党的无比忠诚,靠的是无数革命先烈坚定的共产主义理想信念。作为新时代好青年,我将坚定不移地跟随中国共产党的脚步,听党话、跟党走,努力学习,为上海乃至祖国的未来贡献自己的力量。

(上海市宝山区教育学院附属中学　施祺多)

烈日炎炎下,我们来到了上海解放纪念馆。在授课环节中,俞老师设计了一项任务,让我们根据自己抽到的关键词或老照片,在展馆中探究这些内容指的是哪些历史资料。倾听了其他同学的分享和我自己的发现,使我对革命先烈的敬仰之情油然而生,让我明白了当年人民解放军战士纪律严明的战斗精神和坚持斗争的伟大信念,不断激励着我们这些当代共青团员为振兴中华而努力。尤其是当我看到解放军战士睡在马路边的那一幕,让我为革命先烈的无私奉献而感动。上完这一堂难忘而又生动的"红色一课",我明白了作为新时代的青少年,我们要不忘来时路,不负此时心,牢记革命先烈奉献出的宝贵青春与热血,为实现中华民族伟大复兴的中国梦而砥砺前行!

(上海市宝山区教育学院附属中学　谢宏杨)

专家点评

一、体验性教学,立足学生主体

本节课中的任务式、情境式等场馆实践教学方法,既充分发挥了教师在场馆育人中的主导作用,又充分发挥了学生在场馆育人中的主体作用,使学生能将自己沉浸到学习中。学生根据抽取到的关键词或老照片去寻找相应的历史资料,并根据教师设计的三个关键问题层层推进学习,通过和老照片的对话以及交流现实体会等,还原了解放军进城睡马路背后的动人故事,感受中国人民解放军的严明纪律,深刻领悟中国共产党是世界上最守纪律、最讲规矩的政党,认同并弘扬伟大建党精神,坚定不移听党话、跟党走。

二、辨析社会现象,培育学科思维

教师在情境呈现过程中结合学生思想实际,提供思维判断选择的条件,激起学生价值冲突,以达到优化原有认知结构,提高心理和道德水平的教学效果。本节课通过一个个生动感人的故事及其细节告诉我们,正是因为中国共产党有严明的纪律,才能带领中国人民取得一个又一个伟大成就。同时,顺势引导学生思考:"在新时代,还需要这样的严明纪律吗?"学生能运用自己已有的知识解释说明社会现象,通过"情绪感受—理性辨析—情感升华"的设问梯度,在比较鉴别中发展思维和提高认识,能将对英雄模范人物的敬仰升华为自己的精神追求和使命担当。

三、厚植红色基因,实现铸魂育人

用好红色资源的目的是传承好红色基因。本节课通过由中国共产党的严明纪律联系到在新时代的生活中不仅要有严明纪律,还必须遵守严明纪律,及时抛出"在实现第二个百年奋斗目标的新征程中,如何更好地弘扬光荣传统,把伟大建党精神继承下去、发扬光大""2021年7月1日,是中国共产党建党100周年。同学们有什么话想说给党听"等问题。通过这样的价值引导,激发青少年争做有理想、有本领、有担当的时代新人。

(上海市宝山区教育学院 张 燕)

 作者简介

俞慧文,上海市教师教育学院教师,中学高级教师,第三期上海市"双名工程"名师后备人选,上海市马克思主义理论教学研究"中青年拔尖人才"。主持开发了"班主任工作五步法""运用案例式培训提升班主任的育德能力""大中小德育一体化实践与探索""红色一课""课程思政精品课例"等多门上海市教师培训共享课程,其中"红色一课"和"课程思政精品课例"被"学习强国"平台采纳。主持和参与了多个课题、项目研究。

回首"远望","后浪"逐梦

——以"远望1"号航天远洋测量船为例

上海市黄浦区教育学院附属中山学校　忻静玥

教学实录

师：同学们，都说青少年最富有朝气，最富有梦想。老师想听听看，你们的梦想是什么？你觉得怎样才能实现这些梦想？谁来说说看？

生1：我的梦想是成为一名插画家。因为我觉得如果能用画笔为这个社会的人传播正能量，那就是我的荣幸。如果要实现这个梦想，我觉得先要观摩很多大师的作品，然后再学习他们的笔法，才能进一步提升绘画技术。

生2：我想成为一名老师，用知识浇灌祖国的花朵。因此，所有功课都要认真学习，学得更好。

师：听了同学们的梦想，我觉得都非常美好。虽然大家的梦想不同，但是有一点是共同的，就是同学们都觉得只有依靠现在的努力才能实现梦想。但是该怎样努力？今天就让我们通过探访"远望1"号航天远洋测量船的故事，一起来寻找这个问题的答案。

师：20世纪60年代，中国还处于一个国民经济非常困难的时期。在党中央的领导下，中国决定耗资几个亿来建造航天远洋测量船。

师：为什么党中央要坚持建造"远望1"号航天远洋测量船？谁来讲讲看？

生1：我认为建造航天远洋测量船是为了测量导弹发射到海洋的距离，而导弹是"两弹一星"工程中不可缺少的组成部分。

生2：我认为不仅是为了"两弹一星"工程，还是为了凸显国家经济也在不断发展。

师：同学们的猜测都非常有道理。刚才我们说到个人有梦想，国家也有梦想。成为航天强国一直是中华民族想要实现的伟大梦想之一。航天远洋测量船的建造，就是一个国家科技发展水平和综合国力的象征。于是，在党中央和国家领导人的关心支持下，中国立志要建造属于自己的航天远洋测量船。有很多怀揣梦想的青年积极响应党中央的号召，投身到"远望1"号的建设中。

师：老师觉得有梦想后也要早早确定自己努力的方向。就像习近平总书记所说的那样："立志是人生的航标，志向有很多，小时候有些朦胧，但我们要抓住首要的，首要的就是要为祖国、为人民，这一条不能丢。"现在请大家跟随我的步伐，一起到"远望1"号的驾驶室去看一下。

师：现在我们来到的地方就是"远望1"号的驾驶室。大家先看一下自己手中的学习单，再去四处观察一下。现在我们看到的就是当时远望人真实的工作环境。祖国把一份光荣的责任和使命交给了远望人，同时也把最艰苦的条件赋予了远望人。

师：1980年5月1日，"远望1"号首度航行太平洋。短短十几天的时间，跨越温带、亚热带、热带三个气候带。突遇风浪的袭击，当时船上有90％以上的船员从来没有远洋出海的经历，有的船员干脆用绳子把自己绑在工作岗位上。其中，晕船最严重的同志连喝水都要吐。即使这样，他们还是咬牙坚持。"远望1"号的姊妹船"远望2"号，曾经也遭遇气浪的袭击。那时的情况非常可怕，船上已经有许多人穿上了救生衣，甚至有不少人连遗书都写好了。

师：明明知道自己的生命很有可能随时随地遭遇危险，他们为什么还能始终坚守在自己的岗位上？

生1：因为这相当于代表自己的国家向别的国家展示我国的成就。所以，当时哪怕是要死，他们也要尽量把自己的工作做到最好，达到最高的标准。

生2：他们是为了向外国人证明中国人也可以经历远航，同样有实力可以造出这样的航天远洋测量船，也证明了中国人实力的崛起。

生3：从"远望1"号这个名字来说，远望就是高瞻远瞩的意思，所以这些远望人要往前看，看到祖国的未来。他们为了祖国的未来才这么拼死奋斗。

师：同学们都讲得很好。他们之所以这样做，就是因为心中明白：他们守护的不只是这里的一台台机器，守护的是中华民族想要努力实现的航天梦。"苟利国家生死以，岂因祸福避趋之"，在党和国家需要自己的时候，就要坚定不移地跟党走，坚守自己的岗位，远望人用实际行动诠释了自己的使命和责任。接下来，请大家跟我一起到船首去看一看。

师：同学们，请大家抬头看一下，这是"远望1"号的船名。"远望"二字是毛泽东手书的，出自叶剑英元帅所创作的七律诗《远望》。截至2019年，中国远望号测量船队一共拥有七艘测量船、两艘火箭运输船。1978年，党的十一届三中全会做出了实行改革开放的重大决策，自此以后，中国人民就从站起来、富起来到强起来，实现了伟大的历史跨越。因为中国的经济飞速发展，科技发展水平不断提高，远望号测量船的种类和数量才能不断增加，实现了中国航天测控事业的历史性跨越。

师：同学们，我们现在看到的就是"远望1"号的船钟。船钟的第一个作用是方便船员和船长联系，第二个作用是遇到恶劣的天气时，如大雾天，可以摇响船钟，提醒过往的船只注意。

师：哪两位同学有兴趣来摇响这个船钟？

师：钟声悠扬，"远望1"号就这样静静地停泊在黄浦江畔。回到起点的"远望1"号，好像是在提醒我们：不忘初心，中华民族是有着伟大梦想的民族。在党中央的直接指挥和推动下，远望号测量船完成了中国的飞天梦，把中国的飞天梦镌刻到了星辰大海。

师：中国梦的实现需要青少年接续奋斗。希望同学们能主动把个人梦融入中国梦中，

抓紧学习,把握青春。像习近平总书记所期待的那样,敢于有梦、勇于追梦、勤于圆梦,为实现中国梦增添强大青春能量。

教师手记

一次"乘风破浪"的特殊思政课

红色既是党的底色,也是思政教育的鲜亮底色。习近平总书记指出:"革命传统教育要从娃娃抓起,既注重知识灌输,又加强情感培育,使红色基因渗进血液、浸入心扉,引导广大青少年树立正确的世界观、人生观、价值观。"[1]上海是一座有着光荣革命传统的伟大城市,红色正是这座城市不可分割的文化基因。众多的红色场馆资源是对学生进行红色教育的生动教材,其背后蕴含着很多可歌可泣的红色精神。如何让思政教育"红"起来? 如何让思政教育既有温度也有色彩? 这次微课我做了一次全新的尝试,力求拉近红色教育与学生的距离,将思政课变得更有"触感",既能"走新"也能"走心"。

优良的环境是教育的基础要素,有助于培养出更加健康与积极的个体。社会也可作为教育环境,有良好的社会环境才能创造饱满的精神。[2] 在形式上,本节课把课堂搬到五层楼高的"远望1"号航天远洋测量船上。"远望1"号航天远洋测量船是我国自行设计、建造的第一代综合性航天远洋测量船,于2010年正式退役。在32年的时间里完成了44次远航和57次重大科研试验任务,为国家和民族作出了巨大的贡献。虽然这艘船就停泊在学校附近的黄浦滨江,但学生们却对它知之甚少,对那段红色革命历史的认识比较模糊。我分别选择在"远望1"号的甲板、船舱、船首这三个地方开展教学活动。"百闻不如一见",与测量船的近距离接触让学生们异常兴奋。他们可以踩着当年远望人走过的甲板畅想自己的梦想,认真思考国家如何努力实现航天强国的梦想;置身于简陋狭小的船舱,聆听老师讲述当年远望人如何坚定不移跟党走、保持共产党人的奋斗精神、不畏条件艰苦和敬业工作的小故事;站在船名"远望"二字下,读出名字背后的深意;站在船首,亲手敲响船钟,感悟中国共产党人的初心和使命。在这样的课堂环境中,学生可以主动探索,用眼观察,用耳倾听,也能用手触摸,用脚丈量。多感官接触赋予了学生更愉快的学习体验和更广阔的想象空间。

时代不同了,传统的说教式做法很容易让学生觉得乏味。老师只是一味唱高调,也就很难做到知行合一,以知促行。思政课既是知识教育,更是认同教育。在这次备课过程中,通过查阅资料,我发现远望号测量船取得辉煌成就的背后,有太多共产党人不为人知的感人故事。深挖场馆资源背后鲜活的红色故事,讲好这些红色故事,就是在学生心中播撒下

① 习近平.用好红色资源,传承好红色基因 把红色江山世世代代传下去[J].求知,2021(6):4-10.
② 童菲菲.红色教育资源融入思政课堂的价值与实践路径[J].吉林教育,2022(17):41-43.

红色种子,传承红色基因,涵养家国情怀。

为了把故事讲好,我在前期先行探访测量船后,根据学生的年龄特点,设计了一张学习任务单,既有"远望1"号小知识的介绍,也有供学生自行寻找答案的探究小任务。引导学生主动搜索信息,初步了解"远望1"号的历史,以及船体上基本的设备组成和功能,积累情感,储备知识。在内容上,本节课立足教材,将书本内容和党史学习教育有机结合,延伸教学内容的深度、广度。以梦想为关键词,精选红色故事,引导学生"寻梦""织梦""追梦""圆梦",由浅入深,逐步拓展学生思维,让学生充分了解我国在航天远洋测量发展史上曾做出的努力以及取得的伟大成就。在此基础上破解"如何通过努力去实现梦想"这一成长难题,引导学生把个人梦想和实现中华民族伟大复兴的中国梦相结合。

上课当天,午后的上海气温陡升。虽然学生们的额头都已沁出了细微的汗珠,但都聚精会神地听老师讲述曾经发生在这艘船上的故事。在这简陋狭小的船舱里,仿佛穿越时光,学生们回到了当时的历史情境中,看到了巨浪来袭,远望人用绳子把自己绑在工作岗位上,甚至穿上了救生衣,写好了遗书;感受到了远望人虽然没有任何经验,但却有怀着爱国热情并不断尝试和挑战的勇气与毅力。结合故事,我提出了两个问题:"明明知道自己的生命很有可能随时随地遭遇危险,他们为什么还能始终坚守在自己的岗位上?""面对西方国家的技术封锁,远望人为什么能迎难而上?"有的学生认为这是为了向世界证明中国人可以;有的学生则从"远望"的名字上读出了深意,"远望就是高瞻远瞩的意思……他们为了祖国的未来才这么拼死奋斗"。将整个学习过程植根于真实的人与物,回归当时的历史情境进行设问,提升了学生的代入感,使其更能理解什么叫作心中有信仰,肩上有担当,脚下有力量。同时,进一步激发学生对党和国家的热爱之情,树立听党话、跟党走的信念。

学习任务单的最后一栏是请学生在上完这节课的基础上,写下未来四年最大的梦想是什么,以及为了实现梦想,现在需要培养哪些品质,开始哪些具体行动。以填写"我的追梦计划"的形式,引导学生对本节课的课堂细节进行回顾、整理和反思,推动学生形成更深刻的感悟,将红色资源的价值导向功能发挥到最大。

"通过今天的学习,我坚定了自己想成为一名设计师的梦想,要为国家设计出更稳定的测量船。""老师,我想成为一名驾驶员,用最平稳的驾驶为水手保驾护航,为国家的航天事业作出贡献。""老师,我想要……"课后,学生们的梦想不再模糊,开始懂得要将个人的梦想和祖国的梦想结合起来。峥嵘岁月里感人至深的红色故事,蕴含着无声的力量,让这节思政课变得更有能量。在这伟大而又充满变革的时代,学生更能感受到肩负的责任与担当,以实际行动努力争做新一代红色少年。

习近平总书记将青少年的成长期生动地比喻为"拔节孕穗期",最需要精心引导和栽培。"远望1"号作为场馆资源,也是鲜活的红色资源,帮助学生知道如何在成长道路上乘风破浪,去实现梦想。同时,也加深了学生对红色文化的认知和认同,让思政小课堂变得更有温度和色彩。要让思政教育的内容入脑入心聚人气,还有很多教学新场景有待解锁,还有很多红色记忆有待探寻。作为思政课教师,有责任让思政小课堂真正大起来,让教学内容

真正活起来,传递正确的价值观,上好新时代思政课。

学生感悟

　　昂然挺立的船首、雄伟的船身和结实硬朗的船壳,这就是停泊在我们学校附近黄浦滨江的庞然大物——"远望1"号航天远洋测量船。虽然这是我第一次与它亲密接触,但敬畏之感已在心里油然而生。课上听了老师的讲解后,我才知道原来这艘船承载着很多中国人的期望。怀揣着理想和信念的远望人,与"远望1"号一起历经磨难,完成了一项又一项艰险的测控工作。他们置生死于度外,用自己坚定不移的初心,做中国梦的忠诚守护者,这是何等崇高的情怀!再看船名"远望"二字,我终于明白,"远望"就是看向未来,而我们青少年正是祖国的未来。我们都是乘风破浪的巨轮上的一员,要把自己的"小梦"融入祖国的"大梦",为实现中华民族伟大复兴的中国梦贡献自己的力量!

(上海市黄浦区教育学院附属中山学校　伍思雯)

专家点评

　　第一,红色场馆资源与课堂教学深度结合。本节课是对红色场馆资源运用的一次有价值的尝试。不同于常见的课前或课后组织学生前往红色场馆开展实践活动,以及课中以案例形式来运用红色场馆资源,本节课直接将课堂搬到了红色场馆中,为学生营造了身临其境的教学环境。"远望1"号航天远洋测量船简陋狭小的船舱,让远望人坚定的信仰、艰苦奋斗的精神变得看得见、摸得着;眺望船头"远望"二字,中国共产党人的初心和使命触动心灵。通过多感官的体验,有效提升了学生的学习主动性,让学生在亲身体验中获得更多直接感受和经验,有利于激发学生思维,促进知识的认同与内化。运用红色场馆资源所营造的教学环境为教学目标的达成起到了事半功倍的效果。

　　第二,社会实践活动与课堂教学自然融合。本节课是对学科实践活动设计的一次有意义的尝试。不同于以往将社会实践活动作为课堂教学的一个环节,本节课的教学过程就是一次社会实践活动,二者合二为一,融为一体。整个实践活动以个人梦与国家梦为主题,通过"远望1"号的甲板、船舱、船首三个地点的三段故事层层铺叙,将教学层层推进。将课堂搬到了红色场馆,延伸了教学空间,带来的是更丰富的学习体验、更多元的学习经历,让教学走入了学生的生活场景,将思政小课堂与社会大课堂紧密结合了起来。

　　第三,学生"主导"与教师"引导"相得益彰。教师基于"远望1"号的系列故事,引导学生以梦想为关键词,以"寻梦""织梦""追梦""圆梦"为主线,感受个人梦与国家梦的密切关联。学生则从思考"我的梦"开始,不断对照、反思,直到最后将个人梦与国家梦建立关联。在教师的引导下,学生展开了对自我的探寻,对自己的梦想进行了深入考量,并不断将其升华,最终明确了梦想或梦想确立的路径。学生通过自主探究和实践,在体验与感悟中发展了核心素养。

第四，本节课也是思政课与学校德育活动整合的一次尝试。运用学校德育活动资源开展教学，一方面延伸了课堂；另一方面提升了德育活动的育人价值，对发挥学校整体育人的作用，开创大德育格局有积极意义。

（上海市黄浦区教育学院附属中山学校　速婉莹）

 作者简介

忻静玥，上海市黄浦区教育学院附属中山学校综合文科教研组组长，中学一级教师。曾获上海市中小学（幼儿园）中青年教师教学评比二等奖、上海唐君远教育基金会"优秀教师君远奖"。所设计的教案、课件与微课曾获上海市中小学德育学科教师研训微课程征集活动三等奖，被评为"一师一优课、一课一名师"活动部级"优课"。曾指导学生获得上海市中学生《道德与法治》《思想政治》课小论文评选二等奖，所撰写的《感动的泉水流淌在心间》一文发表在《教育的智慧》一书中。

强国之梦

——以人民科学家钱学森为例

上海市浦东新区进才实验小学 金晓辰

教学实录

生1:哇,这个建筑真宏伟!

生2:不仅宏伟,还极具艺术感。

生3:老师,通过查找相关资料,我知道了这座钱学森图书馆于2011年12月11日,恰逢钱学森爷爷诞辰百年之际在上海交通大学徐汇校区建成开馆。

生4:老师,我还知道这里收藏保存着6.2万余件钱爷爷的珍贵文献、手稿、照片和实物,还布置陈列着3000余平方米的"人民科学家钱学森"主题展览。来之前,我可是做了功课的!

师:太棒了!今天我们一起来到了钱学森图书馆,去瞻仰钱爷爷那波澜壮阔的历史画卷。我们走吧!

生1:大家快来看,这应该就是钱爷爷的雕像吧!

师:对,他安详地注视着远方,仿佛仍在思考我国航天事业的新发展。竖立在他身后的是一枚导弹模型,记录着钱爷爷为航天事业立下的功劳。他还被称为"中国航天之父",一生都在为祖国作贡献。1964年10月16日中国第一颗原子弹爆炸成功,1967年6月17日中国第一颗氢弹空爆试验成功,1970年4月24日中国第一颗人造卫星发射成功。

师:你们看,那边有一张照片(图为钱学森求学阶段中的交通大学)。

师:钱爷爷从小在北京读书,兴趣较广泛,发展较全面。他非常喜欢科技模型的制作,尤其是模型飞机的制作。在学校好几年的模型飞机比赛中,他都是第一名。面对选择什么专业时,钱学森的语文老师认为他可以去考大学的中文系,毕业后可以当作家;他的数学老师则认为他拥有数学思维的天赋,可以去考大学的数学系。在当时受过强烈爱国主义教育的钱学森认为,应该做点实实在在的事。那时候,他的心里面有一位崇拜的人物叫作詹天佑,他想和詹天佑一样在铁路方面为祖国作出贡献。于是,他一心报考交通大学的铁道工程专业。

生1:金老师,我有个疑问,钱爷爷明明学的是铁道工程专业,可是为什么他后来又在我国的航天事业上作出了杰出的贡献?

师:这个问题问得非常好。请同学们来看这张照片(图为1932年一二八事变),当时国内发生了一件大事,请你们结合这张照片和文字介绍来找找原因吧!

生2:老师,我找到了。1932年一二八事变,让钱爷爷决定换专业。

师:是的。当时日本空军凭借飞机性能和数量上的优势,对我们狂轰滥炸,给中国人民的生命财产造成了巨大损失。而中国当时能出动的战机数量非常少,力量十分单薄。这种力量上的悬殊使钱学森发现,要使中国人有尊严地生活,兴造铁路恐怕还不是关键,要有强大的国防,要能自己造飞机才是关键。于是,他就决定换专业,专攻航空工程。但在当时中国的大学能学到的这方面知识非常有限,因此他决定出国留学。在前往美国的留学生中,只有他选择了国防专业,可见他报国之心切。在他身上,我们感受到了强烈的爱国之心。让我们继续往前走吧!

生1:大家快来看,钱爷爷站在甲板上,多帅气啊!

师:这张照片(图为钱学森站在开往美国的邮轮上)就是当年钱学森出国留学时,在开往美国的邮轮上拍摄的。他当年就读的大学就是著名的麻省理工学院。他有着非常清晰的学习目标,加上刻苦钻研,因此在留学期间脱颖而出。他写的论文质量非常好,其中有一项推断经国际科学方面的机构审核后被定位为一项科学创见,即"卡门-钱近似公式"。"卡门"就是当年钱学森导师的名字,而"钱"这个字就是指钱学森。这个公式在国际航空界被长期运用,钱学森真是我们中国人的骄傲。

生2:金老师,我有个舅舅也在美国留学。我们都以为他会想办法留在美国工作和生活,可是最近他说祖国的发展速度实在太快了,到处都有年轻人大展身手的机会和舞台,所以他准备回国发展自己的事业。

师:钱爷爷生活的那个年代,国家不强盛,但一群有志青年为国逆行,出国深造后回国报效。如今,我们的国家变得强大,大多数人出国深造后选择回国发展,也能谋求更好的生活。这足以证明正是因为钱学森这一代人的努力付出,才让新一代人有了像你舅舅那样的回国发展机遇。

师:中华人民共和国成立前夕,当时我国政府正大力扶助航空工业建设,钱学森认为回国的时候到了。于是,他辞去了美国有关国防的一些工作,并正式向美国政府提出回国申请。然而,美国政府很快地拒绝了他的回国申请,开始以种种手段对他实施政治迫害,并以各种理由将钱学森关进监狱。一位美国国防部的高级官员就钱学森申请回国一事作了评论:像钱学森这样的科学家,一个人足以抵得上五个海军陆战师,是决然不能放走的……

生1:五个海军陆战师?这么厉害!

师:是的。军方还多次暗示他加入美国国籍,确保他一生衣食无忧,但他明确表示自己不会加入美国国籍。你们知道为什么他会放弃这么丰厚的待遇而一心想要回国吗?

生1:我觉得是因为钱爷爷热爱祖国,有着一颗挚爱国家的赤子之心。

生2:老师,我觉得是因为钱爷爷出国前就认定自己学成后要回国报效。虽然国外有着丰厚待遇,但在他的心中,祖国永远是排在第一位的。

师:是的。在他心里,永远有着一颗报效祖国的心。他曾说,他是中国人。他现在所做的一切,都是在做准备,为的就是回国后为祖国人民多做些事。1955 年的一天,钱学森从报纸上看到了他父亲的老师陈叔通先生。于是,他便写了一封信。这封信经过多次辗转后终于被悄悄地寄到陈叔通先生的手中。接着,一场有关争取钱学森回国的外交谈判就开始了。经过中国政府的严正交涉,1955 年 10 月,钱学森一家终于回到祖国的怀抱。毛泽东对钱学森的回国表示热烈欢迎,并同他亲切会谈。1956 年 10 月,我国第一个导弹研究机构——中华人民共和国国防部第五研究院正式成立。在他的带领下,我国的航空航天事业蒸蒸日上。

师:同学们,你们看,这就是钱学森爷爷一生所涉足的领域和相应时间,他在应用力学、物理力学、工程控制论、系统科学等领域都做出了开创性工作。(图为钱学森涉足领域)

师:同学们,今天我们的课要接近尾声了。让我们抬起头,仰望星空,铭记钱学森爷爷的这句话。

师和生:(齐声)今后我将竭尽努力,和中国人民一道建设自己的国家,使我的同胞能过上有尊严的幸福生活——钱学森。

 教师手记

红色场馆资源在小学思政课中的运用初探

——基于"强国之梦——以人民科学家钱学森为例"教学实践的反思

依托钱学森图书馆的红色场馆资源,将思政小课堂与社会大课堂结合起来,有利于扎实推进思政课一体化建设,落实立德树人根本任务。结合学情,选择钱学森图书馆这一场馆资源,通过构建有逻辑的问题链,引领探究活动,实现探究任务结构化,引导学生聚焦关键人物——钱学森,用活、用实红色场馆资源。

上海是中国共产党的诞生地,拥有极为丰富的红色场馆资源。截至 2022 年底,上海交通大学里的钱学森图书馆收藏的各类藏品、参考品以及资料 6.2 万余件/套,其中已被鉴定为等级文物的有 1.6 万余件/套,主要有钱学森的文稿、笔记、书信、奖章、证书、藏书、剪报、照片及生活用品等。也正是基于此,我希望通过钱学森图书馆丰富的馆藏资源,在"强国之梦——以人民科学家钱学森为例"一课中,以可视化、互动性、立体化的方式,将钱学森图书馆资源融入教学过程。通过在钱学森图书馆开展的探究活动,培养学生的责任感,帮助学生树立实现社会主义现代化和中华民族伟大复兴的信心,坚定走中国特色社会主义道路的信念和决心,引导学生用实际行动续写中国特色社会主义事业新篇章。

一、基于学情与教学目标,精选红色场馆资源

在备课时,需要先解决的问题是:挑选哪些红色场馆设计探究活动,如何选取合适的红色场馆资源?

首先,研读教材内容,了解学情。将部编版《道德与法治》五年级下册第12课"富起来到强起来"作为"百年追梦 复兴中华"的一部分,通过课前问卷调查了解到学生已经明确了解了祖国的日益富强,但是仍存在以下问题:如何树立远大志向,提高国家责任意识? 针对学生的困惑,我会思考如何让学生通过红色场馆探究活动进一步理解和认同教材内容与学科基本观点,进而思考选取哪个红色场馆可以更好地设计活动,以回应学生的问题。基于本节课内容,我在上海的红色场馆中挑选了离学校最近的钱学森图书馆。这里的馆藏很多,而且以钱学森具象化的人物为例,更能起到榜样引领作用。

其次,通过文献检索、实地走访,熟悉场馆信息。选取钱学森图书馆后,我通过文献检索深入了解场馆涉及的关键历史事件和历史人物,不断加深对钱学森图书馆的认识。熟悉钱学森图书馆资源对我来说也是一次接受思想政治教育洗礼的过程。

二、开展高质量的探究活动,用活红色场馆资源

确定场馆后,我进而思考参观活动的方法、途径以及如何设计高质量的探究活动,以真正促进学生有所成长与收获。我设计了如下教学环节,见图1。

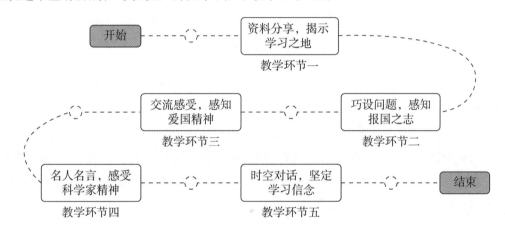

图1 教学环节

(一)资源分享,揭示学习之地

好的开场既可以激发学生探究兴趣,也可以提升小组凝聚力,为探究活动做好准备。本课探究活动前,我让学生自己去搜集钱学森的资料,了解钱学森图书馆的前世今生。这种布置任务的方式充满趣味性和挑战性,深化了活动体验,深受学生欢迎。

(二)巧设问题,感知报国之志

学生通过活动开场的初步探究,对场馆有了整体性认识,包括钱学森图书馆的历史背景等。教师设计了钱学森少年时期的求学经历、钱学森选择航空工程专业等有逻辑的探究问题,引发学生深入思考,引导学生聚焦关键人物,帮助学生在真实的历史情境中,通过抽丝剥茧式的自主探究,了解钱学森的求学历程和远大志向。

(三)交流感受,感知爱国精神

构建有逻辑的问题链,这样才能引发学生在探究中抽丝剥茧、层层深入。随后在交流

感受的过程中引出更多细节性故事,特别是让学生分享课前搜集的资料和课中看到的场馆资料,交流钱学森回国的理由和回国时遭遇的坎坷等,最终引起共鸣,感受到钱学森强烈的爱国主义情怀。

（四）名人名言,感受科学家精神

巧妙利用时间轴,通过介绍钱学森一生所涉足的领域以及相应时间和成就,再通过读名言的形式,形成对于钱学森科学家精神的政治认同。

（五）时空对话,坚定学习信念

最后通过时空对话的形式,学生认识到钱学森归国的信念,更坚定了自己结合自身实际情况向钱学森学习的信心和决心。

三、关注多元评价,用实红色场馆资源

（一）构建多元化教学评价

布置活动时,要求学生可以灵活呈现探究活动的形式,包括但不限于演讲、感想交流等。在教学环节中,有的学生用讲解员的视角呈现图书馆的整个全貌,为大家讲解钱学森的留学故事;有的学生用诗朗诵的方式,饱含感情地讲述了钱学森归国时的艰难险阻。通过学生的表现,我对学生探究活动的评价不仅聚焦于展示环节,还特别注意进行过程性评价。最终评价由学生个人表现与小组表现两方面构成。为更好地激发每个学生积极参与探究活动,采取学生自评、生生互评和教师评价等多元评价。小组评价则由教师、学生相互评定,其中学生评分比重超过教师评分,充分发挥了学生的主体性作用。

（二）积极进行教学交流

此次教学活动中还有交流发言的过程,鼓励学生撰写交流总结。交流中,很多学生既表达了探究前后的思想变化,也总结了自己或者小组存在的问题。教师要进一步优化教学活动方案,更好地推进与保障探究活动的有效开展。

（三）持续进行教学延展

如何整合利用教学生成资源,发挥育人价值?在教学过程中,教师要鼓励学生以点带面,可以按照类似的学习方式去参观上海的其他红色场馆。

综上所述,青少年时期正值人生发展的关键时期。这一时期的主要任务是自我认知和生涯规划,为未来的生活做好准备。利用身边红色场馆资源和革命英雄身上所具备的意志力、抗挫力、社会担当等生涯教育元素,学校教育和社会教育的结合可以给予学生正能量。生活处处是舞台,人生处处有机遇,思想政治教育可以让学生的人生之花开得更茂盛、更灿烂。

学生感悟

作为新时代的青少年,如何牢记先辈的初心,争做时代的奋进者?带着思考与探索,参加了老师为我们精心安排的"强国之梦——以人民科学家钱学森为例"一课。在这堂实践体验课里，我更深入地了解了钱学森爷爷，从而更加坚定了自己的理想。

"历史是最好的教科书，也是最好的清醒剂。"馆内分为"全面发展、成才有道""科学巨擘、航天元勋""赤子情怀、大师风范""高山仰止、精神永存"四部分，以文献、图片、多媒体等多种形式，展示钱学森的成长历程、科学成就和精神风范。同时，更选取了部分具有代表性的馆藏实物精品进行展示。通过聆听老师的讲解、同学们的分享，我在思考并学习着。

中华人民共和国成立后，钱爷爷毅然决然地突破重重障碍，选择回到了当时科技资源远不如美国的祖国，将自己的所学用在了建设祖国上。他在任何情况下都没忘记自己作为中华民族一分子肩上所背负的使命。在钱爷爷的心里，国为重，家为轻；科学最重，名利最轻。作为新时代的青少年，我们也当以钱爷爷为榜样，勤奋学习，攻坚克难，应当奋起追赶，为中华民族伟大复兴而努力拼搏。本次活动让我受到了一次思想上的洗礼。

"一生未曾停止的思考，只为一个民族的强盛；次次振聋发聩的追问，关乎整个国家的未来"，这是对钱爷爷科学精神与教育思想的浓缩写照。感谢老师给予我们此次宝贵的实践学习。五年归国路，十年两弹成。开创祖国航天路，他是先行者，披荆斩棘，把智慧锻造成阶梯，留给后来的攀登者。此堂课重温初心之旅，感悟大师之路。钱学森的杰出贡献和崇高品格开启了我们对新世界的认识，也给我们树立爱国信念上了一堂重要的主题教育课。

（上海市江苏路第五小学　张嗣瀚）

专家点评

随着课程改革的不断深入，我们对教材的认识也在不断改变，凡是有利于学生学习成长的材料都可以成为教材。上海近年来不断增建的红色场馆，对于丰富学生的红色文化和历史知识，提升学生的文化认同感，树立社会主义核心价值观，开展立德树人教育都是可贵的教学资源，都可以作为教材走进课堂。

红色场馆作为教材进入课堂，对教师而言就有一个教材选择、教材分析、教材处理、教材使用的问题。

从金老师这堂课中可以看到，她在这一点上做得很到位。在"教师手记"中，金老师介绍道："在备课时，需要先解决的问题是：挑选哪些红色场馆设计探究活动，如何选取合适的红色场馆资源？"从中可以看到，她对教材的选择是深思熟虑的。选择钱学森图书馆的主要原因是离学校近，这符合小学生学习的安全要求。学生在《习近平新时代中国特色社会主义思想学生读本》中学习过钱学森的事迹，再走进场馆进行探究学习，能更形象、生动、全面地认识钱学森，更好地从领悟精神层面开展深入学习，为学生树立起一个爱国主义榜样人物。钱学森图书馆中馆藏资源丰富，就一节课而言，就小学生的认知水平而言，这么多资料怎么选，选哪些，选好后怎么用，都是教师要认真思考的问题。金老师是围绕钱学森的爱国行为选择了他"换专业""求学成才""艰难回国""报效祖国"等资料，用问题链贯穿全课，使学生在场馆学习中,在大量的照片、实物、文字资料中,走近钱学森,感知钱学森,体悟到他伟大的爱国主义精神。

这堂课注重教学的连续性、完整性,从课前收集资料到课中参观学习和讨论交流,再到课后多元评价和学生参加活动后撰写交流总结。有的学生说:"作为新时代的青少年,我们也当以钱爷爷为榜样,勤奋学习,攻坚克难,应当奋起追赶,为中华民族伟大复兴而努力拼搏。本次活动让我受到了一次思想上的洗礼。""此堂课重温初心之旅,感悟大师之路。钱学森的杰出贡献和崇高品格开启了我们对新世界的认识,也给我们树立爱国信念上了一堂重要的主题教育课。"从中可以看出,这堂课对学生的认知和情感是有正面影响的,是有实效的。

(上海市虹口区教育学院　陶　静)

作者简介

金晓辰,原上海市江苏路第五小学语文、道德与法治教师,现就职于上海市浦东新区进才实验小学。小学一级教师,中共党员。多次在市、区级各项教育教学比赛中获奖,曾获得过"一师一优课、一课一名师"活动部级"优课"、上海市中小学(幼儿园)中青年教师教学评比二等奖、金山区"新苗杯"青年教师教学基本功评比一等奖等。

红色金融 百年足迹

——走进上海市银行博物馆

上海市闵行中学 谢晓东

教学实录

环节一：走进上海市银行博物馆

师：同学们，大家好，今天我们将一起走进上海市银行博物馆。上海市银行博物馆位于黄浦区复兴中路301号，是中国工商银行创办的全国首家金融行业博物馆。展览以中国近代银行发展史为主线，全景再现中国百年金融风云，典藏中国深厚的金融文化底蕴。今天我们寻访的主题是"红色金融 百年足迹"，跟着老师一起参观吧。

师：我国的央行是中国人民银行。它是怎样成立的呢？1948年12月1日，华北银行、北海银行和西北农民银行合并成立中国人民银行。中华人民共和国成立后，原各根据地及解放区的地方性银行成为中国人民银行分支机构。

师：为什么叫中国人民银行，而不是中国银行、大众银行？发行的货币为什么叫人民币？有没有同学有所思考？

生1：因为中国共产党是中国工人阶级的先锋队，是中国人民和中华民族的先锋队。中国共产党带领人民建立的是中华人民共和国，是人民自己的国家。

师：很好。毛泽东曾经说过：人民有了自己的武装，有了自己的政权，有了自己的土地，现在又有了自己的银行和货币，这才真正是人民当家做主！

师：由此可以看出，中国共产党是中国人民和中华民族的先锋队，其根本宗旨是全心全意为人民服务。中国人民银行是怎样成为集中统一的国家银行的呢？其实，这条道路历经曲折。

环节二：解放初期我国的金融事业

师：1949年5月27日，上海正式解放，崭新的人民币也进入了大上海。但是上海解放初期，金融形势极其严峻。中国共产党如何整顿上海滩的金融市场，打击金融投机势力？红色货币在上海将面临怎样的考验？

师：在这里，我们就要说到"银圆之战"。有同学知道为什么当初解放军要封锁上海证券大楼吗？

生1：因为虽然确立了人民币为法定货币，但是一时间银圆的投机活动仍在进行。

师：很好。在人民币作为法定货币之前，市场上流通的是银圆。人民币取代银圆的过程也历经波折。有哪位同学能给我们介绍一下吗?

生1:当初,人民币在上海发行流通时遭到了抵制。这一现状被投机者利用,并狂称:"解放军进得了上海,人民币进不了上海。"10天内,上海金价、银价上涨两倍左右,严重影响了市场物价。

生2:于是,就出现了我们看到的这一幕。1949年6月10日,中国人民解放军上海市军事管制委员会派出便衣警察封锁了上海最大的银圆交易市场——位于汉口路422号的上海证券大楼,并拘捕了一批投机者,收缴了数万枚银圆。很快市场上银圆兑换人民币的比价由6月8日的1∶2000降至1∶1200,并不断下降。由于银圆的贬值,人民币很快便在上海取得了主导货币地位,因此政府有能力对市场进行更强有力的干预。

师:同学们,为什么当初国民政府没办法推行金圆券,但是人民币却能以那么快的速度获得主导货币地位?

生1:因为刚解放的上海需要稳定的经济,而我们的经济只能掌握在自己的手中。

生2:因为中共中央下定决心要确立并推行人民币的合法地位,展现中国共产党接管大城市和调控经济的实力。

生3:因为要安定民心,中国共产党成立之初就以全心全意为人民服务为根本宗旨。

师:同学们说得很好。通过"银圆之战",人民政府稳定了上海市的经济,也安定了民心,为接管大城市和调控经济提供了宝贵的经验。毛泽东评价"银圆之战"的意义不亚于淮海战役。"银圆之战"的胜利,说明中国共产党不但善于破坏一个旧世界,而且善于建设一个新世界。

师:在人民币真正成为法定货币之后,银行也成了真正的人民银行。为了经济建设,为社会主义添砖加瓦,出现了各式各样的储蓄宣传。此外,还出现了流动的储蓄所,方便上班族存款。当初的储蓄口号也充满着浓浓的时代特色,例如,1966年的口号为"勤俭建国、勤俭持家、节约储蓄、支援建设"。

环节三:党的十一届三中全会以来金融事业发展的新阶段

师:1978年12月,党的十一届三中全会做出把全党工作重点转移到社会主义现代化建设上来的战略决策,我国金融事业发展进入了新阶段。下面请同学们根据展厅的照片来展开介绍。

生1:1979年起,打破了"大一统"的传统金融体制格局。1983年9月,国务院决定由中国人民银行专门行使中央银行职能。1984年1月,中国工商银行成立。大家可以看到这个招牌下面还能看出原来是中国人民银行的痕迹。现今,中国工商银行已经发展成为全球市值第一的银行。

生2:随着改革开放的持续深化,上海证券交易所、中国外汇交易中心暨全国银行间同业拆借中心、上海黄金交易所等挂牌成立……我国金融业得到快速发展。党的十九大报告也指出,要深化金融体制改革,增强金融服务实体经济能力,提高直接融资比重,促进多层次资本市场健康发展。

师:很好,谢谢两位同学。我们回顾了改革开放后,在中国共产党的领导下金融机构发展壮大的历程。

环节四:总结与展望

师:通过同学们的介绍,面对这些变化,你有什么感悟想和大家分享吗?

生1:无论是中国人民银行的创立,还是"银圆之战",或是之后的社会主义现代化建设,一路走来,中国共产党都是时刻以人民为中心。

生2:其实金融业只是我国发展的一个缩影,在中国共产党领导下的中国创造了一个又一个的奇迹。

生3:我们要继续坚持中国共产党的领导,这样才能实现中华民族伟大复兴。

师:同学们都说得很好。就像同学们说的那样,金融业的发展是我国发展的一个缩影。在中国共产党的领导下,我国花了70多年的时间,走过了一些发达国家一二百年才能走过的历程,创造了一个又一个的奇迹。

师:2021年是中国共产党成立100周年。回望过去走过的路,才能更好地走向未来。

师:我们今天的参观就到这里。谢谢各位同学。

 教师手记

对场馆资源助推高中思政课教学的思考

——基于"红色金融 百年足迹——走进上海市银行博物馆"的反思

在得知上海市"红色一课"馆校合作优秀课程征集及展示活动的时候,我第一时间就决定报名参加。因为在几年前,我就对如何利用场馆资源,助推思政课教学产生了兴趣,并参与了相关选修课的教学。

说起场馆资源,其中最主要的还是博物馆资源。我国是一个历史悠久且底蕴深厚的大国,博物馆资源非常丰富。高中思政课是落实立德树人根本任务的关键课程,是增强社会理解和参与能力的综合性、活动型学科课程。将两者相结合,水到渠成,顺其自然,有利于高中思政课实现"课程内容活动化""活动内容课程化"的目标,有利于培育学生的核心素养。但是如何结合,如何发挥出两者之所长,是我长久以来的疑惑。借助这次"红色一课"活动,我似乎有了新的思考。

一、通过展品,用历史的眼光,提高学生的政治认同度

本次课程非常有意义的一点是能和学生一起寻找场馆资源,进行实地探访。在拓宽学生知识面的同时,也丰富了学生对书本知识的感性认识,从而将感性认识与理性认识结合起来。

在本次课程中,我利用历史的眼光设计了两条主线:第一条主线是明线,通过展品的参

观,结合教师的讲解,了解我国解放初期和党的十一届三中全会以来金融事业的发展历程;另一条主线则是暗线,试着概括中国共产党在两个时期的主要任务,从而认同中国共产党全心全意为人民服务的根本宗旨,印证中国共产党是中国特色社会主义事业的领导核心。提高学生的政治认同度,要坚持党的领导。

由此,我设计了三个主要环节。

环节一:走进上海市银行博物馆。通过展品展示出毛泽东的一段话:人民有了自己的武装,有了自己的政权,有了自己的土地,现在又有了自己的银行和货币,这才真正是人民当家做主!引导学生结合展品思考:为什么叫中国人民银行,而不是中国银行、大众银行?发行的货币为什么叫人民币?从中感悟中国共产党是中国人民和中华民族的先锋队,其根本宗旨是全心全意为人民服务,并引出中国人民银行成为集中统一的国家银行的过程是曲折的,从而导入课程。

环节二:解放初期我国的金融事业。利用"银圆之战"的视频、图片,介绍"银圆之战",并引导学生结合展品思考:为什么当初国民政府没办法推行金圆券,但是人民币却能以那么快的速度获得主导货币地位?最后得出结论:通过"银圆之战",人民政府稳定了上海市的经济,也安定了民心,为接管大城市和调控经济提供了宝贵的经验。

场馆内鼓励储蓄的宣传图片、宣传车等也随处可见。从流动的储蓄所、储蓄口号等展品、图片出发,介绍1949年以后银行的情况以及银行与人民的关系。感悟在党的领导下,银行成了真正的人民银行。

环节三:党的十一届三中全会以来金融事业发展的新阶段。通过展厅中展示的党的十一届三中全会后我国金融事业发展大事记,全方位了解我国金融业的快速变化和发展。并引发学生得出结论:无论是中国人民银行的创立,还是"银圆之战",或是之后的社会主义现代化建设,一路走来,中国共产党都时刻以人民为中心。金融业是我国发展的一个缩影,在中国共产党领导下的中国创造了一个又一个的奇迹,所以我们要继续坚持中国共产党的领导。

两条主线相互交错,加之场馆内氛围浓厚,学生已经完全将自己置身于我国金融业发展的历史进程中,用发展的眼光、历史的眼光思考问题、解决问题,并得出结论。

二、借助场馆资源,在思政课中渗透生涯教育

本次进入场馆的沉浸式学习,学生都是自愿报名的,他们都对银行业、金融业或者经济学感兴趣。因此,在讲解到展示党的十一届三中全会后我国金融事业发展大事记的展厅时,有学生问我:"老师,若想从事金融行业,大学应报考什么专业,学习什么内容?"这让我顿时感觉走进场馆不仅是在用展品向学生展现历史,还是在开创未来。于是,我顺势而为,设计了一份作业,让有兴趣的学生在探访后查找相关资料并思考:(1)通过今天的学习,你对银行业有哪些新的认识?(2)你有想过今后从事银行业、金融业或经济学的工作吗?(3)你知道这些岗位需要哪些高中学科知识进行铺垫吗?(4)若想从事这类行业,大学应报考什么专业,学习什么内容?引导学生进一步将博物馆涉及的行业与自己的未来发展联系

起来,使得这次课程更有意义。

本次课程让我意识到场馆资源是一个媒介,是一块宝地,它能助推生涯教育与思政课相融合。除了上海市银行博物馆外,还有很多行业博物馆,例如,上海中医药博物馆、上海中国航海博物馆、上海自然博物馆等。这些博物馆都与高中所学的具体学科相关,甚至代表着一类职业。建立"博物馆—学科知识—职业选择"的逻辑,将博物馆作为载体,在学科教学的过程中探索生涯教育的实施途径,为学生的终身发展奠定基础。

三、打破时空限制,多维度利用场馆资源

在本节课录制之前,我虽然对场馆资源的利用有了一些思考,但是仍然停留在引导学生放宽视野,鼓励他们走出学校,将自己置于社会大课堂中,多开展课外社会实践活动,用自己的亲身实践来验证书本上学到的知识。这次"红色一课"的录制过程,让我对如何利用场馆资源有了新的想法。

学生通过自己的亲身实践获得知识和感悟固然重要,但是可能会受到时空的多重限制,基本不可能经常性地开展此类活动。因此,可以运用多种策略,借助场馆资源组织教学,借助一定的活动和形式,使得场馆资源更好地为教学服务,让场馆资源价值最优化。

除了开展形式丰富的场馆参观活动外,还可以把展品"搬"到课堂,从教学内容出发,寻找合适的场馆资源,通过"展示相关展品、资源—提出问题—小组探究—得出结论"的形式组织课堂教学。这样不仅有利于调动课堂氛围,让学生积极参与课堂讨论,还可以使场馆资源成为日常教学中可以经常性使用的资源。

同时,还可以利用线上场馆资源开展线上教学或录制微课。近年来,随着信息技术的发展,线上场馆资源已经逐渐进入人们的视野。线上场馆具有随点随看、随看随学的特点。中共一大纪念馆实景展厅、上海博物馆、上海市历史博物馆等一大批博物馆资源逐步上线,为我们充分利用博物馆资源提供了可能。本次课程通过录制微课,可以让更多的学生通过视频的方式走进场馆,也是一个不错的选择。

最后,可以结合研究性学习活动,开展课外社会实践活动。高中思政课是综合性、活动型学科课程,其学习内容与生活息息相关,与场馆资源非常契合。因此,引导学生从思政小课堂联系到社会大课堂,从书本的学习联系到研究性学习活动的开展,场馆是一个非常重要的资源和媒介,教师要引导学生充分利用。同时,在研究性学习活动中,也能对学到的知识和能力进行运用、检验。在走访之前,可以提前确定研究性学习课题,设计路线和研究任务,编制访谈提纲和调查问卷,让行走更有价值。

学生感悟

之前在选修课中,谢老师已经带我们云参观了一次上海市银行博物馆。今天,在谢老师的带领下,我们亲身走进了上海市银行博物馆,没想到它竟坐落在新天地附近。

谢老师从解放初期以及党的十一届三中全会以来我国金融事业的发展历程等角度,

带我们回顾了中华人民共和国成立以来我国金融事业发展大事记。从中,让我感触最深的就是,面对投机者关于"解放军进得了上海,人民币进不了上海"的叫嚣,中国共产党下定决心要确立并推行人民币的合法地位,展现出中国共产党接管大城市和调控经济的实力,展现出中国共产党全心全意为人民服务的根本宗旨,是中国特色社会主义事业的领导核心。

这次博物馆之旅也让我感受到博物馆是人类历史的宝库,拥有非常丰富的资源。今后的学习、研究都可以通过走进各类博物馆来开阔自己的视野,增长自己的见识。

(上海市闵行中学　乔　路)

专家点评

在本节课教学过程中,谢老师依据思政课课程标准,结合学科教学内容,有目的、有计划、有组织地带领学生走出教室、走出校门,利用场馆资源,开展实践教学,丰富了学科教学内容,创新了教学形式,培育了学生学科素养,较好地把握了学科教学的准度、宽度、深度、效度、信度,实现了知、情、意、行的统一。

第一,本节课立足学科,凸显了学科育人价值。谢老师以"红色金融 百年足迹"为主题,带领学生参观上海市银行博物馆。在参观学习的过程中,谢老师依据课程标准,结合学生实际和教学内容,设计了"为什么叫中国人民银行,而不是中国银行、大众银行? 中国共产党为什么要确立并推行人民币的合法地位? 中国共产党为什么能打赢'银圆之战'"等问题,引导学生进行探究学习,引导学生思考"中国共产党为什么能",加深学生对中国共产党性质、根本宗旨的理解,自觉拥护党的领导,凸显了思政课是落实立德树人根本任务的关键课程的地位和作用。

第二,本节课拓宽了学科教学的时空。一方面,谢老师充分利用场馆中的视频、音频、图片等资源,将教材高度概括的抽象的结论与具体的感性的资源结合起来,丰富教学内容;另一方面,谢老师根据教学内容,选择若干个相互关联的场馆,形成内在的历史逻辑链条,使学生对红色历史有相对完整的认知。

第三,本节课坚持议题引领、任务驱动。在教学过程中,谢老师科学设计教学目标,明确学习任务,让学生带着任务、问题进行场馆学习,并根据任务要求,对某些问题进行深度思考。

第四,本节课转变了教与学的方式。一方面,谢老师充分发挥学生的主体作用,让学生独立、合作完成任务,真正学会运用学科知识分析问题、解决问题,让学生在看、听、说的过程中不断思和悟,提升素养;另一方面,谢老师充分发挥教师的主导作用,参与整个学习过程。比如,布置学习任务、提供学习支架、指导学习方法、调试学习过程等,为学生深度学习提供了条件。

第五,本节课做到知信行的统一,实现内化于心、外显于行。谢老师带领学生进行场馆学习,增强学生的体验、感悟,做到动之以情。同时,整个教学过程与学科教学紧密结合,做到晓之以理,增强学科的信度,最终培养学生的"四个自信"。

(上海市闵行区教育学院　陈春辉)

 作者简介

　　谢晓东,上海市闵行中学思政课教师、党办副主任。曾被授予上海市教学能手等称号。曾参与上海市"基础教育精品课"、上海市中小学"学科德育精品课"、上海"空中课堂"的录制。曾获第五届上海基础教育青年教师教学竞赛一等奖、上海市中小学(幼儿园)中青年教师教学评比一等奖、上海市"红色一课"馆校合作优秀课程征集及展示活动一等奖。育人事迹相继被《文汇报》《青年报》以及"学习强国"平台报道,执教的"责任与坚守"一课被中央广播电视台《新闻联播》报道。

从这里看见未来

——走进上海浦东展览馆

上海市进才实验中学　王　婷

教学实录

师：同学们，今天我们将走进上海浦东展览馆。这一节课将依托"在国家战略的引领下——浦东开发开放 30 周年主题展"，以统编教材中的"创新是改革开放的生命"这一内容为主线，共同开展一场探究活动。

师：走进展览馆后，我们看到了浦东开发开放 30 周年的巨变。站在浦东开发开放 30 周年的时间轴上，你们最想向同学们推荐什么？既可以推荐地标性建筑，也可以推荐一项工程项目，或者是推荐让你印象最深刻、最能代表浦东变化的一件事情。1990 年，浦东开发开放拉开了序幕。下面我们就以 10 年为一个台阶，分组介绍。

师：首先，我们来到 1990 年至 2000 年，你们想推荐的是什么？

生 1：我要推荐浦东创造的多个"第一"。大家请看，这里有上海市区第一座跨黄浦江大桥——南浦大桥。我推荐南浦大桥是因为它连通了浦东和浦西，方便了我们的出行，促进了浦江两岸经济的交流。

师：好！浦东还有许多个"第一"，请同学们仔细寻找吧。

生 2：老师，我找到了规划领域的第一。

生 3：老师，我找到了金融领域的第一。

师：同学们，你们认为这些"第一"对浦东现在和未来的发展有什么意义？

生 4：因为有了这些"第一"，才有后面的第二、第三，才有改革开放持续深入的发展。

师：是的。浦东众多的"第一"正是由于创新发展，从而驶上了快车道。此时，我们的时间轴拨到 2000 年至 2010 年，你们想推荐的是什么？

生 1：我要推荐的是洋山深水港。因为一说到洋山深水港，就会知道上海在建设国际航运中心。

师：请同学们看向"四个中心"这个板块，洋山深水港以及上海国际航运中心的建设，对于浦东现在和未来发展的意义何在？

生 2：因为这样每天就会有更多来自世界各地的货物进出，对经济发展有很大作用。

师：是的。习近平总书记强调，"洋山港建成和运营，为上海加快国际航运中心和自由贸易试验区建设、扩大对外开放创造了更好条件"。由此，浦东开发开放迈上了新的台阶。

此时,我们的时间轴拨到 2010 年至 2020 年,你们又想介绍什么呢?

生 1:老师,我想带着大家去中国(上海)自由贸易试验区(以下简称上海自贸区)看看,因为我想介绍上海自贸区。

师:好呀,我们一起去看看。

师:你为什么想为大家介绍上海自贸区呢?

生:因为我刚才看展览时发现上海自贸区有许多创新举措,让贸易变得更为便利。请大家看这种贸易监管制度创新,上海自贸区率先推出国际贸易单一窗口,国际贸易各类申报都通过一个电子平台来处理,货物申报时间从最初 24 小时缩短到半小时。世界银行向全球推荐了这项上海经验。

师:确实,上海自贸区还有许多创新举措,未来这个平台还会有更多的创新。老师想请同学们思考一下:从我们步入展厅开始看到了许多创新,你们认为这些创新的作用是什么?

生 1:未来浦东开发开放会更好,因为创新是改革开放的生命。

师:浦东开发开放 30 周年所取得的辉煌成就,都证明了习近平总书记的论断,即"创新是改革开放的生命"。

师:谢谢各组同学的推荐!下面老师想请各位同学思考:历经 30 年披荆斩棘、30 载风霜雨雪,浦东的沧桑巨变背后究竟有哪些原因?

生 1:我在展览馆入口看到了历任领导对浦东发展的持续关怀,我认为浦东的巨变是因为有党和国家的领导,才有了今天的成就。

生 2:我认为科技的创新、制度的创新等激发了浦东的活力,让我们的生活越来越好。

生 3:我认为是每一位建设者的敬业、付出和努力。

师:同学们讲得非常好! 让我们一起畅想:未来的浦东、未来的中国一定会更美好,对不对?

生:(齐声)对。

师:我从同学们响亮的回答中感受到了一种强烈的自信。我们为什么会有这种自信?

生 1:因为我们的父辈给予我们这种自信,我们的家、我们的国因为他们而建设得这么好。我们一定会传承这种民族精神,未来的我们也一定是最好的建设者和接班人。

生 2:因为我们的党、我们的国家给予我们自信。疫情期间,我们国家的出色表现,世人共睹。今天我们看到的浦东开发开放 30 周年的历程更是让我们坚定信念,因为我们有如此强大的党和国家领导着我们,给予我们幸福感、安全感和获得感。

师:正如同学们刚才所言,我们对未来美好愿景的自信和底气来自中国特色社会主义道路自信、理论自信、制度自信、文化自信。同学们,让我们立下誓言:从自己做起,从现在做起,努力提升自己,放飞梦想,创造精彩人生。在第二个百年奋斗目标的新征程中,我们要为把我国建设成为富强民主文明和谐美丽的社会主义现代化强国作贡献。

 教师手记

于场馆中行走，在感悟中坚定

——基于"红色一课""创新是改革开放的生命"的教学反思

用好红色资源、赓续红色血脉，是习近平总书记多次强调的要求。作为中国共产党的诞生地和初心始发地，上海有着非常丰富的红色资源。我校思政学科依托学校周边得天独厚的场馆资源，充分挖掘其中蕴含的丰富教育资源，多年来结合学校开展的校外综合社会实践活动，带领学生走出学校小课堂，将学校小课堂与社会大课堂进行有机融合。学生在场馆中行走，在活动中体验，在体验中感悟，在感悟中认同社会主义核心价值观，坚定理想信念，实现润物无声的教育功能，满足每一个学生卓越发展需求。

2020年，毗邻学校的上海浦东展览馆推出了"在国家战略的引领下——浦东开发开放30周年主题展"。作为新一代浦东人，我们的学生是否能真切感受到父辈们在这片热土上的付出，是否能真切认识到浦东取得举世瞩目成就背后的原因？在课内学习了"创新是改革开放的生命"这一内容后，我们带着学生来到上海浦东展览馆，将主题展的内容与思政课进行嫁接，寻找教育的融合点，探索如何用场馆资源讲好改革开放的故事，用活用好场馆资源，实现立德树人的教学目标。

首先，在"学"上由教师主体走向学生主体。场馆中的学习和传统的课堂学习最大的不同就在于，学生是这场学习的主体，他们不再是单纯的倾听者，而是这场学习的实施者，教师不再是主导者，而是主持者和引导者。比如，进入展馆后，教师就带着学生沿着浦东改革开放的时间轴，以10年为一个台阶，分组寻找其中的关键事件。学生通过阅读、分析这些丰富、翔实而又立体的展馆资料，在寻找每一个10年的关键事件的过程中，感受着浦东开发开放30周年三大步的历史跨越，引发对巨变背后原因的探究。

在确定了探究主题后，学生基于自身的所思、所想、所感、所知来探索知识。教师则是通过环环相扣的问题设计，指导学生用基础课程所学的习近平新时代中国特色社会主义思想来认识这片热土上的火热生活。此时主题展的资源就变活了，学生真正成了学习的主体。

其次，在"思"上由被动接受转向主动探求。学科核心素养一定是通过学生的某种能力外显出来的，思维能力就是其中之一。思维能力的培养一直以来都是初中各学科非常重视的一个教学领域，道德与法治学科尤其重视对学生辩证思维的培养。如何在学生的"思"上实现由浅入深，培养学生的思维能力，就需要以问题解决为主导，通过"知识问题化—问题情境化—情境活动化—活动序列化"的设计路径，在真实问题的分析和解决过程中推进相应知识的学习，引导学生提出疑惑、进行辩论、给出创见，在知识的迁移过程中逐步形成关键能力、必备品格与价值观念。

参加这次场馆学习的是九年级学生,他们已经具有一定的抽象思维和辩证思维能力,但是看问题容易片面化、表面化。比如,在"创新是改革开放的生命"一课中,虽然学生能体会到改革开放使人民生活水平不断提高,但很难抽象地理解创新对改革开放的作用和事物发展的规律。来到上海浦东展览馆后,场馆中的各种真实情境,在学生面前徐徐展开了一幅浦东开发开放 30 周年的巨幅画轴。当学生找到关键性事件"第一座跨黄浦江大桥——南浦大桥"时,教师便问学生:"你们认为这些'第一'对浦东现在和未来的发展有什么意义?"学生们理解了正是这么多个"第一",浦东才驶上了创新发展的快车道。然后,学生们纷纷找到了第二、第三个 10 年的各种创新举措,从而理解了正是创新才让浦东改革开放拥有了源源不断的生命力。于是,基础课堂上的知识变成了"伟大的认识工具",成为学生们智慧的眼睛,帮助他们正确认识纷繁复杂的社会现象。

再次,在"践"上实现学校小课堂和社会大课堂的有机融合。"理论与实践相统一"是思政课的学科特性。习近平总书记指出,"要高度重视思政课的实践性,把思政小课堂同社会大课堂结合起来"。场馆学习提供了一个非常有效的实践平台,学生在课堂学习中已经实现了从"不知"到"知"的跨越,场馆学习的实践方式则有助于学生完成从"知"到"信"的提升。

走进展览馆,学生沿着浦东开发开放 30 周年的时间轴,在探寻巨变以及举世瞩目成就背后的原因中,积极主动地参与整个学习过程,在体验与感悟中实现了自身知识的建构。当教师在第三展厅问学生:"历经 30 年披荆斩棘、30 载风霜雨雪,浦东的沧桑巨变背后究竟有哪些原因?"学生们自然而然地结合各自的体验,从各个角度分析原因。当教师接着问:"未来的浦东、未来的中国一定会更美好,对不对?"学生们用铿锵有力的齐声回答展现了我们的自信,并从父辈们在这片热土上的付出以及党和国家的领导中坚定了道路自信、理论自信、制度自信、文化自信。

最后,在"悟"上实现润物无声,螺旋上升。理想信念的坚定是在一次次的学思践悟中树立起来的。一般来说,人们对于具体事物的正确认识,仅仅经过一次认识过程是难以达到的,往往需要多次反复才能不断发展和前进,这是一个循环往复、螺旋上升的过程。

在进入展馆学习之前,参与场馆学习的我校学生对于浦东日新月异的变化就已深有感受。学生的父母都是辛勤耕耘在浦东这片热土上各行各业的建设者,在课堂学习中对于改革开放的伟大成就已充满认同。进入主题展后,展馆翔实的资料所呈现的浦东发展进程,让学生将浦东发展变化与系统性、理性的浦东发展联系在一起,更加明晰举世瞩目成就背后的原因,在感悟中汲取力量。所以,当教师问到"我们为什么会有这种自信"时,学生会回答:"因为我们的父辈给予我们这种自信,我们的家、我们的国因为他们而建设得这么好。我们一定会传承这种民族精神,未来的我们也一定是最好的建设者和接班人。"此时的学生对于浦东改革开放再出发产生共鸣,自觉立下鸿鹄志,做浦东建设的奋斗者。

立德树人是教育的根本,学思践悟、知行合一是教育永恒的主题。青少年阶段是人生的"拔节孕穗期",最需要引导和精心栽培。只有遵循"知情意行""学思践悟"的教育规律,

才能让每一节有温度的思政课在青少年学生心中埋下真善美的种子。

学生感悟

　　跟随王老师到上海浦东展览馆进行实地参观后,我受到了极大的震撼。整个展馆巧妙的路线设计,使我深切感受到了浦东从当初落后渔村的面貌一步一步演变至今,在其改革开放而立之年,变身发展成为金融与贸易之都,一片满载着繁荣、开放与希望的新区的巨大变化。不仅如此,我也从未这样直观地感受到历任领导人与历届政府对于浦东人民发展的关怀和支持。我还认识到老百姓的幸福与国家、地区的发展紧密地连在一起,因此,我向所有支撑着浦东发展的领导、人民等表示由衷敬意。作为一个中学生,我也应当奋发努力,争取几十年后成为祖国的栋梁。

　　这次的实践课与传统的课程不同,我们在老师的带领下进行实地探究、学习,眼前展现的历史比以往更为生动、直观与有趣。近几年来,这样的校外实践课程也越来越常见了。希望学校能把这类课办得越来越好,让我们都能受益。

(上海市进才实验中学　卢起轩)

专家点评

　　习近平总书记指出:"思政课的本质是讲道理,要注重方式方法,把道理讲深、讲透、讲活,老师要用心教,学生要用心悟,达到沟通心灵、启智润心、激扬斗志。"九年级学生生活在海纳百川、追求卓越的上海,能体会到改革开放对于这座城市面貌的塑造和由此带来的人民生活质量的提高,但如何深入理解创新对于改革开放的作用,还需要教师发挥主观能动性,引导学生走出学校小课堂,将思政小课堂同社会大课堂结合起来,在社会实践中从感性认识上升到理性认识。

　　歌德说过:"理论是灰色的,唯有生命之树常青。"作为中国共产党的诞生地,上海有着非常丰富的红色资源。如何有效利用好这些宝贵资源,讲好红色故事,赓续红色血脉?王婷老师通过上海浦东展览场馆中的红色资源做了一次精彩的示范。本课例关注思想政治学科核心素养的培育,着眼于初中生的真实生活和长远发展,使创新的理论观点与学生参观的生活经验有机结合,让学生在社会实践活动的历练和自主思考中感悟创新的力量,树立正确的价值观,促进关键能力、必备品格的整体提升。

　　在具体教学中,王婷老师带学生走进上海浦东展览馆,将浦东开发开放30周年主题展的内容与思政课进行有机融合,以学生为主体,设置主题,让学生沿着浦东改革开放的时间轴,寻找其中的关键事件,探究浦东巨变背后的原因。教师则精心设计问题链,层层逼近事物的本质,引领学生通过观察、思考,逐步把握浦东开发开放缔造的奇迹背后的原因,正确看待我国改革开放的发展趋势,增强中国特色社会主义的道路自信、理论自信、制度自信、文化自信,从而培养学生的政治认同和科学精神,实现立德树人的教学目标。

马克思主义从来不回避现实,而是直面现实。本课例如果能选择一个较小的切口,针对浦东当前改革开放和实践创新中的某一新挑战或新问题设置一个具体的探究情境,让学生课前充分搜集材料,课中结合参观体验,进行辨析、讨论和反思,在师生互动、生生互动的民主氛围中,将进一步促进学生转变学习方式。同时,也能在合作学习和探究学习的过程中培养学生的创新精神,提高其实践能力,更能激发学生坚定走中国特色社会主义道路的信念。

(上海市长宁区教育学院 石 洋)

 作者简介

王婷,上海市进才实验中学道德与法治学科教师,中学高级教师。曾被授予浦东新区道德与法治学科带头人等称号。执教的"创新是改革开放的生命"在上海市"红色一课"馆校合作优秀课程征集及展示活动中获得一等奖。参与录制的"红色一课——创新是改革开放的生命"被"学习强国"平台采纳。主持并参与多项区级课题研究。

共产主义的红色电波永不消逝

——走进上海电信博物馆

上海市光明中学　赵程斌

教学实录

师：上海既是中国近代通信行业的发源地，更是中国共产党无线电红色通信事业的起源地。今天，让我们在上海电信博物馆里感悟革命战争年代中国共产党地下电台报务员李白等人的英勇事迹，一起探寻百年电信在曲折中发展、在拼搏中振兴、在改革中转型的风雨历程，揭示一代代中国共产党人接续奋斗的伟大精神。

师：同学们，刚才我们在观影厅里观看了电影《永不消逝的电波》，电影中李侠的原型是谁？他承担的任务是什么？通过什么方式执行革命任务？

生1：李侠的原型是李白。他是中国共产党秘密电台的电报员，通过无线电台执行革命任务。

师：在当时的历史背景下，中共地下党以无线电台执行革命任务具有极大的危险性。李白为什么要使用这种方式来传递信息？你知道当时除了用无线电台发报外，还有哪些长途通信方式？相较于这些方式，无线电报又有哪些优势？

生1：在电报未发明以前，长途通信的主要方法包括驿送、信鸽、信狗、烽烟等。但是这些方式成本高、可靠性低，易受地形、天气等影响。电报的发明使得长途通信的价格大幅下降。这是一种用电的方式来传送信息的可靠的即时远距离通信方式。

师：无线电报的通信原理是怎么样的？下面就请上海电信博物馆的讲解员为大家讲述无线电报的故事。

讲解员：各位同学，这里我们看到的是莫尔斯电报机，它分为人工机、韦斯登快机和克利特快机三种。1837年，美国人莫尔斯发明的电报机是一台由单流电键、单显电表、继电器等组合在一块木底座上的人工发报机。它以人工操作的单工形式收发电报，也就是说在一条线路上不能同时发报和收报。发报时要敲击电键，信号通过电流经过电报机上的电磁铁线圈，经过时断时续地吸起铁片，形成短电脉冲"点"和长电脉冲"划"两种信号，同时发出"嘀""哒"声，供报务员抄写成英文或数字。我们的中文电码是以每四个数字对应中文电码本翻译成一个汉字而来的。

师：感谢上海电信博物馆的讲解员。通过讲解，大家知道了无线电报机是一种电子通信设备。理论上只要电报机停止运作，电波就一定会消失。但是，这部电影为什么叫作《永不消逝的电波》?

生1:这是一种艺术加工,凸显共产党员李白的革命精神永不消逝。

师:革命战争年代,李白是中国共产党无线电通信战线上许多无名英雄的缩影。他们通过无线电发报机将重要情报进行及时传递,哪怕牺牲自己的生命,哪怕没有留下自己的名字,也始终坚定革命理想,不忘中国共产党建党初心。虽然现实中的无线电波可能会停止,但是中国共产党人的奋斗精神永不磨灭。

师:(引导学生查看李白烈士的部分履历)大家查看了李白烈士的部分履历,请你谈谈一名优秀的电报员是如何成长起来的。

生1:李白能成长为优秀的地下电台报务员,既有李白自身的努力,更有中国共产党的积极培养。为了适应革命战争形势的需要,中国共产党和人民军队即使在艰难困苦的条件下,也极其重视无线电通信战线的发展壮大。

师:同学们,你们知道中国共产党与中国工农红军历史上的第一台无线电报机是在哪里诞生的吗?革命战争时期我党我军的无线电密码又是谁发明的?下面就请上海电信博物馆的讲解员为大家讲述红色电台与"豪密"的故事。

讲解员:上海是中国近代通信行业的发源地,也是中国共产党无线电红色通信事业的起源地。1928年,党中央为冲破敌人封锁,加强对各地党组织的联络,开始筹建秘密电台。当时,从莫斯科参加完共产国际六大的周恩来一回到上海,便在中央特科增设无线电通信科,由李强担任科长,负责筹建和管理秘密电台。1929年,中国共产党的第一座地下无线电台在上海大西路福康里(今延安西路420弄)诞生,由李强负责机务,张沈川负责收发报务。他们经过一年的努力组装出的这部电台的功率虽只有50瓦,但它却是我党所拥有的第一台无线电通信设备。之后,为使我党的重要联络信息不被敌人破获,周恩来亲自编制了一套无线电密码。由于他曾化名为"伍豪",故称之为"豪密"。起初这套密码被用于周恩来与任弼时之间,在他们两位有其他工作时,分别由两位夫人——邓颖超和陈琮英进行翻译。1931年,任弼时首次将"豪密"从上海带至中央苏区,完成两地间的第一次联络,内容为"弼时安全到达了"。在这之后,"豪密"便被广泛用于全军、全党的通信联络中,直到国民党溃败都没有被敌人所破获。

师:感谢上海电信博物馆的讲解员。周恩来等杰出的中国共产党人凭借着高超的智慧与非凡的毅力,在万般艰苦的条件下发明了"豪密"。在长征、抗日战争、解放战争时期的保密通信中,"豪密"都起到了不可替代的作用。这套密码直到1949年国民党垮台都没有被破译出来,为革命的胜利和中华人民共和国的诞生立下了赫赫战功,我们应当永久铭记。

师:从石库门到天安门,从兴业路到复兴路,马克思主义的火种从这里播撒到全国,党的百年征程也从这里扬帆起航。你知道黄浦区有哪些历史遗迹与红色通信有关吗?

生1:我们在课前调查过,这样的历史遗迹有以下几处:(1)中共中央早期无线电训练班旧址——巨鹿路391弄12号;(2)李白、邓国军贝勒路秘密电台遗址——黄陂南路148号;(3)秦鸿钧金神父路秘密电台旧址——瑞金二路148号;(4)叶钟英、张志申福煦村秘密电台遗址——黄陂南路710弄46号;(5)秦鸿钧新新里秘密电台遗址——瑞金二路409弄315号。

师：工作在隐蔽战线的这些共产党员，冒着极大的风险，使用着功率极低的电台，在昏暗的灯光下，保持着与党中央的联络。由于电台的功率小，上海和我党根据地之间又远隔千山万水，电波传到根据地电台时就微弱到几乎消失了。为了解决这个矛盾，他们反复琢磨、试验，终于摸索出时间、波长、天线三者之间既互相联系又互相制约的规律，选择人们都已入睡、空中干扰和敌人侦查相对减少的零点至四点之间为通信时间。因此，每当人们酣然进入梦乡的时候，他们就悄悄地起床，轻轻地安装好机器，静静地坐在电台旁，把 25 瓦的灯泡拧下来，换上 5 瓦的灯泡，并在灯泡外面蒙一块黑布，再取一张小纸片贴在电键触点上，以避免光线透出窗外和声音外扬。零点一到，他们立刻向党中央发出呼号，与敌人争分夺秒的无声战役就开始打响了。

师：接下来，就让我们也来模拟感受一下当年那一段段惊心动魄的瞬间。首先请同学们亲手制作一个简易的发报机，然后在规定时间内将电报发送出去。与此同时，你的同伴要在最短的时间内参照密码本，正确破译这段密码。

师：同学们模拟了当年中国共产党地下电台报务员的战斗场景。正是这些前赴后继的共产党员不畏牺牲，敢于斗争，在白色恐怖之下与敌人机智勇敢地周旋，将有效的情报及时传递出去，才换回了革命的最终胜利。其实，除了我党隐蔽战线上的电报员外，我党在战场上的通讯员也在革命战争中发挥着重要的作用。

师：你知道电影《英雄儿女》刻画的是哪场战争吗？在影片中，通讯员王成使用的是什么通信设备？它与无线电报有什么不同？

生 1：电影《英雄儿女》反映的是抗美援朝战争。通讯员王成使用的是报话机，具备语音通信功能，在可使用范围内具有更高效、方便携带等特点。

师：王成为什么要说"向我开炮"？王成所说的"向我开炮"与李白所说的"同志们，永别了"有什么共通之处？

生 2：王成呼叫"向我开炮"，是让我军炮火消灭身边的敌人。王成所说的"向我开炮"与李白所说的"同志们，永别了"虽然时代背景有所不同，通信设备不同，但都是共产党员大无畏革命精神的体现。王成与李白的英勇事迹，呈现了共产党员革命精神的赓续相承。

师：在长征途中，任中国工农红军第五军团无线电分队政委的李白，曾发出"电台重于生命"的誓言。这既是李白终生的座右铭，也是每一个中国共产党通信战士的座右铭。抗美援朝战争中的王成等通信战士，虽然应用的通信设备不同，面对的敌人也发生了变化，但是共产党员为中国人民谋幸福、为中华民族谋复兴的初心和使命始终未变。为了革命的胜利，视死如归的大无畏精神始终未变。我们不会忘记你们，国家不会忘记你们，中国人民不会忘记你们！

师：在中国共产党的领导下，中国人民从站起来、富起来到强起来，昂首屹立于世界的东方。中华人民共和国成立以后，尤其是改革开放以来，我国在各个领域都取得了翻天覆地的变化。我国电信领域的发展变化是其中的一个杰出侧影。下面就请上海电信博物馆的讲解员为大家介绍当代中国电信业的发展。

讲解员：请同学们观看我国电信业发展的资料和相关设施。大家既能看到也能在生活中感受到电信通信的变化，过去靠电话和电报，后来有了网络。这些年来，网络在提速，设备在升级，这些设备不断地更新迭代，也悄然影响着人们的上网方式、社交模式、消费理念的变化。这是 20 世纪 90 年代的上网设备，利用普通电话线拨号上网，但它只拥有一条信息传输通道，用户不能同时打电话和上网，最高下行速率为 56 千比特/秒。这是 1996 年推出的窄带上网设备，能为用户提供两条信息传输通道，可以一边上网一边通话，最高传输速率为 128 千比特/秒。1999 年，非对称数字用户线路业务正式推出。用户真正感受到宽带的快速与安全，最高下行速率为 8 兆位/秒。这是光纤接入设备，具有极大的带宽，很好地解决了从互联网主干网到用户桌面"最后一公里"的瓶颈问题。目前，上海电信已实现全城"万兆到楼，千兆到户"。这是家庭中使用的无线路由器，可以看作是一个转发器，将有线网络转换成无线网络，实现 Wi-Fi 信号覆盖，使更多智能设备接入。2018 年，中国电信上海公司完成"千兆光网"建设计划。到 2019 年，上海已建成"5G＋光网"的"双千兆之城"。2020 年，上海电信又全面进入"三千兆时代"，全力推进上海智慧城市建设。

师：我国电信行业之所以取得飞速发展，你们知道有哪些人在幕后默默付出吗？

生 1：在中国共产党的领导下，一大批中国电信科研人员、网络工程师、通信信号接收站工人、线路维修工人等作出了贡献。

师：在中国电信业突飞猛进的背后，凝聚着科学家的智慧创造，还有大国工匠的辛勤付出。正是他们的接续奋斗，才铸造了辉煌成就。他们与革命时期的通信战士有着一样的情怀，为祖国和人民作贡献的精神一脉相承。

师：新时代、新征途、新挑战。2021 年是"十四五"开局之年，站在"两个一百年"奋斗目标历史交汇点上，中国共产党带领着中国人民在新长征路上再出发。但是，这条路必然不会是一帆风顺的，机遇与挑战始终并存。习近平总书记曾说过："当代中国青年要有所作为，就必须投身人民的伟大奋斗。同人民一起奋斗，青春才能亮丽；同人民一起前进，青春才能昂首；同人民一起梦想，青春才能无悔。"

师：同学们，让我们一起努力！继承革命先辈的光荣传统，为中国电信事业的发展和祖国的繁荣富强赓续奋斗。中华民族伟大复兴必然在我们的接力奋斗中实现！共产主义的红色电波也终将永不消逝！

 教师手记

"大思政课"视域下的馆校合作教学实践研究
—— 以上海电信博物馆的"红色一课"为例

2021 年 3 月 6 日，习近平总书记首次提出"大思政课"理念。他强调，"'大思政课'我们

要善用之,一定要跟现实结合起来""思政课不仅应该在课堂上讲,也应该在社会生活中来讲"。2019 年 8 月,中共中央办公厅、国务院办公厅印发的《关于深化新时代学校思想政治理论课改革创新的若干意见》强调,坚持开门办思政课,推动思政课实践教学与学生社会实践活动、志愿服务活动结合,思政小课堂和社会大课堂结合……思政课要打破时空限制,紧密联系学生的实际生活,有效整合育人力量,统筹校内外育人资源,打造全方位的育人共同体。

善用"大思政课",不仅是新时代思政课建设的思维方法指导,还是思政课质量提升的现实路径。"大思政课"聚焦于"课",最终指向育人。因此,教师要通过思政小课堂与社会大课堂教学的结合,善于用好历史和社会现实题材,讲透科学规律,讲好责任使命,达到理论与实践的融合。其中,深度挖掘博物馆资源,积极探索馆校合作,就是一条理想的"大思政课"育人路径。

博物馆是人类文明结晶的宝库,承载着传播文化的重任和使命。博物馆作为没有围墙的学校,社会教育始终是其最重要的功能和目的。馆校合作是 21 世纪以来博物馆发展的重要趋势。博物馆(尤其是拥有红色资源的博物馆)与思政课在思想内容和价值导向上的高度契合,决定了其是思政课教学的重要内容和有效载体。

如何将博物馆资源与思政课教学进行有机融合,从而更好地实现育人功能?坚持思政小课堂与社会大课堂相结合,利用场馆资源等进行思政课教学,是上海市光明中学思政课教学的传统。在光明中学的长期馆校合作教学实践中,我们有这样一些体会。

一、挖掘场馆资源,关联思政元素

习近平总书记曾指出:"一个博物院就是一所大学校。"博物馆的教育功能和学习属性使其天然地成为思政课重要的教学资源。本次教学实践课的上课场所为上海电信博物馆,它是上海市爱国主义教育基地、首批 100 个中央企业爱国主义教育基地。笔者以历史为线索,挖掘上海电信博物馆内在的红色资源,带领学生感悟革命战争年代中国共产党地下电台报务员的大无畏革命精神,探寻百年电信的风雨历程,揭示一代代中国共产党人的伟大精神。

1. 有历史的建筑

上海电信博物馆所在的电报大厦于 20 世纪初由丹麦大北电报公司所建,是上海市第三批优秀历史建筑大楼。这栋建筑见证了帝国主义的经济侵略,目睹了近代中国的积贫积弱。1871 年,丹麦大北电报公司未经中国政府许可,强行架设电报水线和内陆电报线路,在中国领土上设立了第一个水线电报房,并擅自开通公开营业。之后,英、美、法等国也相继在上海设立电信机构。这些行径虽然无形中促进了中国电信业的发展,但实质是践踏中国主权,掠夺中国财富。随后,无数仁人志士前赴后继,努力寻找实业救国的出路,但仍以失败而告终。历史的轨迹在中国共产党成立后出现了转折。中国人民在中国共产党的带领下推翻了三座大山,收复了主权,取得了革命胜利,中华民族迎来了从站起来、富起来到强起来的伟大飞跃!在这样一栋历史建筑内开展思政课学习,使学生充分感受电信工业沧桑巨变和国家命运、城市发展之间的内在联系，更能激发爱国情怀。

2. 有故事的展项

在教学过程中，教师并没有坐而论道，而是充分借助博物馆配备的互动屏与图文展板，深挖红色资源的思想内涵和时代价值，向学生生动地讲述了李强组装我党第一座地下无线电台、周恩来编制"豪密"、李白在隐蔽战线英勇斗争等红色故事，引领学生深刻理解"电台重于生命"的革命誓言，感悟中国共产党人不怕牺牲、奋勇拼搏的意志品质。此外，在博物馆讲解员的指引下，学生通过参观实物展台与模型，饱览 1949 年以来在中国共产党的领导下我国电信事业所取得的辉煌业绩、所涌现的先进精神、所铸就的大国重器，了解其背后凝聚着每一位电信科研人员、网络工程师、基站维修工人等电信工作者的辛勤付出，感知这些科研人员和大国工匠接续奋斗的精神，与革命时期红色通信战士的献身精神一脉相承！

二、创新活动形式，实现情景交融

凡是愉快、有效、成功的思政教育都离不开学生的参与。兴趣是最好的老师，学生的学习兴趣从何而来？基于真实情境下的创新活动不失为一剂良方。博物馆内的既有资源，恰恰能助力教师创设情境。专业的影像设备可以把原本符号化的精神教育植入历史情境中；交互式的实验器材可以将抽象的知识点外化为直观的物象，立体地呈现在学生眼前。在活动过程中，伴随着多媒体效果的呈现，学生得到沉浸式体验，同时升华情感，提高认知。这样有温度、有参与度的课堂活动，能最大程度地调动学生自主学习的积极性和弥补传统思政教育的枯燥感。

1. 代入式观摩影片

学生走进博物馆的观影厅，欣赏《永不消逝的电波》《英雄儿女》等电影片段。在声光的渲染下，学生仿佛穿越时空，来到那个充满着战火硝烟的年代，与革命志士同呼吸、共命运。结合影片，教师抛出以下几个问题：（1）理论上只要无线电报机停止运作，电波就一定会消失，但是这部电影为什么叫作《永不消逝的电波》？（2）在《英雄儿女》这部影片中，通讯员王成使用的是什么通信设备？王成为什么要说"向我开炮"？（3）王成所说的"向我开炮"与李白所说的"同志们，永别了"有什么共通之处？面对这些问题，学生们自然地联想起影片中的情景，进行代入式思考。由于景为情设，情由景生，因此极易达到情景交融的效果。学生们深刻认识到虽然通信设备发生了变化，虽然现实中的电波也可能会停止，但是共产党员为中国人民谋幸福、为中华民族谋复兴的初心和使命始终未变。

2. 沉浸式模拟发报

学生们以小组为单位，利用博物馆提供的实验物料，动手制作一个简易的发报机，用时最少者为胜。通过查看说明书，学生们将不同的零件安插在线路板上，然后不断调试，直到按下电键的那一刻，发光二极管与发声器同步运作。同时，教师播放惊险紧张的背景音乐，使学生们好像置身于和敌人争分夺秒的惊险时刻。用时最少的两组再进行模拟发报的比拼。其中一名组员利用刚刚制作的电报机向同伴发送了一段写有"共产主义一定会胜利"的密电码。同伴要参照密码本，在最短的时间内进行正确破译。彼时，课堂上鸦雀无声，只剩下"嘀嘀嘀"的发报声。一旁观望的同学们个个屏气凝神,生怕错过任何一个惊心动魄的瞬间。这样一种沉浸式课堂活动,使学生们深刻体会到当年奋战在隐蔽战线上的共产党员前赴后继,不怕牺牲,与敌人机智周旋,才换回了革命的最终胜利。这样的学习情景,会使学生印象深刻。

三、坚持知行合一,强化实践育人

实践既是认识的来源,也是认识发展的动力,更是检验认识正确与否的唯一标准。习近平总书记强调:"马克思主义是在实践中形成并不断发展的,要高度重视思政课的实践性,把思政小课堂同社会大课堂结合起来,在理论和实践的结合中,教育引导学生把人生抱负落实到脚踏实地的实际行动中来,把学习奋斗的具体目标同民族复兴的伟大目标结合起来,立鸿鹄志,做奋斗者。"

1. 课内明确使命

这节课贯穿始终的主题是继承革命传统,树立远大志向。结合上海电信博物馆的资源,在这节课的尾声阶段,教师还展示了《中华人民共和国国民经济和社会发展第十四个五年规划和 2035 年远景目标纲要》中关于通信行业发展的阐述:系统布局新型基础设施,加快第五代移动通信、工业互联网、大数据中心等建设。然后,组织学生展开讨论。同学们畅所欲言,有的从自力更生、刻苦钻研的角度,有的从勇于创新、追求卓越的角度,也有的从淬炼品格、增强本领的角度畅谈体会。随着讨论的不断深入,学生们的情绪已经被完全调动起来。但是,作为教师,还必须要让学生清醒地认识到空谈误国、实干兴邦,仅凭雄心壮志,缺失奋斗精神是万万不行的。只有继承与发扬伟大的奋斗精神,青春才能更绚丽闪亮。

2. 课外服务社会

这节馆校合作的思政课虽然落下了帷幕,但是学生们参与课后实践的脚步却不会停歇。上海电信博物馆除了可供学习的馆藏资源外,本身还拥有多元的学生实践资源。上海电信博物馆是首批上海市中学生社会实践基地。学生既可以充分利用博物馆所提供的志愿者服务岗位,从事参观引导、信息咨询等工作;也可以利用自己的所思所学,担任小小讲解员,为参观者讲述红色电信故事以及我国电信事业所取得的辉煌成就;还可以通过博物馆分享的行业资源,前往电信公司进行职业体验,例如,接听报修电话、跟随维修师傅上门服务等。通过这些社会实践,学生可以在服务社会和他人的过程中,感悟奋斗的艰辛与助人的快乐,培养积极向上、知行合一的品质,这也正是思政课"立德树人、铸魂育人"的主旨所在。

"大思政课"打破了学校与社会的藩篱,拉近了理论与现实的距离。走进上海电信博物馆的思政课教学中,馆校双方很好地发挥了育人功能。随着更多教育工作者与各方社会力量的紧密合作,"大思政课"不会是思政课教师的独奏曲,而是全社会共同参与的合奏曲。每一个学生都将获得更多的机会,走出象牙塔,触摸生活的试验田,在回望历史、体悟真理、观察社会、参与实践中立大志、明大德、成大才、担大任。

学生感悟

我们高三"周恩来班"的同学们来到了上海电信博物馆,学习了一节名为"永不消逝的电波——共产党人奋斗精神代代传"的思政课。

首先,我们观看了电影《永不消逝的电波》的片段。影片中李侠同志冒着生命危险,坚持发出重要情报。他在发完电报就已被敌人包围的关键时刻,毅然地把写有情报的纸条吞下,镇静地向延安发出了最后的告别信号:"同志们,永别了,我想念你们。"影片中李侠的人物原型为李白同志。在随后的课程中,我们了解到他的英勇事迹。比如,李白被捕之后,敌人对他进行了长时间的刑讯,用尽一切手段,他却拒不吐露任何情报,最终倒在了上海解放的前夕。电波虽会随着电报机的关闭而消失,但电波所代表的革命精神将永远不会消失。

除了上课外,我们也参观了博物馆展厅。了解到老一辈革命家在无线电事业上的奋斗故事,并了解到周恩来总理编制的"豪密"。我们还动手参与电报机的制作与使用。看似简单的一个电报模拟机器,也着实让我们思考了好久。完成之后,同学们两人一组,使用莫尔斯电码成功地模拟了发报和收报转译两个环节。

最后,我们还了解到当今中国电信业的发展。从"大哥大"到如今如火如荼发展的5G技术,使我们更加明白要实现中华民族伟大复兴的中国梦,需要我们学习前辈们艰苦奋斗的革命精神,不负众望,坚定不移地沿着前辈们开辟的道路前行,勇于担当使命,不负韶华,砥砺前行,为祖国的繁荣富强继续努力奋斗。

（上海市光明中学　方鹏程）

专家点评

思想政治理论课是落实立德树人根本任务的关键课程,如何发挥好思政课立德树人的主导作用,是思政课教师对于当前教学改革的追求。赵程斌老师在上海电信博物馆给学生上的这节思政课,呈现了当前诸多思政课教师立足育人为本,致力于教学改革的境界。这节课在努力实现育人目标方面有以下几个特点。

第一,实现了学校小课堂与社会大课堂的有机结合。思政课教学有效性根本上在于理论联系实际。这有赖于教师将社会现象和相关事例引入课堂教学,将学生引到社会大课堂,让他们去直接观察和体验社会生活。这节课将学生带到上海电信博物馆现场上课,这就可以让学生在现场感受中国共产党历史上的瞬间,观察到我国电信事业发展的大量史实,这样的教育震撼力在学校小课堂中是很难达到的。

第二,实现了场馆资源支撑和育人导向的有机结合。思政课教学有效性必须有教学资源的充分支撑。场馆资源是思政课实现育人目标的重要资源。这节课对场馆资源进行了充分利用。学生在场馆中观看影视资料片,利用场馆资源开展仿真实验操作,利用场馆资源查看和讨论电信事业的发展历程。同时,教师与讲解员协同上课,构建立体育人模式,这样的教学效果在学校小课堂中也是难以达到的。

第三,实现了学生动手实验和感悟理论真谛的有机结合。思政课是讲道理的课,但思政课也可以创造一些条件,让学生有一些动手做实验的场景,而且往往这些场景中的学习效果会出其不意地好。这节课在特意渲染的背景音乐中,让学生有动手组装简易发报机、发送规定电文、并按照密电码翻译电文的体验过程,这就让学生在特殊的学习场景中,能比较真实地体验到革命战争年代共产党员大无畏的革命精神,对中国共产党党史有了切身的感受,这样的学习效果在学校小课堂中很难达成。

走出学校小课堂,让学生在各种场馆以及更广阔的社会生活实际中观察和体验社会生活,这是实现思政课育人目标的有效途径,赵程斌老师的这节课为我们做出了示范。我们希望赵程斌老师在充分利用场馆等社会资源方面有更多的实践创造,在思想政治理论知识与场馆资源的有机结合以及育人的有效引导等方面有更为深入的思考研究和实践,更希望广大的思政课教师都能实现思政小课堂与社会大课堂的有效结合,推动思政课成为落实立德树人根本任务的关键课程。

(上海市教育委员会教学研究室　叶伟良)

 作者简介

赵程斌,上海市光明中学教师处副主任,中学高级教师。上海市思政课研究实训基地学员,黄浦区叶伟良、吴永玲思政学科名师工作室学员。曾获上海市青年五四奖章、上海市教育系统法制宣传教育优秀教师、上海市"金爱心教师"、黄浦区骨干教师等称号,以及"一师一优课、一课一名师"活动部级"优课"、上海市"基础教育精品课"、上海市中小学(幼儿园)中青年教师教学评比一等奖、黄浦区中小学(幼儿园)教师教学评比一等奖。参与编写统编高中思想政治教科书选择性必修2《教学设计与指导》,并在市级刊物发表论文十余篇。

解开"模丝"密码

——走进上海劳动模范风采主题展

上海市长宁实验小学　王　荔

教学实录

师：同学们，人民创造历史，劳动开创未来。劳动模范是劳动群众的杰出代表，是坚持中国道路、弘扬中国精神、凝聚中国力量的楷模。今天，我们来到上海市总工会一楼的上海劳动模范风采主题展。它如同一张文化名片，闪耀着璀璨的光芒。

师：你们知道吗？上海是中国工人阶级的发祥地。中华人民共和国成立后，上海工人阶级更是勇立潮头、奋发有为，书写了一部部气势如虹的动人华章，诞生了一批批令人景仰的劳动模范。

师：今天，我们一起来追这群时代长河里最闪亮的"星星"。

生1：老师，粉丝团都有自己的名字，我们也来取个响亮的名字吧！

生2：叫"范团"怎么样？

生3：是不是叫"模粉"更好？

生4："模粉"有点奇怪。

生5：我有一个主意，劳动模范的粉丝，就叫"模丝"如何？

师：这个好！我们带着问题来追星、学习，就像解开"模丝"密码一样。

生6：同意！太好玩了。

师：同学们，1949年以来，上海各行各业涌现了约1.6万名全国劳动模范和上海市劳动模范。这座劳模馆中展示了154位劳模的事迹和140件实物。

生1：老师，这就是全国劳动模范奖章吗？

师：是的。全国劳动模范是党中央、国务院授予在社会主义建设事业中作出重大贡献者的荣誉称号。这枚奖章是国家授予劳动者的最高荣誉。全国劳动模范每五年评选一次，从1949年以来延续至今！

生1：为什么会想到评选全国劳动模范，而且一直坚持到现在？

生2：人人都能参加劳动模范的评选吗？

生3：什么样的人能当选劳动模范？

生4：他们身上又有哪些值得我们学习的地方？

生5：我们少先队员应该怎样向劳动模范学习，把劳动模范的精神传承下去？

师:看来大家都有许多困惑。别急,小"模丝"们,让我们带着这些密码出发吧!

密码1:为什么要让劳模"成团出道"?

方法1:对话劳模,聆听劳模故事。

师:同学们,看!这位工人名叫孔利明,外号"孔发明"。大家想知道他是怎么从一位普通工人变成全国劳模的吗?

生:(齐声)想!

师:今天,孔利明爷爷特意来到了现场。

生:哇,太棒啦!

师:待会儿他会和小"模丝"们聊一聊他的传奇故事。让我们移步大厅,孔爷爷已经在那儿等着啦!

孔:同学们,大家好!经常有人问我:你怎么会成为发明家?你怎么会有那么多的发明和创造。今天,很高兴来到这里,和大家聊聊我的故事。

孔:我的第一位启蒙老师不是数学老师,也不是语文老师,而是手工老师。当时,手工老师经常让我们做点小东西。每一样东西我都做得特别快,手工老师就问我:"电梯为什么会走、会转?导线为什么会导电?能不能把纱线这样绕上去?"

孔:我听了之后眼睛眨巴眨巴地看向他。然后他又说:"电池为什么有电?电机为什么会转?为什么用纱线不行?"那时候我已经学到三角形了。老师又说:"一个凳子摇摇晃晃的,钉一个木条后能形成一个三角形,此时为什么它就不摇了?"

孔:我听得如痴如醉,第一次感受到知识太重要了。所以同学们,从那一天开始,我的学习突飞猛进。

孔:跟大家讲个案例——交通卡。大家有遗失过交通卡吗?

生1:有!

孔:你们有丢过,我也经常遗失!我就想:怎么把它串在钥匙圈里,能把它的尺寸做得小一点吗?这是一种需求。

孔:一定要改进它,避免再丢失了。我想到个办法,就是打个洞,但是却不知道洞应该打在什么地方。打洞并不是最好的办法。打个洞挂个绳,也不好看,对吧?

生:嗯!

孔:我当时想的是这里面肯定有芯片。于是,我就找了一个强光手电筒,然后用小刀把交通卡划开,把芯片取出,再绕一个线圈。

孔:线圈怎么弄呢?我找了一个这么长的有机玻璃,把芯片嵌进去,再用锉刀、钻头打磨,经过手工劳动,就完成了改造。大家想看看吗?

生:想!

孔:这个交通卡做好到现在就没丢过,永远跟我的钥匙圈在一起,特别好用。

孔:把要做的事情做得精致,谁都是冠军!同学们,把要做的每件事情做好,你们就是冠军!有句话要送给大家:"读好书,拜好师,交好友。"

孔:我查了查,我获得了中国专利授权508项,目前位居国内首位。希望大家成为一个对国家、对社会有用的人!

师:今天,孔爷爷用非常生动的案例向我们讲述了学习的重要性,让我们用最标准的队礼向孔爷爷致敬!

师:现在,你们知道为什么要让劳模"成团出道"了吗?

生1:孔爷爷身上有一股钻研的劲头和创新的精神。评选他当劳模,可以鼓舞和孔爷爷一样的普通工人爱岗敬业、勇敢追梦。

生2:我觉得评选劳模就和评选优秀少先队员一样,优秀少先队员是队员们的榜样,而劳模是所有工人、劳动者的榜样,值得我们学习。

(板书:一个国家的非凡成就,总是由点点滴滴的平凡人物汇集而成)

师:小"模丝"们,孔利明爷爷是千千万万劳模的一个缩影。在社会主义建设的各个时期,以劳模为代表的广大工人阶级始终不忘初心、牢记使命,用平凡的双手创造不平凡的梦想。

密码2:劳模是怎样"炼"成的?

方法2:走近劳模,带着任务参观。

(学生在场馆里参观展品、阅读故事、交流讨论、寻找答案……)

图1 劳模是怎样"练"成的——"上海劳动模范风采主题展"活动任务单

师:通过参观,你们找到答案了吗?劳模是怎样"炼"成的?

生1:我在展馆里看到了一根折叠的扁担,扁担的主人名叫杨怀远。为了帮过往旅客减轻行李的负担,他足足挑了38年,挑断了40根扁担。他在日记里写道:"为人民服务从小事做起,贵在坚持。"他被亲切地称为"人民的挑夫","小扁担精神"也广为流传。

生2:在参观的时候,我很惊讶地看到了姚明、刘翔及吴敏霞几位体育明星的身影。我带着疑惑仔细阅读了他们的事迹介绍后,才知道他们能成为上海的"高度""速度""深度",都是因为日复一日艰苦又枯燥的训练。他们在自己的岗位上发光发热,以顽强的毅力咬牙克服伤病,为祖国争光,为体育事业贡献力量,无愧于劳模称号。

生 3：给我印象最深的是国产大飞机 C919 的首席钳工胡双钱爷爷。在工具技术不完善的情况下，他用手一锤一锤地打磨零件，精益求精，比机器做出来的还要好。近 40 年，他加工的数十万零件没有一件次品，用乌青的双手托起了"大飞机梦"。

（板书："爱岗敬业、争创一流、艰苦奋斗、勇于创新、淡泊名利、甘于奉献"，既是劳模精神，也是成为劳模的必备条件）

师：每一个时代的劳模都有这样的特点，无论时代如何变迁，永远不变的是劳模精神的本质。如今，我国经济已进入高质量发展阶段，需要更多知识型、技能型、创新型劳动者。只要有想法、肯干事、敢创新，任何人都有机会成为劳模。

密码 3：如何从"模丝"变成劳模？

方法 3：致敬劳模，点亮劳模星灯。

图 2　劳模星灯

（板书：今天我以您为偶像，因为我希望将来能成为您的模样）

师：大家想一想如何从"模丝"变成劳模。

生 1：我们要努力学习各类知识，遇到难题不放弃。

生 2：动手又动脑，承担家务劳动，培养自己劳动的习惯。

生 3：参加公益劳动，乐于奉献，帮助更多的人。

生 4：学做有心人，发现身边的问题，像孔利明爷爷一样大胆探索，积极创造发明。

生 5：从做好每一件小事开始，牢记未来建设者的使命，努力做一个敢于有梦、勇于追梦、勤于圆梦的人。

（板书：作为新时代的少先队员，要把劳模当成一面镜子，时刻对照自己，学劳模、勇奋进，未来在祖国建设中彰显担当作为）

师：小"模丝"们，学习劳模要从身边的小事做起，学会自理自护，努力帮助他人，尽力服务社会，在劳动创造中获得幸福，成为德智体美劳全面发展的社会主义建设者和接班人。

（板书：劳模意味着"光"，是一种能照亮黑夜、温暖人心的希望之光；劳模意味着"取向"，是一个时代追寻的脚步、人生道德观念和价值的取向。劳动模范是民族的精英、国家的栋梁、社会的中坚、人民的楷模，是共和国的功臣，是时代的永远领跑者）

师：劳模是一根根标杆、一面面旗帜，折射着无穷的魅力，是时代长河里最闪亮的"星星"，是这个时代熠熠生辉的"顶流"。让我们学习劳模们"闯"的精神、"创"的劲头、"干"的作风，热爱劳动、勤于创造、勇于奋斗，将来为祖国建设添砖加瓦，为民族复兴铺路架桥。

生：（齐声）争做新时代好队员！

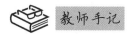 教师手记

融创并进，上活思政课堂

2019年，习近平总书记在学校思想政治理论课教师座谈会上指出："要坚持理论性和实践性相统一，用科学理论培养人，重视思政课的实践性，把思政小课堂同社会大课堂结合起来，教育引导学生立鸿鹄志，做奋斗者。"

立德树人是中国特色社会主义教育事业的根本任务，而思政课是落实立德树人根本任务的关键课程。作为思政教师，我深感使命光荣、责任重大。

2021年，正值中国共产党百年华诞，我有幸承接了上海市"红色一课"馆校合作优秀课程征集及展示活动的任务。在斟酌课程主题、选择授课场馆、梳理课程资源、打磨课程设计等一系列过程中，我反复思考：如何有效运用场馆资源和红色文化，上好、上活这节思政课？

一、探索一个理念：融创（融会贯通，创生未来）

上海市长宁实验小学有几个德育特色课程经久不衰，受到了全体学生的热烈欢迎和一致好评，"博物馆之旅"课程就是其中之一。博物馆是历史的定格、文化的积淀、文明的传承，以得天独厚的教育资源逐渐成为重要的社会教育阵地，在补充和延伸学校教育方面发挥着突出作用。眼下，"实景课堂"逐渐成为一种流行和趋势。

借助已有的课程优势，考虑到小学生的年龄特征、认知规律及当下热点，我锁定了上海劳动模范风采主题展，引导小"模丝"们自己去探秘、追星。对学生来说，思政课不再是道法课本上的文字符号和一条条大道理，变得更加生动。

新时代的小学思政课可以更鲜活有趣、意蕴深远。探索校外实景课堂，将接受学习与探究学习有效整合，让书本上抽象的内容渗透在一段段博悟之旅中，实现从"融"到"创"，不断螺旋向上发展，带来融合与创生。

二、立足"两个大局"：变局（世界百年未有之大变局）、全局（中华民族伟大复兴战略全局）

当今世界正在经历百年未有之大变局，实现中华民族伟大复兴正处于关键时期。作为思政课教师，要学会紧跟大势，在对时代的深切感知与回应中保持教学内容的时代性、前瞻

性和先进性;要传承红色基因,擦亮马克思主义鲜明底色,解决好培养什么人、怎样培养人、为谁培养人这个根本问题。找准"大思政课"的"小切口",在时代大潮、发展大势中铸魂育人,帮助学生树立正确的世界观、人生观、价值观。

中国共产党的百年发展历程让世界看到了可信、可爱、可敬的中国,而劳模精神、劳动精神、工匠精神更是中国共产党人精神谱系的重要组成部分。上海劳动模范风采主题展共计展出 154 位劳模的 140 件展品、348 张照片、92 部视频等。人民"挑夫"杨怀远的唯一一根折叠式扁担、"抓斗大王"包起帆的第一个设计原型……这些原本散落各处的珍贵劳模资料都可在展馆内一览无余。

在这节课中,我充分利用馆内资源,精心设计了与劳模对话、带着任务参观、点亮劳模星灯等环节。比如,在全国劳模孔利明爷爷的娓娓讲述中,在走近劳模的合作探究中,在致敬劳模的实践和思考中,学生看到了劳模们的先进事迹,感悟了匠心背后的执着与力量,也逐步理解了"劳动最光荣"背后承载的中华优秀传统文化,站在"两个大局"的潮头,在心里播下一颗"热爱劳动、躬身行动"的种子。

三、实现三个目标:讲深、讲透、讲活

习近平总书记在中国人民大学考察时指出:"思政课的本质是讲道理,要注重方式方法,把道理讲深、讲透、讲活,老师要用心教,学生要用心悟,达到沟通心灵、启智润心、激扬斗志。"青少年思想政治教育是一个接续的过程,要有针对性地对青少年开展思想政治教育。要使各类课程与思想政治理论课同向同行,形成协同效应。

传统的思政课堂教学侧重于讲授,通常学生的体验不够深刻;劳动教育则以实践为主,容易停留其表,无法进一步升华。在上海劳动模范风采主题展授课,是思政课堂与劳动教育的大胆"碰撞",以学生喜闻乐见的语言和表达方式阐释道理,提供沉浸式情境体验,打造深层次的课堂互动,用鲜活的形式吸引人,用真挚的情感打动人,用优质的内容说服人,充分激发学生的积极性、主动性和创造性,用思政的"盐"讲出真理的"味",才能实现师生的双向奔赴。

这次实景课堂支持下的"思政+劳动"课程别有一番风味,产生了"1+1>2"的效果。今后,如何融创并进,上活思政课,值得思政课教师不断摸索、创新实践……

学生感悟

今天,我在王老师的带领下走进了上海劳动模范风采主题展,聆听了劳模们的先进事迹,不禁被他们崇高的品质和无私奉献的精神折服。最让我难忘的环节就是,全国劳模孔利明爷爷来到了我们的身边,讲起了他朴实而动人的故事。孔利明爷爷的外号是"孔发明",他原是一名普通的电气工人,后来成为宝钢的技能专家。他说,他的启蒙老师就是他的手工老师。发明创造并不是工程师的"专利",只要肯动脑、能吃苦,普通人也能成为专家……听着听着,我隐约悟出了他从普通工人变成劳模的秘密,那就是钻研的劲头和创新的精神。

一个国家的非凡成就总是由无数平凡的伟大构成的。我们要向所有劳模、工人学习，把勤劳智慧的接力棒一代一代传下去，争做有智慧、有技术、能发明、会创造的新一代劳动者，把我们的国家建设得更加美丽富强！

（上海市长宁实验小学　寿之然）

今天，在王老师的带领下，我和小伙伴一起来到了上海劳动模范风采主题展，开启了一段解开"模丝"密码之旅。我们这些小"模丝"一进展馆便啧啧惊叹，还提出了不少疑惑：为什么要评选劳模？什么是劳模精神？我们怎样学劳模？……老师告诉我们，带着问题参观才是最好的学习。我们一路参观、一同探究，心中的疑问也逐渐明朗。

给我印象最深的是孔利明爷爷。外号"孔发明"的他讲述了许多有趣的故事，比如，为了防止弄丢交通卡，他把交通卡做成了小小的钥匙扣，那股钻研的劲头和创新的精神令我心生敬佩。活动最后，我们每个人都动手制作了一个劳模星灯。回家后，我把它放了自己的书桌上。这些劳模是时代长河里最亮的"星星"，是真正值得我们学习和追逐的榜样，是我们人生道路上的一盏明灯，指引我们前进！

这次活动让我难以忘怀，在今后的日子里，我要做好每一件小事，努力做一个敢于有梦、勇于追梦、勤于圆梦的人，才能完成未来建设的使命。

（上海市长宁实验小学　崔佳钰）

专家点评

王荔老师的"解开'模丝'密码——走进上海劳动模范风采主题展"一课，是一节极有意义的馆校合作课程，让学生从一个个生动的劳模故事中切切实实体验到劳模精神所在，把思政小课堂同社会大课堂有效整合起来。这节课有以下两个突出亮点。

一、"大思政课"教育观的清晰呈现

"大思政课"教育观是指在对思想政治理论课功能作用、目标任务、内容方法、环境载体等方面的认识上具有宽宏的视域。这一观念既继承了我国思政教育的优良传统，又适应了新时代思政教育的新发展、新要求和新内涵。对中小学思政课教师而言，树立起"大思政课"教育观，最为根本的是要以开放包容的意识投身教育教学，能充分认识到思政课在课程内容和课程目标上的丰富性与多样性。在育人过程中，教师要不局限于书本，不拘泥于静态的知识和封闭的课堂，而是能充分利用区域优质教育资源和现代信息技术，以及学生生活的大环境，不断创新教学方法，拓展教学时空，让学生从自己的日常生活和亲身经历的故事中领悟"深入浅出、润物无声"的魅力，从而引导学生在实践和体验中感悟与接受道理，体现思政课教学的内涵与价值，实现多维度育人目标。王老师课堂中的很多内容都很好地结合了场馆资源、生活环境，拓展了教学时空，感染和启迪了在场的学生。这就是"大思政课"教育观。

二、一节有深度的红色场馆教育课

怎么围绕"解开'模丝'密码"这一主题阐述清楚? 怎么拉近劳模精神与学生生活的距离? 怎么让学生不断加深理解? 这就离不开教师对课堂呈现方式的设计。这节课巧妙地运用三个密码的设计和三个解密方法的实施,通过知识情境化和故事化的设计来拉近教学内容与学生生活的距离,引发学生的深度学习。在学生的学习过程中,我们看到了教师将"硬"的知识加以情境化,并让学生去体验,在解密的过程中让学生带着问题去探究,使学生在完成学习任务的过程中了解并认同知识背后所蕴含的情感态度价值观,提升学生的文化水平与精神境界,从而将外在的学习资料转化为学生内在的精神力量,使学生成为知识发现的参与者而不是旁观者。

苏联教育家赞可夫说:"教学法一旦触及学生的情绪和意志领域,触及学生的精神需要,这种教学法就能发挥高度有效的作用。"这节课正是触及了学生的情绪和意志,触及了大家的精神需要。

教育是国之大计、党之大计,承担着立德树人的根本任务。我们都爱教育事业,而教育要有效,教育内容的选择和设计都很重要。心弦被拨动了,学生才会觉得有道理,才会认真去思考。因此,教育要让学生"走心"很重要。

(上海市虹口区外国语第一小学　王莉韵)

 作者简介

王荔,上海市长宁实验小学大队辅导员、道德与法治学科教研组长,中共党员,中级教师。上海市少先队辅导员带头人马国勋工作室学员,长宁区教育系统优秀青年后备干部。曾获上海市第六届"育德之星"、上海市校外课外教育探索奖二等奖、长宁区少先队辅导员风采大赛一等奖等荣誉。曾在《上海教育》《上海师资培训》《少先队研究》《少先队活动》等刊物上发文。

国歌声声嘹亮

——走进国歌展示馆

上海市闵行区教育学院　王玉兰

教学实录

师：大家对国歌的诞生和意义很感兴趣，今天就让我们开展一次社会实践活动吧！

师：同学们，2021年是中国共产党成立100周年。今天我们来到国歌展示馆。瞧，这里有一座雕塑。看到这座雕塑，你们有什么感受吗？

生1：我看到了飘扬的五星红旗，以及大手紧握号角吹响了国歌，我感受到了国歌鼓舞人心的力量。

生2：我想到了每周的升旗仪式上大家齐唱国歌。

师：此时此刻，你们有什么问题吗？

生1：为什么我们的国歌是《义勇军进行曲》？

生2：《义勇军进行曲》是怎么诞生的？

生3：中华人民共和国成立后，为什么要把它作为我们的国歌？

生4：老师，现在是和平年代，把《义勇军进行曲》作为国歌有什么价值？

师：看来同学们的探究兴趣真浓呀！现在就让我们带着这些问题进入展馆进行探究吧。

师：这是今天的探究任务。大家来这边排队。

生1：这里有好多资料，该从哪里开始看呢？我们去请教一下讲解员吧。

讲解员：上面可以看到上海百代唱片公司独特的新机标识和这张唱片的编号34848b。

生1：《义勇军进行曲》诞生于国家危难时期。1931年9月18日，东北三省沦陷。随着电影《风云儿女》的上映，《义勇军进行曲》也唱响大江南北，号召每一个中国人奋起反击。

生2：《义勇军进行曲》诞生后，成了中国抗日救亡的战歌，唤起中国人的斗志，激发中国人抗日的决心。

生3：在国家危亡时刻，我们发出反抗的吼声，是国歌激励着我们抵抗外敌，最终取得胜利！

师：孩子们，国歌是民族解放的冲锋号。你们带着问题向专业人士请教，在学习的过程中形成了真发现、真感受，老师为大家点赞！

生1：1949年9月27日，中国人民政治协商会议第一届全体会议通过决议，《义勇军进行曲》为代国歌。1982 年 12 月 4 日,第五届全国人民代表大会第五次会议通过决议,《义勇军进行曲》为中华人民共和国国歌。2017 年 9 月,第十二届全国人民代表大会常务委员会第二十九次会议表决通过《中华人民共和国国歌法》,标志着《义勇军进行曲》被确定为中华人民共和国国歌的崇高法律地位。

生 2:我认为人人都要理解国歌、记住国歌、唱好国歌,让国歌的旋律在全社会响亮起来!

生 3:我发现许多国歌知识在数字题库里都有。《中华人民共和国国歌法》第十二条规定:新闻媒体应当积极开展对国歌的宣传,普及国歌奏唱礼仪知识。

生 4:国歌不仅是国家的重要象征与标志,还是国家从站起来、富起来到强起来的重要象征。

师:是的,国歌是强我中华的进行曲。实地考察就要像你们这样相互合作,用各种资源深入地探究问题。

生 1:大家快来,这里有好多国歌故事。你们要看哪个国歌故事,我来给你们点播。

生 2:国歌是每一个中国人身份的象征,是连接人心的纽带。其实,我们身边也有很多有关国歌的故事。我的姨妈现在在多伦多工作,她有个女儿和我差不多大。每到国庆节时,她都会带着她的女儿一起制作国旗,教她唱国歌。因为一唱起国歌就会想起自己的祖国,心中充满了感动与温暖。

生 3:我们虽然年龄小,可是每当国歌响起,都会感到非常振奋。我们班小安同学的妈妈是一名医生,也是前往武汉抗疫的医务工作人员之一。在疫情期间,有不少人高唱国歌,互相加油打气。在这些歌声中,有些很稚嫩,有些很坚定,有些很响亮,有些是戴着口罩唱的。阿姨告诉我们,这国歌声仿佛是在呼唤顽强不屈的信念,好像在祈福祖国国泰民安。听到国歌后的所有医护人员都十分感动,因为国歌是凝聚民族精神的最强音符。每当听到国歌,我们就感到无穷的力量!

生 4:哇,这里还有个小剧场,让我们一起来看电影吧!

师:孩子们,国歌是伟大复兴的主旋律。场馆是一个更加开放的舞台,今天你们在这里联系了自己的生活,分享了自己的感受,发现了国歌在当下时代的意义。

师:孩子们,再次唱响国歌,你们又有了怎样的体会?

生 1:"起来,不愿做奴隶的人们",这说明人民是国家的主人。"中华民族到了最危险的时候,每个人被迫着发出最后的吼声"是宁死不屈的中国人精神。

生 2:我也对歌词有了新的了解。"起来!起来!起来!我们万众一心",表明中华民族对大事是万众一心的。

生 3:"冒着敌人的炮火",告诉我们在敌人的炮火面前,无论是过去的抗战,还是现在的科技战、贸易战,都要奋勇前进。这就是国歌精神!

师:国歌诞生于中华民族危亡之时,是中华民族万众一心、克服万难的精神力量。在国歌声中,我们十四亿人紧密地团结在以习近平同志为核心的党中央周围,还有什么困难不能克服,我们必将实现中华民族伟大复兴的中国梦。

师:同学们,通过今天的实地考察,相信大家都感受到了国歌是最具体、最现实的红色故事、红色文化。国歌声声嘹亮,少年奋勇前进!

师:今天,我们要唱响国歌,当好红色文化的传承人,坚定跟党走的信念,为实现中华民族伟大复兴的中国梦时刻准备着!

生:(齐诵)清晨,我们唱起国歌。起来!不愿做奴隶的人们!把我们的血肉,筑成我们新的长城!这是每一个少年都会唱的歌,这是每一个中国人都会唱的歌。这支歌唱响在冰天雪地的行军途中,唱响在热火朝天的工地上,唱响在体育健儿的心中,唱响在香港、澳门回归祖国怀抱的不眠之夜。五千年古国的历史,在这支歌激昂的旋律里,翻开了崭新的篇章。[①] 这篇章里有你,这篇章里有我,让我们一起前进!前进!前进!进!

 教师手记

融通教材与红色场馆资源,创建思政大课堂
——基于"红色一课""国歌声声嘹亮——走进国歌展示馆"的反思

2021年2月24日,党史学习教育领导小组印发《关于认真学习贯彻习近平总书记在党史学习教育动员大会上的重要讲话的通知》(以下简称《通知》)。《通知》要求,要进一步发扬革命精神,始终保持艰苦奋斗的昂扬精神。2021年3月6日,习近平总书记在看望参加全国政协十三届四次会议的医药卫生界、教育界委员时强调,"'大思政课'我们要善用之,一定要跟现实结合起来。上思政课不能拿着文件宣读,没有生命、干巴巴的"[②]。作为一名思政课教师,全面领会习近平总书记重要讲话的丰富内涵、精神实质和实践要求,帮助青少年"学史明理、学史增信、学史崇德、学史力行"[③],是一项光荣而神圣的教育使命。然而,要对小学生开展党史学习教育,就要寻找教育契机,开拓教育资源,从儿童的认知规律出发开展道德启蒙,用科学的方法加以引导,用生动的方式加以启发,用创新的形式加以激励。

一、发现与定位

"学贵知疑,小疑则小进,大疑则大进。"如果让学生带着已有的疑惑进入具有党史学习教育意义的现实场景中,使得多种教育功能同时发挥作用,既产生教育信息的辐射、裂变,又产生价值场、信仰场、修炼场效应,就能促使学生主动发现、探究、建构有意义的学习。有一次,我在听"屹立在世界的东方"一课的教学时发现孩子们对教材中国歌背后的故事提出

---

① 《新少年》杂志社.国旗下的演讲[M].沈阳:春风文艺出版社,2010.
② 宫长瑞,张乃亮."大思政课"的基本内涵、显著特点与发展路径[J].中国德育,2021(19):16-20.
③ 习近平.学史明理 学史增信 学史崇德 学史力行[J].求知,2021(8):4-9.

了不少问题:为什么会选择《义勇军进行曲》作为国歌？田汉和聂耳为什么要创作《义勇军进行曲》？这首歌曲中提到"不愿做奴隶的人们",我们不是奴隶,为什么要唱这首歌?

面对学生提出此类疑问,教师一般采取"讲故事、讲历史、讲道理"的方法或"查资料、理线索、找答案"的方式,但是存在"知识和技能传授有余,情感激发和信念培植不够"等问题。如何在学生自己发问的基础上,帮助他们以更生动、更鲜活、更温暖、更有趣的方式开展自主学习?我发现这首耳熟能详的歌曲中有着红色的因子和铸魂的契机。对每一个中国人来说,没有哪一首歌曲比《义勇军进行曲》更熟悉了。从小到大,孩子们天天唱,人人唱,早已习以为常,不以为奇。然而,孩子们不明白的是,国歌激昂的旋律、奋进的歌词,正是中国共产党历经百年而风华正茂、饱经磨难而生生不息的集中体现。中国共产党就是凭着一股革命加拼命的强大精神力量取得了一个又一个胜利。国歌正是坚强无畏、众志成城的民族精神、革命精神、时代精神的最好诠释。在新时代,国歌依然是我们发扬红色传统、传承红色基因的动力之源,是我们赓续共产党人精神血脉,鼓起迈进新征程、奋进新时代的精气神。[①]

由此,我决定挖掘和利用红色场馆资源来开展这堂道德与法治课的拓展教学。我相信,在红色场馆中可以汲取到普通课堂无法给予的营养。当我们把红色资源整合起来、结合起来,就能还原岁月的底片,唤起一段段红色记忆,以红色场馆拓展道德与法治课的深度和广度,深度挖掘爱国精神、家国情怀等元素,就能融物质与精神、历史与现实、平凡与伟大、理念与行动、科学与价值为一体,激发新时代青少年的正能量。红色场馆有利于创设更加立体真实的任务情境,激发学生自主探究的兴趣,鼓励他们大胆尝试、小心求证,用自己的脚步寻找到自己心中的答案。

二、聚焦与设计

通过网上查询和实地踩点,我发现国歌展示馆坐落于上海市杨浦区荆州路 151 号,而将国歌展示馆建在上海,是因为上海和国歌有着特别的渊源。1935 年,聂耳为抗战影片《风云儿女》的主题歌谱曲。《义勇军进行曲》诞生,上海由此成为中华人民共和国国歌的诞生地。为铭记这一光荣的红色烙印,2009 年 9 月,全国第一个以国歌为主题的纪念广场及展示馆在此落成。国歌展示馆共有六大展厅(序曲＋五大乐章),包括 410 件珍贵藏品、4 处仪式教育场所、18 处多媒体互动场景。虽然丰富的场馆资源有利于还原历史和丰富体验,但庞大的红色资源库也给学生的参观考察、合作探究带来一定的难度。为了充分听取学生的意见,满足他们的探究兴趣,我基于学情需求,从一个个历史片段、一件件革命文物中选择学生感兴趣且可以深入体验的资源,从而在学生与国歌之间搭建起一座思维、情感乃至理想信念交融的桥梁。

我将踩点的主要内容制作成视频花絮给学生观看。同时,通过问卷星进行调查,了解

---

① 党史学习教育领导小组印发《关于认真学习贯彻习近平总书记在党史学习教育动员大会上的重要讲话的通知》[N].中国组织人事报,2021 - 02 - 25(1).

学生对哪些展馆主题感兴趣,会有哪些兴奋点和困惑点。从调查数据发现,100%的学生对电影《风云儿女》感兴趣,80%的学生对中英文讲解《义勇军进行曲》的创作历程有进一步了解的欲望,62%的学生希望听到首版《义勇军进行曲》唱片的乐曲,58%的学生想要进一步了解"国歌故事:《义勇军进行曲》在海内外传唱和立法过程",而78%的学生对"国歌故事:地震废墟下的国歌声"充满期待。这些前期数据对设计一条适合小学生观察体验、激发自主探究兴趣、提升现场感悟的考察路线具有积极意义。于是,我将考察路线定为:国歌纪念广场—国歌诞生厅—《风云儿女》拍摄场—"奋进新时代"时间轴—"我和国歌"多媒体展示墙等。

三、沉浸与体验

本次场馆参观是一次自主探究和深度体验相结合的活动,力图将道德与法治课的教学从价值说教转向价值探究,从教室拓展到红色展馆,发挥展馆学习所特有的多元开放的教育功能。尽量不给学生预设一种价值观,让他们在充分探究的基础上自然而然地得出正确的价值观;尽量以学生走访场馆和自我发现为主,不影响探究的客观性,从而实现场馆沉浸式学习的意义;尽量发挥小组合作、团队活动的优势,促使学生和学生的对话、学生与教师的对话、学生和场馆人员的对话、学生和场馆文物展品的对话,使参观过程成为一种主客体之间交互、交融的过程。

首先,葆有音律沉浸感,激发探究好奇心。"起来!不愿做奴隶的人们!……"一踏上国歌纪念广场,这雄壮激昂的旋律便开始在孩子们心中澎湃。经历80多年的风雨坎坷和岁月积淀,《义勇军进行曲》已融入中华民族的血液之中,化为中华民族的不朽灵魂,成为国家意志和民族精神的象征。然而,要让这种熟悉的感觉与自己的疑问产生适当的关联,需要教师加以引导和启发。我在进入纪念广场时就让学生自由发问,并对问题进行梳理和归类,将探究任务单发给各组学生。各小队在队长的带领下围绕各自的问题形成共同话题,并展开探究和体验。在参观国歌展示馆的整个过程中,学生心中的音律始终伴着馆内的国歌背景音乐共鸣。这熟悉的旋律在各种场景中散发着不同寻常的魅力,激起学生进一步探究的好奇心。一个个真实而感人的故事、一声声强烈而震撼的呼唤,深深打动了学生的心灵,也解开了大家心中的一个个谜团。伴随着歌声,学生们倾听国歌故事,即时互动交流,探究国歌背后的秘密,深切感受到国歌是我们心中永远的最强音,是永远不变的主题曲。

其次,葆有历史沉浸感,激发爱国史诗感。国歌既是一曲勇往直前的中华民族战歌,也是一部中国共产党带领人民浴血奋斗的壮丽史诗,彰显着中华民族自强不息的血性和顽强不屈的爱国精神。讲解员适时对展馆中的一个个英雄故事、一件件革命文物进行讲解,给学生们带来了不同于课堂的丰富体验。在国歌诞生厅中,学生们了解了国歌诞生的过程,感受到《义勇军进行曲》迅速唱响全国的磅礴力量。同时,他们也发现在这首歌曲的激励下,中国人民取得了抗战的胜利、人民的解放,建立了中华人民共和国,取得了社会主义现代化建设和改革开放的伟大成就。在每个展馆的主题语前展开组内互动,学生们灵感迸发,妙语连珠,他们的眼神从悲伤、愤怒到激动、昂扬。我适时对各组学习进行激励评价:"国歌是民族解放的冲锋号。你们带着问题向专业人士请教,在学习的过程中形成了真发现、真感受,老师为大家点赞!""国歌是强我中华的进行曲。实地考察就要像你们这样相互合作,用各种资源深入地探究问题。""国歌是伟大复兴的主旋律。场馆是一个更加开放的舞台,今天你们在这里联系了自己的生活,分享了自己的感受,发现了国歌在当下时代的意义。"

最后,葆有代入沉浸感,激发奋进力量感。在参观现场,学生们观看小电影,参与数字平台互动,了解《义勇军进行曲》从诞生到被确定为国歌、被庄重地写入宪法的光辉历程,通过一个个庄严的历史时刻见证了国歌成为中国的象征。在"我和国歌"多媒体展示墙前,每个屏幕里都有一个人娓娓动听地讲述"我和国歌"的故事。这面故事墙也引起了学生们的共鸣:有的学生回忆起 2019 年飘扬在武汉上空振奋人心的国歌声,有的学生想起世界各地的亲人告诉他们的爱国故事,有的学生想起每周升旗仪式上一次次唱起国歌时的画面……精彩而又真切的发言中流露了学生们的真情实感,他们已经深切感受到国歌的新内涵,表示要唱好国歌,唱出中华民族的精气神。参观即将结束时,我带领学生们在红星照耀的展厅席地而坐,学生们纷纷将自己的感受诉诸笔端。

四、增信与宣讲

习近平总书记指出:"理想信念就是共产党人精神上的'钙',没有理想信念,理想信念不坚定,精神上就会'缺钙',就会得'软骨病'"。[①] 理想信念能决定人的精神世界的方向,是人的精神支柱和动力。小学生正处在拔节孕穗期,通过崇高理想信念教育,可以帮助他们把自己的理想信念与学习、劳动相结合,产生智慧和创造的力量。理想信念也是当代中国学生的精神之"钙",需要从小培育。从课内到课外,国歌展示馆是青少年补"钙"的加油站,可以引导他们在走访体验中从小学党史、知国情,长大才能坚定马克思主义信仰,坚定不移地走中国特色社会主义道路,对党和人民忠诚可靠,才能保证坚定正确的政治方向。

这次以"国歌声声嘹亮"为主题的国歌展示馆参观活动,展现了小学生"学史明理、学史增信、学史崇德、学史力行"的党史学习教育过程,是一节树立崇高理想信念的"大思政课",是一次小学道德与法治课的有效拓展。一方面,使国歌又一次成为党史学习教育的红色因子,成为点燃每个学生灵魂的震撼之歌。学生们激情昂扬地唱响国歌,感悟中国共产党是中国人民和中华民族的主心骨,没有中国共产党带领中国人民浴血奋战就没有中华人民共和国,没有中国共产党带领中国人民发愤图强就没有中国特色社会主义,没有中国共产党就没有中华民族的伟大复兴。另一方面,使党史学习教育更接地气、更接童气。在 3 个多小时的参观过程中,学生们以课堂问题为起点,开展小组合作探究,在沉浸式体验中深刻体会国歌的价值,体悟在新时代唱响国歌的意义所在。在各种黑白照片中还原历史,感受国歌是中华民族发出的最后的吼声,是中国人理想信念的源头。在图文并茂的时间轴中历数历史,懂得国歌激励中国人在战乱年代里创造胜利、在安定年代里创造繁荣、在繁荣年代里走向强大。在穿越时光的影像资料中理解历史,体悟国歌在饥寒的年代里激励中国人艰苦奋

---

① 李学同,陈金龙.新时期全面从严治党知识 100 问[M].广州:广东人民出版社,2015.

斗、创造温饱,在温饱的年代里激励中国人发愤图强、创造辉煌。国歌是我们实现国家富强、民族振兴、人民幸福和人类文明进步事业的"永动机"。

红色场馆资源的充分利用不仅需要前移调查和踩点、现场探究和体验,更需要后续加强和辐射。本次活动后,班级开展了一系列宣讲和展示活动。首先,开展了"国歌声声嘹亮"主题班会,以"什么场景会让你有唱国歌的冲动"为议题展开红领巾宣讲。其中,主要涉及各种仪式场景、重大历史瞬间和红色走访活动,包括升旗仪式、观看阅兵仪式、戴上红领巾、参观天安门广场、申奥成功、香港和澳门回归祖国、参观烈士陵园、参观红色历史建筑、观看抗日战争影片、卫星和火箭成功发射、国宝回归、疫情间白衣天使奋战第一线等。其次,开展了国歌展示馆观后感"心中的歌"展示交流活动。学生们将各种观后感以小报的形式进行展示,通过学校宣传栏起到宣传辐射作用,在校园里掀起一阵走访国歌展示馆的热潮。

综上所述,本次国歌展示馆红色走访活动是一次忆往昔、看今朝、向未来的党史学习教育,以儿童的问题、儿童的视角、儿童的方式、儿童的经验展开探究和体验,促使学生们都能唱响国歌、饮水思源、砥砺前行。

 学生感悟

每周升旗仪式上,我们高唱国歌,心怀对祖国母亲深深的爱。唱国歌虽然简单,但直接而有力量地体现了国家和个体之间的和谐关系。参观完国歌展示馆,我深深感受到国歌和我们的生活紧密相连。通过观看"国歌故事:利比亚撤侨"后知道了中国人从爆发战乱的利比亚撤回祖国时,即使丢失护照,只要会唱国歌,就可以乘坐飞机回到祖国。这令我深深感受到国歌对每一个中国人的重要性。

(上海市七宝外国语小学　刘楚阳)

在国歌展示馆中,我观看了"国歌故事:地震废墟下的国歌声"。当同学被埋在废墟底下时,他们心中充满了绝望。国歌给他们带来了希望和勇气,使他们坚持到了被营救的那一刻。国歌给这些处于绝境中的同学以生的希望,让他们找到那份埋藏在心中永恒的幸福感和民族自豪感,让他们坚信只要坚持到底,坚定信念,祖国妈妈一定会拯救她的每一个孩子。

(上海市七宝外国语小学　舒浩峻)

1935年,《义勇军进行曲》吹响了中国人民抗日的号角。当我看到《义勇军进行曲》的创作历程时,深切感受到国歌激发了中华民族奋勇反抗的斗志,鼓舞着中华民族的士气,最终打败了日本侵略者,维护了民族尊严。在民族存亡的关头,国歌就是一支战斗的号角,鼓舞着我们每个中华儿女去抗击和战斗。

(上海市七宝外国语小学　王　云)

当我看到"伟大复兴的主旋律"的一组图片时,深切感受到国歌铭刻在每一个中国人民

的心中，引领人们在实现中华民族伟大复兴中国梦的新征程中勇毅前行。每当我唱起它时，心中总会莫名激动，似乎有一种使命感在提醒我要努力，要奋斗，要做祖国妈妈最好的孩子。这让我不禁想起在武汉疫情最困难的那段时间，武汉市民用微信一传十、十传百地相约：某日晚八点，在阳台上，戴好口罩，同唱国歌。悲壮而坚强的歌声从千家万户飞向苍茫的夜空，与"武汉加油"的呼喊相激荡，那情景真让人不禁泪目，也更坚定了全国上下万众一心、迎难而上的决心。唱起国歌时，我们深深感受到我和我的祖国一刻也不能分离。

（上海市七宝外国语小学　李捷闻）

通过参观，我深切感受到国歌既是世界反法西斯阵营的国际战歌，也是中华民族抗日救亡的战歌，极大地激励了中国人民的抗战激情。全国各地伴随着《义勇军进行曲》的歌声，掀起了抗日救亡的新高潮。中国人民高唱着它，为争取自由解放浴血奋战，演绎了无数可歌可泣的爱国故事。我们的国歌在场馆中回响，这是我们百听不厌而又激发斗志的曲子，在过去激励着我们，在现在鼓励着我们，而在将来的日子里它更是一个见证者、一个支持者。国歌见证了中华民族的伟大复兴，支持了中华儿女战胜一个又一个困难，傲立于世界东方。

（上海市七宝外国语小学　薛张麟）

专家点评

2019 年 3 月 18 日，习近平总书记在学校思想政治理论课教师座谈会上指出："要坚持理论性和实践性相统一，用科学理论培养人，重视思政课的实践性，把思政小课堂同社会大课堂结合起来，教育引导学生立鸿鹄志，做奋斗者。"《义务教育道德与法治课程标准》（2022版）强调指出：要丰富学生实践体验，促进知行合一。教学要与社会实践活动相结合，加强课内课外联结，实现隐性课程与显性课程相配合。

实践性是中小学思政课的显著特征。思政课实施要注重与社会实践的联系，在活动中引导、促进学生正确的思想观念与良好的道德品质的形成和发展。王玉兰老师的"国歌声声嘹亮"一课对此进行了积极的实践探索，不仅为我们提供了具体的教学流程，还为我们呈现了"发现与定位—聚焦与设计—沉浸与体验—增信与宣讲"的完整的课程实施路径，为实现思政小课堂与社会大课堂相结合的教学实践提供了典型范例。其主要价值有以下两点。

第一，回答了"行走课堂"怎么走的问题。行走课堂既要有"走"的过程，也要有"课"的融入；学生的"行走体验"要与学科课程内容和学校德育活动相结合。这样的行走，目标会更清晰，内涵会更丰富，活动会更有效，学生的体验也才会更深刻。

第二，回答了"场馆教学"怎么教的问题。从场馆的选择到场馆学习活动与课程内容的关联；从关注教师对场馆教学活动的设计到关注学生的参与状态，如学生活动前的知识准备，问题引导，任务驱动，保持场馆学习的延续性、渐进性等都很重要。

从思政课教育教学的基本规律来看，品德教育、思想政治教育都离不开实践体验，体现在思想政治教育中具有独特的价值。学生在体验、参与中,感受、理解外部世界,产生"内外互化":因发现事物与自我的关联而动情,并由此产生丰富的联想、反思与深刻的领悟,从而达成育人目标。因此,思政课教学一定要关注学生的生活世界和情感世界,触摸他们的心灵,触及他们的情感,真正走进学生的思想深处,才能彰显他们的向善之心,实现思政课启智增慧、培根铸魂的育人目标。

(上海市闵行区教育学院　秦书珩)

 作者简介

　　王玉兰,上海市闵行区教育学院小学道德与法治教研员,正高级教师。闵行区先进工作者、三八红旗手、先锋党员,上海市名师培养对象。参与科教版小学《品德与社会》教材及教参、《道德与法治活动册》的编写,开发市级"十三五"共享培训课程"小学品德与社会课程改革、教材体系及其特点",领衔2022年第四期上海市教师培训课程团队式研发工作坊项目,指导上海"空中课堂"共计6个单元录像课拍摄。先后主持的3项市级课题、5项区级课题,获市、区教育科学研究优秀成果奖一等奖等荣誉。著有《新时代学习方式的创新——"互联网+"道德与法治混合式学习的实证研究》一书,在《上海课程教学研究》《现代教学》等杂志上发表教学论文20余篇。

天下兴亡，匹夫有责

——走进上海劳动模范风采主题展

上海市浦东教育发展研究院　杨　颖

教学实录

师：我们来到了上海劳动模范风采主题展参观学习。我们虽然来自同一所学校——上海市育民中学，但是今天组成的学习团队很特殊。这四位是来自预备和初一的学生，这六位是来自高一的学生。今天，我们组成一个特殊的学习团队来到这里学习。首先，老师想问问大家：关于劳动模范，你们有什么样的认识？先请初中的同学给大家做简单介绍。

生1：尹海卿既是全国劳动模范，也是港珠澳大桥的常务副总工程师。7年来，他坚守一线，组织开展试验百余项，极大地提升了我国的技术水平。

生2：徐虎是一名普通的水电维修工，他坚持了13年，每天晚上7点为小区居民义务修水电。

生3：老师，还有张桂梅。她是云南一所女子高中的校长，在脱贫攻坚的方面作出了巨大贡献。

师：对的，我们前期看新闻的时候都了解到了。

生4：还有我们大家都认识的钟南山爷爷，他为抗击疫情作出了巨大贡献。

师：看来，初中的同学对于劳动模范还是有所了解的。对于今天的学习，他们也做了一些准备。接下来，再问问我们高中的同学：关于劳动模范，这是一群什么样的人？你们是怎么认识的？

生1：他们鞠躬尽瘁，全心全意为人民着想。

生2：他们执着专注，精益求精，一丝不苟。

生3：他们为祖国效力，奉献了自己的青春。

生4：他们不计回报，全心全意为人民服务。

生5：他们是平凡而又伟大的人。

生6：他们艰苦奋斗，淡泊名利，甘于奉献，拥有赤诚之心。

师：讲得真好。看来同学们对于劳动模范、劳模精神的意义所在都是有所了解的。既然我们对于劳模、劳模精神已经有所了解，今天我们在这样的一个场馆里面再次进行学习，会有一些什么样的新收获？今天的任务就是，如果回到学校后要给班级里的其他同学介绍和推荐本展馆中的三位劳模，你们会选择哪三位劳模？你们会向同学们介绍哪些方面的内容？推荐的理由是什么？首先，我们围绕这样一个任务，分小组展开参观与学习。

师：同学们的任务完成得怎么样了？

生1：我们发现展馆中的每一位劳模都非常了不起。很多劳动模范我们之前都不知道，通过今天的参观，我们才刚刚认识他们。

生2：我们觉得各行各业的劳模都是英雄，他们为国家富强、社会进步以及老百姓的美好生活需求作出了卓越贡献。他们都应该被我们了解和熟记。

生3：老师，您只让我们介绍和推荐三位劳模，这让我们很为难啊！

师：同学们已经圆满完成了第一个学习任务。从大家的难以割舍、无从选择中，老师发现你们对于身边的劳模和上海市的劳模的认识越来越全面了。但是，如果老师今天要为难大家，只允许大家介绍三位劳模，你们会推荐哪三位劳模？

生1：我们推荐的第一位劳模是社会主义革命和建设时期的劳模代表、人民的"挑夫"杨怀远。他出生于1937年，1956年加入中国人民解放军，1958年加入中国共产党，1960年转业到交通部上海海运管理局工作，先后在"民主5"号、"长山"号、"长柳"号轮船担任服务员30多年，甘当人民的"挑夫"。

生2：38年中，他自备120多种方便旅客的用具，肩挑小扁担，义务为旅客送行李，为旅客排忧解难，被旅客誉为"老人的拐杖""孩子的保姆""病人的护工"。

生3：是的。他挑着一根为人民服务的小扁担，从青年、中年挑到老年，始终不计回报，全心全意为人民服务。1985年，他被授予全国劳动模范荣誉称号。2009年，他被评为"100位新中国成立以来感动中国人物"，还被评为"时代领跑者——新中国成立以来最具影响的劳动模范"。

师：你们推荐的理由是什么？

生1：38年中，杨怀远始终以雷锋为榜样，甘当人民的"挑夫"。我们认为"小扁担精神"是雷锋精神的延续。他曾挑断47根扁担，这是他唯一一根折叠扁担，虽然陈旧且有磨损，但是上面的字"为人民服务"依然熠熠生辉。

生2：杨怀远虽然文化水平不高，但是他坚持学习，独创了一套语言服务学和心理服务学，出版了《讲点服务学》和《为人民服务到白头》等著作，让我们感受到了他争创一流、勇于创新的精神。

生3：我们认为，正是以杨怀远等劳模为杰出代表的亿万劳动者的无私奉献和顽强拼搏，我们的祖国才能发生翻天覆地的变化，才能实现从站起来、富起来到强起来的伟大飞跃。

师：同学们讲得太好了。正如大家所说的，中华人民共和国成立以后，在长期的奋斗当中，我们国家涌现出一批批的劳动模范，培育并形成了爱岗敬业、争创一流、艰苦奋斗、勇于创新、淡泊名利、甘于奉献的劳模精神，这是中华民族的宝贵财富，需要我们一代一代地传承下去。大家一起去看一下另外一组同学推荐的第二位劳模。

生1：我们要介绍的第二位劳模是改革开放时期的劳模代表朱志豪。

生2:我们都知道黄浦江把上海一分为二,而南浦大桥、徐浦大桥、杨浦大桥跨越黄浦江,又将浦东和浦西合二为一。

生3:我们看到有这样一群人,为了跨越黄浦江,他们不畏艰辛、无惧挑战,始终坚守在工作岗位上,甚至把自己的生命和大桥联系到了一起。他们其中的一位杰出代表就是我们今天要介绍的全国劳动模范——"造桥大师"朱志豪。

生4:劳模朱志豪先后参与了上海第三钢铁厂、上海体育馆、上海游泳馆、南浦大桥、徐浦大桥、杨浦大桥等一系列重大工程建设。

生5:南浦大桥是我国自行设计、自行建造的双塔双索面、叠合梁斜拉桥。大家都知道大桥上有斜拉索,而一开始我们国家钢材的抗拉强度并不能达到需求,但如果当时朱志豪为了图方便、图快捷,转而向有技术的日、美、德等国家进口,不但价格非常昂贵,而且对我国的工业发展没有推进作用。

生6:于是,朱志豪去了位于上海市东北角的一家电缆厂,希望电缆厂研发符合要求的斜拉索。然而,对方一星期后的答复令他失望。后来,他又来到了上海电缆研究所。在这里,他的想法得到了肯定。在一无技术、二无厂房、三无设备的情况下,上海电缆研究所从头开始,花了15个月的时间,终于制造出了合格的国产斜拉索。

生7:作为总指挥,朱志豪还接连建设了杨浦大桥、徐浦大桥,为上海的交通发展作出了突出贡献,圆了上海人一步跨越黄浦江的百年梦。

生8:由于他在世界级叠合梁斜拉桥建设方面功绩卓著,曾被中央领导誉为"上海水平、上海效率、上海风格、上海精神"。

生9:我们推荐他的理由是,朱志豪是改革开放时期上海劳模的杰出代表。党的十一届三中全会做出了改革开放的历史决策,中国改革开放的大门向世界敞开。在上海大力推进经济、金融、贸易行业中心建设,向现代化国际大都市转型的过程中,以朱志豪为代表的上海劳模们又一次成了建设先锋,发扬主人翁精神,投身改革开放,再次展示了领跑者的风采。

师:同学们讲得非常好。正如刚才大家所说的,改革开放时期的上海劳模们是社会的先行者,是改革开放的排头兵,是时代永远的领跑者。他们以坚定的理想信念和高度的主人翁精神,为我们树立了光辉的学习榜样。接下来,我们再去看一下第三组同学推荐的第三位劳模。

生1:我们推荐的第三位劳模是新时代上海劳模的杰出代表,"时代楷模"钟扬。他出生于1964年5月,是复旦大学研究生院原院长、生命科学学院教授。

生2:钟扬教授一生的故事就是种子的故事。他是中央组织部第六、第七、第八批援藏干部,在西藏工作了16年,开展了丰富的青藏高原野外考察,收集了高原物种种子,为培养藏族科研人才不遗余力。中宣部于2018年3月29日,追授他"时代楷模"称号。

生3:他在西藏行路50万公里,攀登上6000多米高的雪原,收集了上千种植物的4000万颗种子。其中,许多种子连全世界最大的种子资源库里都没有。因此,他被称为高原上的"种子先生"。

生4:当一个物种因拓展疆域而必须迎接恶劣环境挑战的时候,总是需要一些先锋者牺牲个体的优势，以换取整个群体乃至物种新的生存空间和发展机遇。这句话出自钟扬教授之口，既是他平时以国家至上、民族至上、人民至上的生动写照，也是我们向同学们推荐的理由。

生5：今天，我们向同学们介绍的三位劳模来自不同时期、不同行业、不同领域，是我国亿万劳动大军中杰出的代表。在他们的身上，我们充分地感受到了爱岗敬业、争创一流、艰苦奋斗、勇于创新、淡泊名利、甘于奉献的劳模精神，崇尚劳动、热爱劳动、辛勤劳动、诚实劳动的劳动精神，以及执着专注、精益求精、一丝不苟、追求卓越的工匠精神。

生1：劳模们以坚定的理想信念和高度的主人翁精神谱写了一曲曲可歌可泣的动人赞歌，为我们树立了光辉的学习榜样。

生2：通过参观学习，我再次切身体会到劳模们的风采。正如习近平总书记所说，"人世间的美好梦想，只有通过诚实劳动才能实现"。

生3：劳动是创造财富的源泉，是幸福的源泉。他们是上海成就的创造者、奋斗者，是上海工人阶级的骄傲，是时代的先锋模范。

生4：我们要向他们学习，学习他们身上天下兴亡、匹夫有责的精神。

生5：我们要学习他们服务大局、勤奋努力、兢兢业业的奉献精神。

生6：我们要学习他们干一行、爱一行、专一行，脚踏实地的敬业精神。

生7：我们要学习他们淡泊名利、默默耕耘、乐于服务的忘我精神。

生8：我们要学习他们知难而进、锲而不舍、自强不息的拼搏精神。

生9：我们要学习他们与时俱进、勇于创新、争创一流的开拓精神。

生10："不是杰出者才善梦，而是善梦者才杰出。"这既是钟扬教授的格言，也是我的格言和努力的方向。劳动是实现中国梦、个人梦的必由之路。

师：同学们讲得非常好。2021年是中国共产党成立100周年。全国各族人民在党的领导下，正满怀信心地为实现第二个百年奋斗目标而努力。正如大家刚才所说的，劳动是一切成功的必由之路，所以要想实现第二个百年奋斗目标，靠的是一代又一代人的辛勤劳动、诚实劳动和科学劳动。因此，我们要像习近平总书记给我们的期许一样，要努力把自己培养成知识型、技能型和创新型劳动者，以不负社会主义事业建设者和接班人的使命担当。

 教师手记

对完全中学开展基于红色场馆资源的一体化主题学习的思考
——基于"红色一课""天下兴亡，匹夫有责——走进上海劳动模范风采主题展"的反思

上海市育民中学作为一所完全中学，开展基于红色场馆资源的一体化主题学习，既是思政课发展的课程要求，也是学校发挥其得天独厚的学生资源优势，促进学生特色发

展、全面发展、持续发展的实践体现。学校思政课教师在开展基于红色场馆资源的一体化主题学习设计与实践时，需要思考哪些方面，以及与课堂教学有什么关系……我以"红色一课""天下兴亡，匹夫有责——走进上海劳动模范风采主题展"为例，谈一些粗浅的想法。

一、立足思政课课程内容及学生成长特征，挖掘红色场馆资源特有的教育功能及价值，强化主题学习内容及目标的一体化设计

"每一个历史事件、每一位革命英雄、每一种革命精神、每一件革命文物，都代表着我们党走过的光辉历程、取得的重大成就，展现了我们党的梦想和追求、情怀和担当、牺牲和奉献，汇聚成我们党的红色血脉"[①]，是对学生开展实践学习、主题教育的生动教材。不同学校、不同学段的学生、不同课程使用红色场馆资源的具体目标、路径和方式等是不同的。思政课是落实立德树人根本任务的关键课程，道德与法治课程是义务教育阶段的思政课，旨在提升学生思想政治素质、道德修养、法治素养和人格修养等……课程具有政治性、思想性和综合性、实践性。[②] 完全中学开展基于红色场馆资源的一体化主题学习时，首先需要立足思政课课程特征，充分发挥、挖掘场馆资源特有的教育功能和价值，推进思政小课堂和社会大课堂相结合，构建"大思政课"；要根据完全中学初中和高中学生不同成长阶段的特征和认知发展规律，设计形式多样、自主合作的实践探究和体验活动等，以螺旋上升的方式组织和呈现红色场馆资源教育主题，形成序列化红色场馆资源主题学习的内容及目标要求。如上海劳动模范风采主题展共分为"开篇——领跑时代，感动中国""艰苦创业，建设新家园——社会主义革命和建设时期的上海劳模""敢为人先，开创新伟业——改革开放时期的上海劳模""砥砺奋进，逐梦新时代——新时代的上海劳模"四个板块，主要陈列了中华人民共和国成立以来由全国总工会、上海市总工会评选，国务院和上海市人民政府授予劳动模范称号的各时期共154位上海市优秀劳模代表的140件展品、348张照片、92部视频，用图文、实物、视频、智能机器人、魔屏等形式，全面、生动、形象地展示了"爱岗敬业、争创一流、艰苦奋斗、勇于创新、淡泊名利、甘于奉献"的劳模精神。

基于上海劳动模范风采主题展特有的教育主题及资源形式，结合初中和高中思政课不同的内容要求及学校初中和高中学生不同的成长阶段特征及认知发展特点，教师可以建构逐步深入、逐渐扩展的主题教育学习内容及目标要求。

初中和高中的学习内容及目标要求的选择和设置，都立足上海劳动模范风采主题展的教育主题及资源特征，围绕思政课的核心概念"劳动"展开，包括什么是劳动、劳动的价值和意义等，对学生进行劳模精神、劳动精神、工匠精神的教育，引导学生树立正确的劳动价值观，以实现中华民族伟大复兴为己任。初中学段的内容及目标从了解感性材料（劳模及劳模故事）逐步深入、上升到对理性的认识（劳动精神、劳动价值和意义等），建立劳动和个体

① 习近平.用好红色资源 赓续红色血脉 努力创造无愧于历史和人民的新业绩[J].共产党员,2021(22):4-6.
② 中华人民共和国教育部.义务教育道德与法治课程标准(2022年版)[M].北京:北京师范大学出版社,2022:1.

成长、国家发展等之间的关系，初步树立正确的劳动价值观和为中华民族伟大复兴而奋斗的信念。高中阶段的内容及目标是在初中阶段学习的基础上，重在对劳动和个体发展、社会进步、国家富强等各方面关系进行全面深入的自建构，从哲学层面展开对劳动价值和意义的思考，探讨劳动价值观可能会对自身择业和就业产生的影响，坚定为中华民族伟大复兴而奋斗的理想信念。

表1 不同学段的内容及目标

学段	初中	高中
内容及目标	1. 了解中华人民共和国成立以来，在上海发展的不同时期、不同领域、不同行业中涌现的劳动模范及其事迹； 2. 理解劳模精神、劳动精神和工匠精神的内涵，认同劳动是实现中国梦的必由之路； 3. 感悟天下兴亡、匹夫有责的担当意识，践行中华民族自强不息、敬业乐群、脚踏实地、实事求是的思想，厚植爱国主义情怀； 4. 以实现中华民族伟大复兴为己任，树立"劳动光荣、创造伟大"的观念，树立为实现远大理想而奋斗的信念	1. 结合上海劳动模范风采主题展的相关资源，阐述中华人民共和国成立以来，劳动、劳模对上海在不同时期的经济社会发展和进步的意义，认同劳动创造幸福、实干成就伟业； 2. 理解劳动价值观对人们择业和就业的影响，树立崇尚劳动、热爱劳动的观念； 3. 大力弘扬劳模精神、劳动精神、工匠精神，营造劳动光荣的社会风尚和精益求精的敬业风气； 4. 结合自身情况，探寻实现个体人生价值的条件和途径，以实现中华民族伟大复兴为己任，坚定为实现远大理想而奋斗的信念

基于学校、学生年级、认知起点、场馆资源及其与思政课课程内容的整合角度等的不同，开展基于红色场馆资源的一体化主题学习，在内容及目标维度都会呈现出校本特征，体现学校特色发展的思考与实践。

二、设计循序渐进、螺旋上升的主题学习活动及学科任务，促进跨学段合作学习

基于上海劳动模范风采主题展的一体化主题学习的内容及目标如何落实，关键还要看学习活动及任务设计是否指向学习内容及目标的落地与落实，以及学习过程是否真实有效，是否能呈现学生完成学习任务的质量与水平。完全中学的不同学段学生对同一红色场馆资源进行主题探究学习时，教师应立足学生不同阶段的成长特征及认知发展特点，根据不同学段的学习内容及目标要求，设计递进的学习活动及任务要求，即在学习活动的形式与范围、任务的难易度与挑战性、场馆资源运用的策略与方法等方面体现初中和高中学段间的循序渐进、螺旋上升。

比如，通过参观上海劳动模范风采主题展，在全面了解场馆资源的主题、主要内容、教育意义、资源形式、资源布置特征等方面的基础上，初中生的学习任务是选择三位劳模进行介绍。通过对数量和内容的限定，引导学生从不同"时期""领域""行业""主要贡献""授予劳模的级别"等场馆资源本身具有的特征进行综合考量与选择，在合作探究——"甄别名单"中促进学生对中华人民共和国成立以来，在上海发展的不同时期、不同领域、不同行业

中涌现的劳动模范及其事迹进行全面、深入的了解,感悟劳模精神、劳动精神和工匠精神在现实生活中的具体表现,理解并认同劳动是财富的源泉,是实现中国梦的必由之路,提升天下兴亡、匹夫有责的担当意识等。高中生的任务同样是推荐三位劳模,但是还需要学生阐述选择的依据和理由。高中生的学习任务相较于初中生而言,更具有灵活性、开放性,体现学生是否能从课程学习的维度建立课堂学习和社会实践学习的关联,提升学生综合运用场馆资源完成学科任务、解决学科问题的能力。

基于完全中学的生源特征,教师在组织、开展实践学习的过程中可以对初中和高中学生进行混合编组,在合作学习、探究学习中实现跨学段学生的协作学习,推进学生合作学习能力的深度发展。如在参观上海劳动模范风采主题展时,高中生可以指导初中生发现本场馆资源布置的特征,理解其意义,并运用于完成推荐任务中;同时,高中生还能在指导初中生参观学习的过程中提醒自己"我们推荐的依据和理由应该要突破场馆资源本身的特征,从思政课理论学习、哲学层面等展开思考……"。体现一体化思想的学科任务能推动跨学段合作学习的深入开展。

完全中学开展基于红色场馆资源的一体化主题学习,需要基于单元教学,甚至是学期、学年、学段教学的视角进行整体规划、统筹设计,不仅要在学习内容的整合、学习目标的确定、场馆资源的选择、学科活动和任务的设计等方面进行一体化建设、整体性规划,还要协调学习时间(场馆学习和课堂学习)、学习方式、交通等方面的安排,考虑安全性、可行性、有效性等各方面因素。

学生感悟

一直以来,我心中的劳动模范就是行业顶尖高手。他们参与国家重大科技项目,为推动国家的进步作出了巨大的贡献。我眼中劳动模范的形象是高大的,但是离普通人的生活很遥远,我也只能从电视上、课本里读到他们。直到那次,老师带领我们去参观上海劳动模范风采主题展,我的想法改变了。

上海劳动模范风采主题展里展示了上海154位劳模的140件展品、348张照片、92部视频。这些被图文、实物、视频围绕着,其间还有高科技的智能机器人和魔屏等设备可供动手操作。沉浸其中,我感觉自己已经与这个环境融为一体。如果说平日的课堂是平面的,这样的实地参观式课堂就是3D、4D甚至是5D的。我感觉这些劳动模范的形象不再是那么遥不可及,他们就是生活在我们身边的普通人。更让我们兴奋的是,这节课改变了传统的老师讲学生听的方式,让我们初中同学与高中同学结对合作,查资料,与老师探讨,最后做小老师,介绍自己感兴趣的劳模。平日里,我们很少与高中同学有这样的合作机会。这一次,我从他们身上学到了一些高中知识以及思考问题的方法,给了我很大的启发。在这次学习过程中,老师更像是一位穿针引线的领路人。在她的指引下,我成功做了一回小小讲解员!

通过这次沉浸式学习，我发现，其实每一位普通劳动者都可以成为劳模，劳模精神就是在平凡岗位上坚持做好每一件小事。

（上海市育民中学　徐逸晨）

2021年5月13日，我有幸与杨颖老师一同来到上海劳动模范风采主题展参观学习。我们的学习团队很特殊，由初中生和高中生共同组成。

在参观学习前，首先由四位初中生向大家简单介绍了他们对劳动模范的认识，并分别介绍了四位劳动模范。随后高中生们也发表了自己对于劳模精神的看法与感想：劳模精神正是青年学生所要学习的。接着，老师给我们布置了学习任务，将我们分成了三个小组（初中生和高中生"混搭"），要求每一个小组选择一位劳模进行介绍，并陈述推荐理由。

在参观学习中，我们了解到了许多我们尚不知道的劳模，同时对于身边的劳模和上海市的劳模有了更全面的认识。相较于往日的线上学习以及阅读资料等学习方式，我更喜欢在展馆中参观学习，因为这能让我更身临其境，更有代入感。对于展馆的空间设计、主题构建和展板展墙，我能更好地体会或触碰到，并且我也能随时向身边的同学分享自己的想法，随时与他们展开热烈的讨论。

这次的参观学习，不仅让我意识到中华人民共和国成立以后，在长期的奋斗中，正是以杨怀远等劳模为杰出代表的亿万劳动者的无私奉献和顽强拼搏，我们的祖国才能发生翻天覆地的变化，才能实现从站起来、富起来到强起来的伟大飞跃。爱岗敬业、争创一流、艰苦奋斗、勇于创新、淡泊名利、甘于奉献的劳模精神，是中华民族的宝贵财富，是需要一代一代传承下去的。同时，我也明白了在遇到困难的时候不能太着急，要想办法解决问题，毕竟办法永远比困难多。

（上海市育民中学　陈心怡）

专家点评

在本课例中，教师结合初中生和高中生的学习特点与学习需求，有效开发和利用了上海丰富的场馆资源，打造了一堂既生动又深刻的创新实景思政课，充分发挥了思政课的育人功能。

第一，精心选取体现时代特点、上海特色的场馆资源。上海劳动模范风采主题展以故事、图片、实物等形式，生动讲述了劳模和工匠的动人故事，是思政教育的生动教材。教师从学生的成长发展需要出发，针对初中和高中学段的学科内容及学习要求有序开展学科社会实践活动，并加以相应的学法指导，引导学生在明确的目标导向下获得关注社会、探究和服务社会的体验，把思政小课堂同社会大课堂有机结合起来，把思政课程与党史、新中国史、改革开放史、社会主义发展史紧紧地连接在一起，滋养师生的心灵。

第二，充分开展体现成长特点、学习需求的劳动教育。教师充分发挥初中道德与法治、高中思想政治学科中劳动教育理念贯通、价值引领的特点，积极探索劳动教育中不同学科和学段纵向贯通、课内和课外横向协同的路径与方法,引导学生在完成任务的过程中逐步树立正确的劳动观,形成劳动创造美好生活的理念,崇尚劳动、尊重劳动,报效国家,奉献社会。

第三,有效建构体现分层清晰、循序递进的一体化设计。思政课一体化最关键的就是要打通学段、贯通课程,实现"合力"育人。教师借助上海劳动模范风采主题展生动的教学资源,整体性地规划和建构"分层清晰、循序递进"教学目标,在任务设计、实施、交流、评价的过程中关注教学内容的梯度性、教学方法的适切性和价值观形成的阶段性。初中阶段强化在实践体验中促进正确劳动观念和良好道德品质的形成与发展,高中阶段强化形成正确的劳动价值判断,养成崇尚劳动、尊重劳动、诚实劳动的观念以及艰苦奋斗、拼搏进取的品质,并通过跨学段合作学习,较好地实现预设过程和预期目标的系统性、递进性,达到思政学科立德树人的根本任务和核心素养一体化培育的总体要求。

(上海市教师教育学院 何 宁)

作者简介

杨颖,上海市浦东教育发展研究院初中道德与法治教研员,高级教师。曾获上海市中小学(幼儿园)中青年教师教学评比一等奖、上海市基础教育教研员专业发展比赛课题设计奖。负责上海市教育科学研究项目"促进初中思政小课堂同社会大课堂有机结合的社会实践活动系统化设计研究",领衔开发"六年级道德与法治教学情境的创设"等市级教师培训课程。

中国有了共产党

——走进陈君起纪念馆

上海市嘉定区古猗小学　方志婷

教学实录

师：同学们，请仔细看看教材封面的图片，你们看到了什么？

生1：有几位少先队员带着鲜花来到英雄纪念碑前祭奠先烈。

师：今天我们也应怀着崇敬之心，走进位于嘉定区南翔镇南翔老街的陈君起纪念馆吧！

师：这就是先烈陈君起。她模样清秀，神情坚毅，是嘉定区的第一位共产党员。

生2：方老师，什么是共产党员？

师：问得真好。我们去看个视频，看完后大家就知道什么是中国共产党和共产党员了。

师：2021年正是中国共产党成立100周年。看，这就是中国共产党的党旗，红色代表着革命，黄色代表着光明。仔细看看黄色图案像什么？

生1：我知道。黄色图案分别是镰刀、锤头，它们是工人和农民的劳动工具。

师：是的，你说得很准确。党旗是中国共产党的旗帜，象征着中国共产党代表广大人民群众的利益。老师也是一名共产党员，我佩戴的党徽上也有一面党旗。

生2：中国共产党的成立是一件开天辟地的大事，一路走来一定困难重重，成为一名共产党员一定也不容易。

生3：怎样才能成为一名共产党员？

师：既然大家如此好奇，今天我们就从陈君起的一生中探寻成为一名共产党员的秘密吧！

师：19岁的陈君起逃离了封建大家庭，来到上海务本女塾（今上海市第二中学）继续学习。上海务本女塾是国人自办的一所女子学校，注重培养学生的爱国情怀、自立思想，努力改造旧中国。陈君起在这里受到最初的现代启蒙教育，接触到了很多新词，如民主共和、割地赔款等。

生1：社会主义核心价值观中也有"民主"这个词，是指人民可以自由发表意见、参与国家管理。

生2：我也听说过"割地赔款"，是指中国将土地割让给外国。这是屈辱的过去，因此我们要发愤图强，不被别人欺负。

师：正是这些新词让陈君起萌生出新观念，意识到独立与民主的迫切，这样才能让中国站起来。

生1:方老师,我发现成为一名共产党员的秘密就是要像陈君起一样好好读书,增长知识,长大才能为祖国作贡献。

师:你说得很对,好好读书是基础。但报效祖国可不是说说而已,让我们继续走近陈君起。

师:从上海的学校毕业后,陈君起来到南京,成为一名小学女教员。后来,她认识了东南大学的学生谢远定、宛希俨等。其中,谢远定还是陈君起的革命领路人,因为是他将《新青年》等进步刊物带给陈君起阅读的。陈君起如获至宝,在谢远定的影响下,她又开始研读马克思主义,并在1923年加入中国社会主义青年团,就是现在的共青团,成为中国共产党的后备军,走上了革命道路。

生1:我知道共青团,我的姐姐就是一名共青团员。只有优秀的少先队员才可以加入共青团。

生2:我知道成为一名共产党员的另一个秘密就是思想上要求进步,用正确的思想武装自己,指导自己的行动。

师:你又发现了成为共产党员的一个秘密——思想进步。在马克思主义的影响下,成为青年团员的陈君起参加了一系列革命活动。位于东南大学四牌楼校区西北角的梅庵就是陈君起当年参加革命活动的地点之一。

生3:所以,成为一名共产党员,不仅要从小好好读书,思想上要求进步,还要有实际行动。

师:实际行动是秘诀。在先进思想的武装下,陈君起参加了一系列革命活动并快速成长,于1924年成功加入中国共产党,成为一名共产党员。成为共产党员后的陈君起一如既往地走在革命道路上,著名的五卅运动中就有她的身影。接下来,让我们走近五卅运动,感受革命先烈的英勇无畏。五卅运动就是1925年5月30日爆发的反帝爱国运动,是中国共产党直接领导的以工人阶级为主力军的中国人民反帝革命运动。这是1925年10月陈君起写给共青团上海区委的报告,其中提及五卅运动中慰问爱国学生一事;同时,她还带领学生参与罢工、游行,负责募捐、账款管理等后勤保障工作,图中就是南京女子学校学生在街头为五卅运动募捐。就这样,陈君起一直走在革命道路上,直到1927年牺牲。

师:战乱年代的共产党员不顾自身安危投身革命,这是共产党员的坚定。如今的我们衣食无忧,岁月静好,但背后有很多人在替我们负重前行,他们中有很多就是共产党员。你的身边有哪些人是共产党员,他们又是怎样的?

生1:赵宪珍奶奶是一名共产党员,她还来我们学校做过讲座。

生2:我采访过赵奶奶,知道了赵奶奶如何从一个卖菜的姑娘成为创业企业家的励志故事。

生3:赵奶奶在事业稍有起色后就开始做公益。她是南翔福利院孤寡老人心中的"好女儿",是贫困儿童的"好妈妈",是特困家庭的"好邻居",是全国孝老爱亲的典范人物!

生4:疫情期间,赵奶奶带领共产党员积极行动,组织捐款近30万,为重灾区送去15万元的医用物资,捐赠了15台进口呼吸机。

师:赵奶奶虽然出身贫苦,却不向命运屈服,用自己的执着与努力护小家、暖大家!

生1:从赵奶奶身上我知道了在没有战争的现在,我们身边的党员依然在努力拼搏、追求进步。

师:我相信大家不仅找到了成为共产党员的秘密,还知道了自己该如何做。

生1:作为一名少先队员,要努力学习,打好文化课基础,为中华之崛起而读书!

生2:我们还要不断学习新思想,牢记陈君起等革命先烈的付出,继续为了祖国的强大而努力。

生3:我们还要在生活和学习中力所能及地帮助别人。

师:看来,今天的参观不仅让大家了解了中国共产党,还让大家从陈君起投身革命的故事中知道了如何成为一名共产党员,并知道在今后的生活和学习中如何用实际行动展现中国好少年的风采。

师:最后,让我们用标准的队礼向革命先烈表示最崇高的敬意。

 教师手记

从"耳熟"到"能详"

——基于"中国有了共产党——走进陈君起纪念馆"一课的思考

欧阳修于《泷冈阡表》中写道:"其平居教他子弟,常用此语,吾耳熟焉,故能详也。"从"耳熟"到"能详",是一个艰辛的思维与语言转化过程。特别是在信息化发达的今天,通过接触碎片化的短视频和零碎的文字,学生脱口而出网络热词,但背后深意却不甚了解。同理,在基础教育阶段,特别是距离学生现实生活较远的历史革命教育中,学生对于一些词语能做到"耳熟",但距离"能详"还有很大一段路程需要摸索。教师在这一过程中需要给予学生方向上的指引,而红色场馆资源的充分利用就是一种值得尝试的教学形式。

上海作为中国共产党的诞生地,有着众多红色场馆资源。如何将宝贵的红色场馆资源运用到学校教育中,让红色场馆资源与教学有机结合,带领学生真正从"耳熟"到"能详",是学校教育特别是思政课教师需要积极思考与尝试的工程。

一、精选高适配度内容,让场馆资源与课内知识有效结合

红色场馆资源是面向整体社会和公民开放的,其内容以史实记载和实物展示为主,多以成人化视角进行呈现,具有普适性。普适性红色场馆展示内容和小学阶段课本内容在主旨上具有一致性,但在表现形式上存在较大差异性。因此,这对小学思政课教师提出了一个新要求:能在成人化视角的红色场馆资源中精选与小学课本高度适配的内容进行教学,

从而达到事半功倍的红色教育效果。

"中国有了共产党"一课是统编版《道德与法治》五年级下册第9课，以时间为线索，整理了中国共产党从诞生到壮大的动态发展过程。对五年级学生而言，中国共产党一词是"耳熟"的，但是否能做到"能详"，个中缘由都能说清道明，则需要打上一个问号。在得知有"红色馆校合作"课程设计与拍摄任务时，我的内心是欣喜的，因为这是一次情景式的现场教学尝试。我很快确定了身边的红色场馆——陈君起纪念馆，但馆内资源丰富，如何选出和课本适配度高的内容成了难题。

陈君起纪念馆位于上海市嘉定区和平街255号，建筑面积78平方米，馆内设有陈君起革命事迹介绍、陈君起半身像、遗物复制品、实物展示柜和与展览相配套的电子设备等。纪念馆用大量历史照片、烈士文物展示了陈君起毅然和封建大家庭决裂走上革命之路的光辉事迹。场馆内的图文展示主要有以下几部分："逃婚求学 追求独立""嫁入朱门 毅然再逃""投身革命 母子入狱""再次被捕 壮烈牺牲"等。其中，"逃婚""嫁入朱门"等内容与本课内容联系稍显疏离，且对小学生而言难以理解，所以我选择舍弃该部分的介绍，而将馆内教学重点落实在"求学""投身革命""壮烈牺牲"部分，用"如何成为一名共产党员"将以上内容进行串联，让课堂教学主线循序渐进地凸显。

作为小学生，对于如何成为一名共产党员最直观的理解大多是从小好好学习。所以，借助"求学"部分，我对陈君起就读的上海务本女塾进行深度挖掘。在这里，她学习了扎实的基础学科知识，为后期接受新思想奠定了文化基础。至此，学生总结出成为一名共产党员的第一个"秘密"就是从小好好学习。

《新青年》等进步刊物既是陈君起解放思想的关键，也是课本内容和场馆展示内容适配度极高的部分，所以成为教学重点。陈君起毕业后前往南京，在她成为小学女教员后，结识的革命青年谢远定将《新青年》等进步刊物带给其阅读。同时，也是在谢远定的影响下，陈君起又开始研读马克思主义，于1923年加入中国社会主义青年团。于是，学生得出成为一名共产党员的第二个"秘密"就是学习新思想。

陈君起加入中国社会主义青年团后更是积极投身革命，成为革命积极分子，并在革命过程中，也就是1924年加入了中国共产党，成为一名正式的中共党员。在五卅惨案中，陈君起带领学生参与了罢工、游行，还负责募捐、账款管理等后勤保障工作。最终，学生在陈君起的这一段革命经历中总结出成为一名共产党员的第三个"秘密"就是实际行动。

在形象的馆内史实图片和实物展示中，学生通过参观和教师讲解后理解了成为一名共产党员的三大"秘密"，教师也完成了本课教学重难点，即理解什么是中国共产党，知道如何成为一名共产党员，明晰作为一名少先队员的努力方向。教师需要选择与课本适配度高的红色资源，让学生从"耳熟"过渡到"能详"，从而完成馆内资源和教材内容的有效结合与实施。

二、重组适龄化语言，让历史人物与学生理解缩减跨度

如前文提到，红色场馆多以成人化视角进行展示，因此表现形式上与小学教材存在较

大差异。同时，成人化视角下的表达方式具有逻辑清晰、语言精练等特点，而小学生则倾向于生动趣味性、直观形象化的表达方式。所以，教学时需要对场馆内的文字表达方式进行适龄化调整，从而让小学生能听得懂且喜欢听，达到预期的教学效果。

陈君起纪念馆同样是面向社会群体开放的一所成人化视角的红色场馆，馆内文字展示的几个板块内容以时间为线索，用逻辑缜密的成人化表达方式展示了陈君起作为嘉定区第一位共产党员的坚贞不屈、为革命献身的精神。但学生对于其中文字的理解是模棱两可、不甚知之的，所以在进行本课教学时，我结合本课教学重难点进行了语言适龄化转换。

1. 三个"秘密"

课堂伊始，教师将学生的疑问转化成一个探秘的过程，让学生在参观和听讲解的过程中寻找成为一名共产党员的"秘密"，增加学习的趣味性，提升学生的主观能动性。在后续解读陈君起追求独立、奋力革命的一生中，学生在倾听与思考中很快找到了这三个"秘密"：好好学习、思想先进、实际行动，从而理解了成为一名共产党员的必要品质，也就是三个"秘密"。如此，加深了学生对中国共产党的认识，让学生在探秘这一适合小学生的思维方式和学习方式的过程中完成学习，达到预期的学习效果。

2. 三个步骤

陈君起走上革命道路是有迹可循的，她从逃离封建大家庭到接受新思想，继而在新思想的指导下参加革命并加入中国社会主义青年团，最终加入中国共产党。教师将中国社会主义青年团作为适龄化语言切入点，引入知识点"新时代青少年成为一名共产党员的三个步骤"，继而从学生熟知的少先队员身份入手，让学生了解只有表现优异的少先队员才有机会加入共青团，成为中国共产党的后备军，为加入中国共产党做好、做足思想与行动上的准备，掌握新时代青少年加入中国共产党的三个必要程序。

从三个"秘密"到三个步骤，教师帮助学生在陈君起的历史性线索中找寻到成为一名共产党员的必备品质和必要程序，进一步让学生将中国共产党的内涵熟记于心。

对小学生而言，理解成人化的红色场馆资源时会存在一定难度和距离感。学校教育者在表现形式和表达方式上的适当选择与调整，能缩短课本与现实的距离，助力学生更深层次地理解红色文化，从而真正成为一名"能详"、赓续革命精神的红色文化传承者。

✏ 学生感悟

跟着方老师走进陈君起纪念馆上道德与法治课，是一次全新的体验。经过本节课的学习，我了解了陈先生的生平经历。她虽然是一个女子，但是心怀天下，反抗包办婚姻，成为当时少有的小学女教师，后来又加入了中国共产党，这些都让我感触颇多。在当时的时代背景下，陈君起有勇气挺身而出，向旧社会发起反抗，十分令人尊敬。我还知道了长大后要想加入中国共产党，就要从小好好学习，争当一名中国好少年。

（上海市嘉定区古猗小学　尹若菲）

在陈君起纪念馆学习的"中国有了共产党"一课让我印象深刻。陈君起是嘉定区第一位共产党员，她的一生经历了很多波折，最后毅然决然地投身了革命事业。在课堂中，我知道了成为一名共产党员的秘密和方法，这让我有了明确的努力方向。我喜欢这样的课堂，既有趣、生动，又能学到很多有关历史的知识。希望以后我还能有机会参加这样的课堂。

（上海市嘉定区古猗小学　丁梓轩）

专家点评

陈君起是嘉定区第一位共产党员，于1927年4月光荣牺牲。陈君起纪念馆位于嘉定区南翔镇，内设有陈君起革命事迹介绍、陈君起半身像、实物展示柜等，展示了陈君起作为晚清翰林之女，毅然和封建大家庭决裂，走上革命之路而舍生取义的光辉事迹。

在学习了"中国有了共产党"一课后，学生对马克思主义在中国的传播、中国共产党的诞生等相关史实有所了解，但学生的很多认识可能只存在于课本的文字和图片中，想要更深刻地触及百年前腥风血雨且悲壮激烈的过往，红色场馆中的红色资源可以成为跨越时空的重要载体。所以，方老师选择了陈君起纪念馆，用场馆自由开放的环境、丰富的史料、逼真的展品，用陈君起这位共产党员的生平故事向学生展示了中国共产党人崇高的革命气节，拉近了学生与历史人物的距离，加深了学生对课本内容的认识，让场馆教育与校内课堂教育互为辅佐，实现红色记忆的代际传递。

深沉的情感、坚定的信仰，需要建构在深刻的历史认识上。方老师通过纪念馆内的视频资源，既带领学生重温了中国共产党的诞生历程，巩固了课堂所学，也让学生了解了五卅惨案，增加了对那段历史的了解，加深了对陈君起参加革命活动时勇于奉献、忠贞不渝的精神品质的认识。但只是讲好历史人物故事还不够，所以方老师引入了身边的共产党员——南翔镇党员赵宪珍的故事，用赵奶奶的故事让学生明白不同的时代会赋予共产党员不同的使命。孝老爱亲、热心公益的赵奶奶向学生展示了共产党员在新时代下的内涵。

理想信念不能只停留在语言口号上，更要表现在实际行动中。方老师拆解使用了纪念馆中陈君起的生平故事，从她逃婚求学、接受进步思想、参与革命活动的三段故事提炼出"好好学习""思想先进""实际行动"三方面，引导学生用行动改变生活、学习态度和习惯，让理想信念学习在学生的实际生活中有了着力点。

在场馆教育实施过程中，建议方老师可以组建以共同项目任务为目标的探究小组，通过任务驱动、问题导向，在生生之间、师生之间、学生与场馆工作人员之间形成多元合作，依据既定的规则，分工互助，关注学生的探究过程与情感体验。

（上海市嘉定区教育学院　赵明珠）

作者简介

　　方志婷,上海市嘉定区古猗小学语文、道德与法治教师,中共党员,小学二级教师。曾获上海市"红色一课"馆校合作优秀课程征集及展示活动二等奖、嘉定区第十一届"教学新秀"道德与法治学科一等奖、南翔镇"青春心向党　建功新时代"演讲比赛一等奖。曾被评为南翔镇"优秀共青团干部"。撰写的论文《新时代道德与法治教师的新身份、新技能》《从班级被孤立学生谈家班共育》获嘉定区一等奖并发表于《进修与研究》《新教育论坛》等刊物上。

文字的力量

——走进上海市历史博物馆(上海革命历史博物馆)

上海市浦东新区竹园小学　吴晓丽

教学实录

师:同学们好! 今天我们来到了——

生:(齐声)上海市历史博物馆。

师:没错,这个博物馆记录了上海这座城市 6000 多年的发展历程。大家知道吗,它还有另外一个名字,请跟我来。看,它的名字叫——

生:(齐声)上海革命历史博物馆。

师:有谁知道为什么它又叫作上海革命历史博物馆呢?

生 1:因为它记录了上海革命的历史。

生 2:因为它记载着伟人的事迹。

师:说得非常正确。近代以来,全国各地的有志之士纷纷汇集于上海,探索民族救亡、国家富强之路。上海是中国共产党的诞生地。中国共产党从上海出征,走向全国执政。中国共产党中央机关驻守上海长达 12 年之久,是这座城市的光荣与骄傲。所以,我们说上海是一座红色之城、革命之城。下面,就让我们一起去探索这座城市的红色印记,好不好?

生:(齐声)好。

师:看完了《上海简史》这个视频,你们有什么想说的?

生 1:我看到了《新青年》,我想知道《新青年》是什么?

生 2:我看到了上海曾经遭受的苦难和压迫,我的心情很沉重。

生 3:我看到了中共一大,我曾经去过中共一大会址。

师:同学们看得非常仔细。今天吴老师请来了一位特别嘉宾,他是我们学校一(5)班唐同学的爸爸,他曾经是上海市历史博物馆的志愿讲解员。下面让我们用掌声表示欢迎。

家长:同学们好!

师:同学们,今天老师还给大家设计了一张任务单。让我们带着问题,一起去找寻答案吧。

家长:同学们,我们现在所看到的这个展区展示了上海近代传媒和印刷业的成果。1843 年,有一位传教士叫麦都思,他和美魏茶等人创立了中国第一个近代出版印刷机构——墨海书馆。同学们,我们来看右边的这台机器。它叫赉诺西文铸排机,是原来上海非常著名的英文报纸——《字林西报》的固定资产。

师:《字林西报》是一份英文报纸,也就是说,这是一份专门给外国人看的报纸。

生1:老师,我有个问题。那时候的上海人民看什么报纸?

师:这个问题问得非常好。《字林西报》是给外国人看的报纸,而中国人看的报纸,大家可以在这里找到答案。

生1:我知道了。上海人民一开始看的报纸叫《上海新报》。《上海新报》是上海也是中国新闻史上第一份中文报纸。

生2:老师,我在这里看到了一份合同,是《申报》的合同。

师:同学们,刚才这位同学在这里看到了一份《申报》的合同。《申报》又名《申江新报》,是清朝同治年间由英国人在上海集资创办的。大家看这份合同,它是一份全英文合同。说到《申报》,老师要给大家讲一个关于史量才的故事。史量才年轻的时候就积极反对腐败的清政府,寻求救国救民之路。后来,他买下《申报》,通过办报纸来启迪民智,为我国的抗日事业作出了杰出的贡献。史量才在媒体上不断地抨击蒋介石,引起了国民党反动政府的不满。1934年,他从杭州返回上海的路上不幸遭到暗杀,终年54岁。虽然史量才不幸去世了,但是他所提倡的"人有人格,报有报格,国有国格"的理想信念一直传承至今。

师:同学们,就在酝酿、筹备成立中国共产党的那些日子里,一本薄薄的小书,犹如一场及时雨来到了我们的身边,这本书就是《共产党宣言》。

家长:同学们,我们现在所看到的这个展板,上面写的是《共产党宣言》。这是《共产党宣言》的第一段,大家来看第一句话:有一个怪物在欧洲徘徊着,这怪物就是共产主义。《共产党宣言》的作者是卡尔·马克思和弗里德里希·恩格斯。我们今天看到的是中文版,你们知道最早它是什么文的版本吗?

生1:德文。

家长:对的。到底是谁把它翻译成中文的?

师:《共产党宣言》中文版是陈望道翻译的。陈望道经过千辛万苦,翻译出《共产党宣言》中文译本之后,又不负重托地将这一份译文带到上海,寻求印刷的途径。但是,当时由于种种原因,这样的一本书却不能正式公开发表。这可愁坏了这些进步的革命志士。于是,他们又积极筹措资金,在上海的一栋石库门房屋里建造了一个秘密的印刷厂。终于在1920年8月印制出了第一批《共产党宣言》中文版。虽然第一版《共产党宣言》中文版印制完成了,但是人们发现了一个错误,那就是封面上的名字印颠倒了,印成了《共党产宣言》。这从另外一个角度也证明了"共产党"对当时的人们来说是非常陌生的,所以连名字都印错了。但是错误一定要及时纠正,所以在一个月之后,第二版《共产党宣言》中文版又印刷成型了。大家看,在这里展示的就是9月份的正确版本,封面上的图片也由第一版的红色改成了蓝色。同学们,《共产党宣言》中文版不断地向全国扩散,引领了一大批先进的知识分子和有志青年走上革命道路。中文版的《共产党宣言》同时也给《中国共产党章程》的制定和完善提供了指导。正是因为中国共产党党员有了坚定的信念,有着让人民过上和平、幸福、美好生活的追求,才走上了百年风雨征程,取得了现在的成就。

家长:同学们,你们知道国歌又叫什么名字吗?

生:(齐声)《义勇军进行曲》。

师:同学们,中华人民共和国成立前夕,参加中国人民政治协商会议第一届全体会议的代表共同商议国歌、国旗和国徽的相关事宜。在讨论国歌时,有的代表提出应该将《义勇军进行曲》中的一句歌词进行修改,即"中华民族到了最危险的时候"。因为中华人民共和国即将成立,中华民族已经作为一个伟大民族屹立在世界的东方,这句歌词已经过时,建议修改。但是当时毛泽东认为,居安才能思危,中华民族经历了深重的苦难,《义勇军进行曲》代表的是百折不挠、前赴后继的精神。所以,毛泽东赞同并支持不改动国歌歌词。中华人民共和国国歌像一支奋斗的号角,催着我们奋发前进,成为中华民族精神的象征。

师:同学们,一张张泛黄的报纸、一本本小小的《共产党宣言》、一句句慷慨激昂的国歌歌词,让我们感受到了文字的力量,鼓舞着中华民族继往开来,去抗击日本帝国主义的侵略,去解放全中国,去建设社会主义,去开创一个崭新时代。中华人民共和国成立后,在党的领导下,上海取得了举世瞩目的成就。到2035年,上海将会建设成为一座卓越的全球城市,成为令人向往的创新之城、人文之城、生态之城。今天的参观即将接近尾声,我想同学们心中一定有许多感想,让我们把这些感想留在这一面观众留言墙上吧。

师:同学们,今天的参观非常成功,大家都收获满满。希望回到学校后,我们能继续认真学习,以学校作文特色为引领,汲取书本中文字的力量,让自己更加健康全面成长。大家说好不好?

生:(齐声)好。

师:同学们,今天的任务单你们都完成了吗?

生:(齐声)完成啦。

师:老师想听一听,你们留下了怎样的感言,谁来交流一下?

生1:我想对中国共产党说:百年历史激励人心。感谢在您的呵护下,我们可以安宁生活。我会做新时代好少年,听党话,为人民。

生2:上善若水、海纳百川的文化特性,让我知道上海是世界的上海。作为一名光荣的少先队员,我要坚定信念,爱党爱国,努力拼搏,敢于挑战,成为社会主义建设者和接班人。

生3:参观学习的时光是短暂的,但是今天所看到听到的一切,都深深烙印在我们心里,是我们前进路上的灯塔,为我们指明了方向,为我们提供了前进的动力和能量。

师:说得真棒!同学们,让我们行动起来吧。

师和家长:努力成为社会主义建设者和接班人!

 教师手记

最是心中那抹红

——基于"红色一课""文字的力量——走进上海市历史博物馆（上海革命历史博物馆）"的思考

"有学习发生的地方就是课堂。"场馆凭借其丰富的实物资源,逐渐发展成为学校外的第二教育资源。特别是学科类实践越来越多,我校还进一步开发了美术学科的场馆校本课程。思政教育从学校走向社会,用思政的"盐"讲出真理的"味",这样的尝试于我而言还是首次。如何利用场馆资源上好思政课?"红色一课"的落脚点又在哪里?带着这些问题,我开始了我的实践。

一、基于校情和学情——上海是我们共同的家乡

竹园小学是浦东新区一所大型优质公办学校,坐落于美丽的黄浦江畔,以作文特色教学为引领,致力于学习方式的变革。随着浦东开发开放的需要,大量外来人才源源不断涌入。数据显示,我校学生中新上海人的占比非常高。这些学生中有的出生在上海,有的在幼儿园或小学时来到上海生活。根据前测,我发现同学们只知道上海是一座现代化的大都市,而对于上海这座城市的历史知之甚少。基于上述校情和学情,我深度挖掘教材中的红色元素,确定以部编版《道德与法治》三年级下册第7课"请到我的家乡来"为基础,开展对近代上海历史的探究,培养学生热爱上海的真挚情感。在场馆的选择上,我也特别请教了从事相关行业的家长,听取他们的意见和建议,最终确定上课地点为上海市历史博物馆。上海市历史博物馆又名上海革命历史博物馆,位于上海市黄浦区南京西路325号,地处上海人民广场历史风貌保护区,占地10000平方米,是全面综合反映上海地方历史及革命历史的地志性博物馆。我查阅了大量的文献资料,但"纸上得来终觉浅"。在多次前往该馆进行实地走访后,我结合学校的作文特色,确定了本次教学主题为"文字的力量"。

二、设计与实施——讲好三个故事

习近平总书记多次强调,"要把红色资源利用好、把红色传统发扬好、把红色基因传承好"。小学三年级是从低年级到高年级的过渡年级,是小学的重要年段。这个年龄段的学生在思维方式、身心发展、自我意识等方面都发生着巨大的变化,加强对他们的思想教育,引导其树立正确的价值观显得尤为重要。我精选了上海市历史博物馆中"近代上海"展馆的三个场景陈设作为主要教学内容,以文字为主线,串联起新民主主义革命时期的革命历程;深挖文字展品背后的红色记忆,让学生在现场学习过程中睹物明志,传承红色基因,厚植理想信念,陶冶高尚情操。

身为德育副主任,在思政课的尝试上要学在先、走在前。于是,我充分预设,大胆创新,邀请曾任上海市历史博物馆志愿讲解员的学生家长共同参与本次教学。由家长来对展品

进行专业介绍,而我则通过讲述展品背后的真实历史故事,与学生一起探寻红色印迹,让展柜中的一个个展品变得生动立体,并且饱含温度。

在学校教学中,教师经常采取图片展示的方式辅助教学,而学生面对课件中的图片往往难以留下深刻印象。但在博物馆开展现场教学,可以让学生有身临其境的真实感,博物馆独特的安静环境且有灯光衬托的氛围可以让学生更专注。

在本次参观过程中,赉诺西文铸排机、《上海新报》和《申报》的合同,属于同一个系列的展品。学生能初步了解近代上海新闻业的发展,特别是借助赉诺西文铸排机的实物,可以直观感受文字印刷成读物的过程。除了给学生展示《申报》的英文合同外,我还为学生讲述了史量才和《申报》的故事,旨在让学生明辨是非、砥砺品格。同时,为第二个环节的《共产党宣言》首版秘密印刷埋下伏笔。《共产党宣言》展区展示着各个版本的《共产党宣言》,还有互动触摸屏,学生能自主选择查询想要了解的人物。我为学生讲述了 1920 年 8 月错版的故事,并提出问题:为什么会出现这样的错误? 启发学生深入思考。

通过参观国歌歌词展板,我又为学生讲述了国歌诞生的故事,让学生深入了解歌词"中华民族到了最危险的时候"的悲壮,引导学生感悟中国共产党居安思危、奋发图强的奋斗精神。

结束参观后,同学们在"观众留言区"书写感悟,张贴感言。这样一种充满仪式感的活动,使学生将所学知识内化为自己的思想,提升道德水平,增强爱国情怀。

三、反思提升——这只是一个开始

情境学习理论认为,真正、完整的知识是有情境性的。场馆不仅提供了学习的物理情境,还提供了学习的社会情境。在场馆中,学生参观展品,更像是一场对话交流。本次"红色一课"教学中,学生亲临博物馆,对话历史,寻找红色记忆,汲取信仰力量。在教学过程中,我主张激发学生的学习活力,以探究学习的方式,借博物馆环境育人,陶冶学生高尚情操,在潜移默化中促进学生厚植爱国主义情怀。同时,进一步增强思政课的思想性、情境化和亲和力,使思政课"活"起来、"走"出来。在教学过程中,学生始终牢记自己的观众身份,尽量控制自己的音量和言行,这又是一次非常难得的特定情境下的行为规范养成教育。

在为期半天的学习活动中,学生自始至终都全神贯注,师生和家长均收获满满。在交流任务单中的感言时,学生们都表示本次活动有意义,自己有获得感,并借用《上海简史》视频中上善若水、海纳百川的城市精神来表达对这座城市的热爱,决心用自己的实际行动为上海的发展贡献力量,即现在努力学习,将来更好地建设这座红色之城。

此次活动后不久便是暑假,学生们的场馆学习还在继续。暑假里有的学生特地要求家长陪同前往中共一大会址,去看一看镇馆之宝《共产党宣言》;有的学生去了中共二大会址;还有的去了上海解放纪念馆……"红色一课"就这样不断延伸着,它激励和鼓舞着学生努力学习、锤炼品格,争做社会主义建设者和接班人。

四、结语

陶行知先生提出:"生活即教育""社会即学校""教学做合一"。思政课是学校立德树人的重要途径,本次"红色一课"实践,助推了我的专业成长。在以后的学校思政教育中,我将进一步引领思政团队的老师们积极探索红色场馆校本课程的开发和实施,传承红色基因,赓续红色血脉,从而达到"知、情、意、行"的统一,构建起以场馆教育为载体的小学思政育人新格局,帮助青少年扣好人生第一粒扣子,让学生心中的那抹红永远闪耀。

 **学生感悟**

中国共产党在百年的历史长河中不惧困难,与反动势力奋勇斗争。中国共产党的百年历史也激励着我们爱党爱国、勤奋学习、敢于探索、不懈拼搏,将来做社会主义建设者和接班人。虽然我的老家在哈尔滨,但是我出生在上海,在上海上学。现在我是一名小学生,我要努力学习文化知识,锻炼身体,培养良好的品格,长大后我也必定为上海建设卓越之城贡献自己的力量。

(上海市浦东新区竹园小学　赵梓潇)

跟着老师走进上海市历史博物馆,感觉就像坐上了时空穿梭机,回到了百年前的中国。吴老师给我们讲述了在那个腥风血雨的日子里,一本薄薄的《共产党宣言》是如何被翻译并影印出来,并在中国点燃了"救国于危难,兴中国之崛起"这一伟大希望的火种。一个理想、一种信念、一群坚定不移的先驱,通过文字的力量,唤醒中国这一巨龙,并助它一跃腾飞。我从来没敢想过,文字的力量会如此神奇,信念的力量会如此伟大!现在我们的学习就是在继承前人探究总结下来的知识,并且敢于追求更高更深的领域……

(上海市浦东新区竹园小学　韦志馨)

我们跟着吴老师来到上海市历史博物馆,在情境中感受"文字的力量",在交流中更加深入了解我们所生长的城市的历史。一段段红色线路,留下了先辈们一个个闪光的足迹。一条条红色血脉,书写着先辈们一个个伟大的壮举。虽然参观学习是短暂的,但是今天所看到的一切已深深地烙印在我的心里。我为自己身处上海这个历史底蕴深厚的城市而感到自豪。我一定要努力学习,不断探索,把革命先辈的精神发扬光大,今后为上海的繁荣献出自己的绵薄之力。

(上海市浦东新区竹园小学　吕博雅)

专家点评

该课例具有如下三个特点。

第一,反映了理论性与实践性的统一。习近平总书记曾经在学校思想政治理论课教师座谈会上指出:"要坚持理论性和实践性相统一,用科学理论培养人,重视思政课的实践性,把思政小课堂同社会大课堂结合起来,教育引导学生立鸿鹄志,做奋斗者。"该课例是对部编版《道德与法治》三年级下册第7课"请到我的家乡来"的拓展,通过多方面途径的整合,与学校德育活动——红色场馆校本课程的开发和实施相结合,使得爱家乡教育有了更为丰富的内涵和外延,由爱家乡延伸至爱党、爱国。在实施过程中,借助场馆这一连接学校教育和社会教育的纽带,学生通过亲身实践,在与多主体(展品、师生、家长等)的互动过程中,能更为自主地感受社会、了解社会、参与社会。

第二,创设了沉浸式的学习体验活动。该课例将上海市历史博物馆作为学生学习的场所,创设了沉浸式的学习情境,不仅有《上海简史》视频、赉诺西文铸排机、《申报》的合同、《共产党宣言》展板等,通过多感官刺激,使学生获得即时性的沉浸体验,还注重挖掘展品背后的故事,如麦都思、史量才、陈望道翻译的《共产党宣言》、《共产党宣言》的印刷、国歌的诞生等故事,通过基于故事情境的叙事性的活动设计,使抽象、隐含的内容变得更为直接,更富趣味,更易于理解和接受,有助于帮助学生建立情感联结。以学习任务单的形式引导学生分享学习成果,促进了成就感的表达,以及对原有知识经验的反思与重构。在"接触—成就—反思"的基础上,学生课后通过自主参观上海的其他纪念馆,进一步拓展认知、丰富体验,有利于使学习进入良性循环。

第三,体现了家校社协同育人的实践探索。该课例在设计与实施的过程中不仅有学校组织、社会支持,还有家长的参与和配合。课前,教师加强与家长的联系沟通,听取家长的意见和建议,确定上课的场所;课中,邀请曾担任上海市历史博物馆志愿讲解员的学生家长参与教学;课后,家长陪同学生有选择性地走访上海的其他纪念馆。因此,从某种程度上说,该课例是对家校社协同育人的实践探索,促进了家庭教育、学校教育和社会教育的互动,有助于发挥教育合力,提升育人效果。

(上海市浦东教育发展研究院　安林晓)

 作者简介

吴晓丽,上海市浦东新区竹园小学德育副主任,高级教师。曾获上海市"金爱心教师"、上海市家庭教育优秀指导者、浦东新区新长征突击手等荣誉称号。长期被聘为浦东新区班主任中心组成员、浦东新区见习教师规范化培训基地班主任导师。主持和参与多项市、区级课题和项目的研究,研究成果获各级奖项。撰写多篇论文,并发表于市、区级刊物上。

党旗"红"引领生态"绿"

——走进崇明规划展示馆

上海市崇明中学　王英鹤

 教学实录

环节一：崇明印象初体验

师：各位同学，大家好。很高兴和大家一起来到崇明规划展示馆参观学习。在参观前，我想问问大家：如果用一个关键词来形容家乡崇明，你会用哪个词？

生1：绿色。

生2：生态。

生3：环境优美。

生4：上海的后花园。

生5：中国长寿之乡。

生6：中国第三大岛。

生7：世界级生态岛。

师：崇明岛是中国第三大岛，是中国知名的"长寿之乡"，是上海的后花园，被联合国环境规划署誉为"太平洋西岸难得的净土"，是长三角"共抓大保护、不搞大开发"的标杆。近年来，在习近平生态文明思想指引下，崇明世界级生态岛建设正如火如荼地进行。同学们在自己的生活中是否感受到崇明为保护生态、保护环境采取了一系列举措，你们能否举例说明？

生8：比如，现在崇明岛内实现了绿色交通运营全覆盖，噪声小了，安全性能更好了，大大减少了碳排放量，是保护环境、建设生态岛的一大举措。

生9：我想说的是垃圾分类。崇明是全国最早推进农村地区"定时定点"和"撤桶计划"的地区，垃圾分类减量已成为崇明世界级生态岛建设亮丽的名片。

生10：我想说的是农村生活污水处理。我来自崇明区陈家镇晨光村。以前生活污水都是直排附近的河道，家门口的河水越来越脏，而现在建设了6个生活污水处理站，大幅度改善了整体环境。

生1：崇明正在打造的生态廊道工程就是按照"国家全域旅游示范区"的发展思路推进的。"一镇一树"是崇明生态廊道最大的特色，每个镇都有一个特色树种，比如，新村乡是桂花之乡，庙镇是枫情之镇，中兴镇是樱花之乡……居民和游客一路走来，色彩缤纷，可大口

呼吸到新鲜空气。

生2：我家住在中兴镇永隆村。原来村子里的鸡棚、鸭棚、羊棚既破旧又占地方，环境脏乱差。到了夏天蚊子多，气味也重。2020年，崇明全区开展"迎花博、治五棚"的整治任务。对于荒废许久的破旧棚房进行拆除，对于符合规定、有正当作用的棚房予以保留，由政府出资，指导村民对其进行整理、修缮。现在的鸡棚、鸭棚等是用竹子搭建而成的，既环保又美观。整治过后，卫生环境大有改善。

师：同学们说得很好。大家结合自己的生活实际，列举了崇明为保护生态所采取的很多举措。你们知道燃油车换成新能源公交车、生态廊道建设、五棚整治等保护生态环境的举措需要花钱吗？

生：（齐声）需要。

师：这是不是意味着经济发展和环境保护是一对不可调和的矛盾？

生3：我认为是的。记得在2009年上海长江隧桥建成通车后，面对"蜂拥而至"的投资意愿，崇明曾在一个月里"拒资"10亿元，凡是不符合要求的项目，再赚钱也不能上岛。所以，我认为保护生态环境限制了经济发展。

生4：我认为不是。生态环境好了，也能促进经济发展。比如，因为生态环境好，花博会落户崇明，给崇明经济发展带来新的机遇。

师：在这个问题上，同学们形成了两种不同的观点。带着这个问题，我们继续参观学习，看看是否能在场馆中找到答案。

环节二：生态崇明结硕果

（学生们带着问题自主参观展馆，参观过程中可以交流讨论）

讲解员：[介绍《崇明世界级生态岛发展规划纲要（2021—2035年）》]。

师：同学们，刚才在参观学习的过程中，我发现大家好像很高兴激动，这是为什么？

生5：我们了解到一些之前并不知道的关于家乡崇明的生态产业布局和未来发展规划，感到崇明未来无论是生态、交通还是经济发展，都有着相当光明的前景，所以感到很高兴。

师：原来大家是为了家乡的发展、崇明的未来而感到高兴。现在大家能否结合刚才的参观学习，联系生活实际，再来谈一下你们对于生态保护和经济发展之间关系的理解呢？

生6：我认为保护生态有利于经济发展。《崇明世界级生态岛发展规划纲要（2021—2035年）》指出，要大力实施"生态＋"发展战略，就是要以生态保护促进经济发展。

师："生态＋"都可以加些什么？

生6：我想到"生态＋农业"。近年来，崇明坚持高科技、高品质、高附加值方向，大力发展现代农业，多种无污染、高品质农产品销往多个国家和地区。比如，崇明的拳头农产品，不用化肥、不用农药的"两无化"崇明大米。50元一斤的价格，不但没"吓"跑消费者，反而让它更走红。全区绿色食品认证率达到89％，农业绿色发展指数位列全国第一。

生8：我想到"生态＋旅游"。丰富的森林、水域、农田资源，让生态崇明有着天然的旅游发展优势。以文化创意、健康养老、运动休闲等为首的新兴产业在崇明迅速崛起。借着举办花博会的历史机遇,加快推进花田、花宅、花村、花路建设,着力打造"海上花岛",形成一批高水平的旅游休闲项目,涌现出一批优质的民宿,让游客充分享受稻田里喝咖啡、繁星下品红酒、草地上看星星、田园中做健身的乡村野趣……为全国乡村旅游发展提供了崇明案例。

生9:我想到"生态＋就业"。在建设世界级生态岛的过程中,转变经济和社会发展方式的同时,必然会出现产业结构和吸纳就业人数的变化。崇明加强生态惠民,兼顾就业需求,提供了众多生态就业岗位,也为人才发展提供了机遇。比如,推出"燕归巢"崇明籍大学生回乡工程,为崇明籍大学生提供一站式服务,同时为他们的成长成才搭建平台。如今,越来越多的崇明籍大学生选择回家乡崇明工作。

生7:我想到"生态＋体育"。由于崇明环境优美,许多国际体育赛事在崇明成功举办,如环崇明岛国际女子公路自行车赛、世界铁人三项赛,以及将国际自由搏击带进崇明的"昆仑决"赛事。各类休闲体育赛事的成功举办,使崇明成为更具魅力的"运动休闲岛"。

生10:我想到"生态＋科技"。崇明以科技创新引领产业变革,积极推进各产业园区向生态创新等方向加速转型,培育发展大数据、直播电商等新业态。同时,推进5G应用示范区建设,开展了国内首个"5G＋智慧农机"应用。

师:同学们说得真好。马克思主义哲学告诉我们,任何事物都包含着既对立又统一的两个方面。环境保护和经济发展也是对立统一的,保护环境需要经济发展提供物质保障。虽然从眼前来看确实会影响着经济发展的速度,但从长远来看环境优化会促进更高质量的经济发展,而这才是问题的本质和主流,可见二者并不是不可调和的矛盾。经过多年建设,崇明的大气、水体、植被等环境要素品质不断提升,生态建设越来越受到海内外的关注,积聚着生态发展的巨大潜力。第十届中国花卉博览会的成功举办,再次向世界展示了崇明世界级生态岛的魅力。正如习近平总书记所说:"绿水青山就是金山银山。"我们既要保护绿水青山,也要创造金山银山。

环节三:展望未来作贡献

师:崇明生态岛建设对上海、全国乃至全世界又有怎样的影响?

生1:崇明既是上海市重要的生态屏障,也是上海市最大的绿色农产品供应基地。其中,地产农产品占全市的三分之一,原水供应占全市的二分之一。

生2:崇明生态岛有效保护了长江河口生态系统。崇明生态岛建设有效保护了遗传多样性资源,为水生生物遗传育种留下珍贵材料。

生3:崇明生态岛建设对发展中岛国探索经济结构转型与生态发展模式有着重要借鉴意义。联合国环境规划署把崇明生态岛建设列入绿色经济教材,供全球42个岛国学习借鉴。

生5:它不仅为上海未来经济发展预留了战略发展空间,还对长三角经济一体化和上海国际大都市向苏北辐射具有非常重要的意义。

生4:崇明生态岛将"尊重自然、顺应自然、保护自然"的生态文明理念运用到"县—乡镇—村"三个层次中,其建设理念和成功经验为其他发展中国家和地区建设生态文明提供了宝贵的示范作用。

师:同学们说得太好了!世界级生态岛的定位,既体现了国家战略、上海使命、崇明愿景的高度统一,又是崇明科学发展的必由之路。作为新时代的高中生,你们能为家乡崇明的建设做些什么?

生6:我们要认真学习科学文化知识,为生态岛建设贡献自己的力量。

生7:我们可以从身边的小事做起,向身边的家人朋友宣传生态岛建设的重要意义,带动他们一起保护环境,保护绿水青山。

生8:我们应该积极参加志愿者活动,比如,可以报名参加社区、校园垃圾分类志愿者和花博会志愿者等。

生9:我们应该多参加科学实践、研究型课题等活动,锻炼自己的创新能力和素养,为未来家乡的发展做准备。

生10:我们可以关心家乡建设,未来大学毕业后成为"燕归巢"的一员,回崇明建设家乡。

师:同学们说得太棒了!正如习近平总书记所说:"地球是全人类赖以生存的唯一家园。我们要像保护自己的眼睛一样保护生态环境,像对待生命一样对待生态环境,同筑生态文明之基,同走绿色发展之路!"保护生态环境是功在当代、利在千秋的事业。

师:通过今天这节课的学习,同学们还有什么想要说的吗?

生1:嘱托重如山,践诺须躬行。

生2:让我们把接力棒一棒一棒传下去,许下绿色约定,共建绿色家园!

师和生:(齐声)绿水青山就是金山银山!保护绿水青山,创造金山银山!

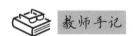 教师手记

一堂"行走"的思政课

——一次利用场馆资源来培育学科核心素养的有效尝试

《普通高中思想政治课程标准》(2017年版2020年修订)明确指出,构建以培育思想政治学科核心素养为主导的活动型学科课程。活动型学科课程的实施是通过学生的思维活动和社会实践活动来实现的。开发利用场馆资源是构建活动型思政课程的重要实施路径。近年来,国家高度重视博物馆青少年教育工作,各部委多次提出组织学生参观博物馆、走进社区、走进农田,加强校外实践教学,并出台了一系列政策措施,推进中小学生利用博物馆开展学习,促进博物馆资源与课堂教学、综合实践活动有机结合。

利用场馆资源,走进场馆进行学科教学活动。通过场馆开展社会实践活动和研究性学

习,创设"行走的思政课堂",注重学生参与,强调贴近生活、贴近现实,在讲授的基础上融入实践、体验和研究等,成为构建活动型课程的基本途径之一。在利用场馆资源进行教学时需要注意哪些问题?2020年,我有幸参与了上海市"红色一课"的录制。于我而言既是一种挑战,更是一次难得的学习历程。我在备课过程中得到了一些专家、"大咖"们的指导,深表感谢。结合上述案例,得到如下启示。

一、强化场馆资源意识,充分挖掘场馆资源价值,创设不同寻常的思政课堂

这里的场馆包括革命历史遗址遗迹、场馆、重要设施,以及科技、军事、海洋、教育等场馆资源。既然是走出教室,来到场馆上课、学习,教师心中就必须要有场馆意识,要在备课过程中考虑清楚为什么要在场馆上课,在场馆里上课与教室的不同在哪里。如果同样可以在教室里上课,是否有必要来到场馆上课?意义在哪里?不同的场馆有着独特的教育资源和教育价值,既然走出教室,就要充分利用场馆资源特有的教育功能和价值,就要让场馆中的展陈"说话",以情境为载体,以议题为主线,突出问题导向,引导学生在情境体验中探索、交流、合作,使学生在不同于教室的学习环境中,通过真情境、真任务、真问题,对所学内容做到真学真懂真信真用。

在带领学生参观崇明规划展示馆前,我先是自己两次来到场馆参观学习,通过实地考察、网络查询、现场咨询等多种途径,尽可能全面地了解场馆的展陈,充分挖掘可利用的教学教育资源。崇明规划展示馆按照过去、现在、未来的时间线索对场馆进行有序的功能分割。在入口的城市客厅里,一面充满着超现代主义风格的抽象生态水元素背景墙环抱着整个大厅,层层蓝色发光曲线如连绵不断的碧水,形成水天一色的视觉效应,隐喻了"东海瀛洲、生态崇明"的地域特色,也是一面凝练的城市名片墙。室内设计体现了"现代、国际、生态"的设计理念,成功地将崇明规划展示馆从传统的陈列空间转变为集观演、体验、互动于一体的现代高科技展示空间,展现了崇明岛的历史沧桑和时代巨变。通过场馆内崇明生态名片墙、崇明岛建制沿革、崇明2035规划展区的介绍,让学生感悟家乡崇明生态发展的过去、现在和未来。这些生动的素材给了学生强有力的视觉冲击,使学生置身其中,拉近了理论学习与真实生活之间的距离,随之带来理性的思考和情感上的感悟,增强了教学的亲和力和感召力,让思政课"活起来",大大激发和调动了学生学习的积极性和创造性,有效提升了学生认识家乡、认识社会、服务家乡、服务社会的意识和情感。

二、培养学生主体意识,充分发挥学生的主体作用,提高场馆教学的有效性

现代教学论重视学生的主体作用,并将学生主体性发展作为课堂教学的终极目标。在场馆上课,更要充分发挥学生的主体作用。在整个教学活动过程中,教师要心中有学生,并通过有效的学习活动设计,培养学生主体意识,从教学过程的控制者、教学活动的组织者、教学内容的制定者和学生学习成绩的评判者转变为学生学习的合作者、引导者和促进者,不断凸显学生的主体地位,促进学生主动学习。在前面的案例中,教师课前对学生进行了小调查,充分了解了学情,明确了学生的已知和未知,以及学生的认知起点和学习困惑点。整节课中,教师的"台词"并不多,看似只是不经意地提出几个问题,学习过程的主角始终是

学生。课前，教师是调查者和设计者，调查学生的学情，设计整个学习活动的过程；课中，教师是引领者，抛出一个个环环相扣、精心设计的问题，创设符合学情的情境，推进学习过程深入，解决学生存在的真问题。在上述案例中，教师围绕崇明生态岛建设设计了三个环节，请学生说出真实生活中看到、感受到的家乡崇明生态岛建设的变化，比如，更换新能源车、鸡棚和鸭棚等的改造、河道整治、污水处理等，并提出自己还存在困惑的真问题，如生态保护是否制约经济发展等，在参观学习的过程以及与伙伴交流讨论中释疑解惑。

三、突出学科素养意识，充分发挥学科育人价值，厚植学生学科核心素养

构建活动型思政课程的目的是实现新课标对学生学科核心素养的培育。教师带领学生到场馆去上课，虽然场所发生了变化，但仍然是上思政课。教师不是场馆解说员，而是思政课教师。利用场馆资源，须结合学科教学目标，立足学科素养导向与场馆资源的有效融合，注重课内外衔接，探索校外实景课堂学习，探究思政课程和课程思政中社会资源的有效运用，传承红色基因，才能厚植理想信念和爱国情怀，增强使命担当，实现立德树人的目标。在上述案例中，借助崇明规划展示馆，通过课前调查，我发现学生对"经济发展和环境保护"二者的辩证关系认识不清晰，有些学生更对崇明生态岛建设"共抓大保护、不搞大开发"不理解、不认同。基于这样的学情，我设计了以下问题链：崇明为保护环境和保护生态采取了哪些举措？你们列举的这些举措需要花钱吗？这是不是意味着经济发展和环境保护是一对不可调和的矛盾？围绕这一议题，学生之间形成了两种不同的观点。有的学生说，环境保护会制约经济发展，理由是保护环境需要经济投入。为了保护环境，崇明拒绝了不符合要求的巨额投资。有的学生说，保护环境和经济发展不是不可调和的，环境好了也有利于促进经济发展。面对这样的课堂冲突，我引导学生带着问题去场馆参观学习，并在学习讨论后，结合自己的生活实际再次对这一辩证关系进行探讨。"事越辩越明，理越辩越清"，通过交流讨论，他们逐渐形成了共识：经济发展和环境保护是辩证统一的。从眼前来看，环境保护确实会影响经济发展的速度，但是从长远来看，保护环境会提高经济发展的质量，这才是问题的本质和主流。在大家的热烈讨论中，学生们不仅培养了科学精神，还在真实情境中真正认同习近平生态文明思想，认同家乡世界级生态岛建设的科学路径，从而树立为家乡、为国家的生态文明发展贡献自己力量的理想信念，提升了思政学科核心素养。

学生感悟

在本次课程中，教师将课堂从教室"搬"到了崇明规划展示馆，改变了学生端坐在教室听讲的传统课堂教学模式。这样边参观边上课的方式极大地激发了我的学习兴趣，也让我更有效直观地感受到崇明生态岛建设与推动崇明经济发展之间相互促进、密不可分的关系。

正如课本中所学的推动经济高质量发展的新发展理念，崇明生态岛建设正是全面贯彻了党的新发展理念。在习近平生态文明思想的指导下，坚持可持续发展，建设人与自然和

谐共生的现代化生态岛,既保护了生态环境,又推动了经济发展。倘若崇明未秉持"绿水青山就是金山银山"的绿色发展道路,即使有所发展,也只能是以环境为代价的短期发展,又怎能建设起现如今"生态+旅游""生态+体育"等系统完备且富有生命力的产业体系,又怎能成功举办第十届中国花博会这样的全国性展览活动,吸引全国人民前来参观游玩?

生态保护并非经济发展的阻碍,相反,它是长远眼光下经济可持续、高质量发展的重要基石。这便是我从这节课中习得的最大收获。

(上海市崇明中学　张承影)

专家点评

思政课是落实立德树人根本任务的关键课程。高中思政课是以培育社会主义核心价值观为目的,是帮助学生确立正确的政治方向、提高思想政治学科核心素养、增强社会理解和参与能力的综合性、活动型学科课程。本节课聚焦崇明全面贯彻新发展理念,践行"富强、文明、和谐"等社会主义核心价值观的生态岛发展,通过"过去—现在—未来"的历史变迁,力求构建学科逻辑与实践逻辑、理论知识与生活关切的统一。此外,本节课在关注思政学科核心素养培育的同时,坚持教育与生产劳动和社会实践相结合,着眼于学生的真实生活和长远发展,使理论观点与生活经验有机结合,让学生在社会实践活动的历练和自主辨析的思考中感悟真理的力量,自觉践行社会主义核心价值观。

开发利用场馆资源是走出教室、构建活动型学科课程的有效形式之一。但是,由于种种主观和客观因素,实际教学过程中走出校园、走进场馆上课并不容易。王老师带领学生走出教室、走进崇明规划展示馆的这节课,是一节将思政小课堂与社会大课堂有机结合的"行走的思政课堂"。

同时,本节课还凸显了场馆教学所必须树立的三个意识,即场馆资源意识、学生主体意识和学科素养意识。首先,场馆教学要充分发挥场馆资源优势。场馆教学不同于教室里的教学,只有充分挖掘场馆资源优势,并与教学内容有机整合,才能设计好学习活动,取得教室授课所达不到的学习效果。王老师借助场馆的展陈,借助场馆解说员的介绍,让学生在家乡崇明生态岛建设的历史沿革中徜徉,在世界级生态发展规划中大胆畅想。其次,场馆教学要注重发挥学生的主体地位。学生是课堂的中心和学习主体,教师不是简单的场馆解说员,更不能"一言堂"。王老师借助场馆创设相关问题情境,以问题链的形式层层引领学生思考家乡崇明生态建设与发展的变化,明确生态建设的方向和重大意义。最后,场馆教学要凸显学科核心素养培育意识。利用场馆资源,通过议题或任务驱动来增强学生在活动中的参与和探究意识,从而有效落实思政学科核心素养的培育。王老师针对学生的困惑点"环境保护是否会制约经济发展"来设置议题,引导学生借助场馆资源进行自主探究,从而正确理解环境保护与经济发展之间的辩证关系,理解崇明生态岛建设对上海、全国乃至全世界的重大意义。通过运用发展、联系、矛盾的观点和方法,引导学生以小见大,感悟国家新发展理念的前瞻性,体悟习近平生态文明思想的科学性,学会以科学精神指引今后的公共参与,进而增强对党和国家重大方针政策的理解与认同。

思政课改革创新,需要教师树立"大思政课"教育观,让思政课与现实紧密结合起来。构建活动型课程,打造"行走的思政课堂",教师不仅要在课前、课中对学生进行引领,还要积极做好过程性指导和评价。建议教师可以结合高中生的综合素质评价内容和要求,持续将学习延伸至小课题研究、项目化学习、社会调查等多种学习方式中,在多元化学习中展现学生更丰富的个性化、小组合作式学习成果,让增值性评价赋能教育教学和学生成长。

(上海市崇明区教育学院 徐志华)

 作者简介

王英鹤,上海市崇明中学政治教研组组长。上海市第四期思想政治学科德育实训基地学员,崇明区高中政治学科带头人、学科中心组成员、兼职教研员。所执教的课程曾被评为"一师一优课、一课一名师"部级"优课"、市级"优课",教育部"基础教育精品课",上海市"基础教育精品课",上海市中小学"学科德育精品课"。参与上海市高中思政学科"空中课堂"资源建设。曾获上海市中小学(幼儿园)中青年教师教学评比二等奖、崇明区"十佳教学之星"等荣誉。

车轮滚动：中国汽车的"智造梦"

——走进上海汽车博物馆

同济大学附属实验中学　张　芮

教学实录

师：各位同学，大家好。同济大学附属实验中学位于上海市嘉定区安亭镇。从中国第一代轿车诞生到上海国际汽车城落定，从 F1 中国大奖赛开跑到全国首个智能网联汽车试点示范区建成……嘉定区安亭镇见证了中国汽车产业的变迁发展，也成为名副其实的"中国汽车第一镇"。今天，就让我们一起走进上海汽车博物馆，走进中国汽车的"智造梦"。

师：自中华人民共和国成立以来，我国一共举办过十几次阅兵式。你们知道国家领导人检阅受阅部队时乘坐的是什么品牌的汽车吗？

生 1：红旗汽车。

师：为什么国家领导人乘坐红旗汽车检阅受阅部队？

生 2：因为红旗汽车是民族品牌。

师：说得很好。但是，不仅因为红旗汽车是民族品牌，还因为红旗汽车是中国汽车从无到有、从弱到强的见证。红旗 CA72 是中国自主生产的第一辆高级轿车。你们了解中国生产的第一代高级轿车的历史吗？

生 3：我知道。因为红旗 CA72 作为中国第一辆高级轿车，参加了 1959 年国庆 10 周年阅兵式。

师：没错。回望过去，时间追溯到 1949 年，那时候，全国汽车保有量仅有 5.1 万辆，还不够今天停满一整个天安门广场。然而，这 5.1 万辆汽车却没有一辆是我们自己制造的，因此，发展自己的汽车工业迫在眉睫。1956 年 4 月，中央政治局扩大会议在北京召开。面对满场代表，毛泽东在讲话中谈到了即将投产的中国汽车，并提出了内心的希望："什么时候能坐上我们自己生产的轿车开会就好了。"这是多么朴素而又坚定的中国汽车梦啊！

师：当时开发国产轿车的条件堪称"四无"——无资料、无经验、无工装、无设备，一切都要从零开始。红旗 CA72 最初是参照克莱斯勒 C69 试制的，但运用了极富中华民族特色的设计风格。同学们可以看出红旗 CA72 具有哪些民族特色吗？

生 1：车前的装饰有点像扇子。

生 2：车身上有一面立体的红旗。

师：是的，中国深知谋未来就要谋创新。虽然当时我国的汽车设计制造能力有限，但设计师们对国产轿车的内外饰做了很多大胆的设想和构思,融入了中华民族的风格和特色。红旗 CA72 车前格栅采用中国传统的扇子造型,后灯使用了大红宫灯造型,内饰融入了福建大漆、杭州织锦缎等中国民间工艺特色。1959 年 10 月 1 日,10 辆崭新的红旗 CA72 在首都的国庆庆典上登台亮相。

师:1978 年,中国汽车工业整体依然羸弱。当年全国轿车加上越野车年产量不过 5000 辆,这甚至比不上国外大公司一天的产量。不过,改革开放使中国现代化迎来了从追赶时代到引领时代的伟大飞跃,中国汽车产业开始了"请进来、走出去"的对外交往,而邓小平同志也以他政治家特有的高瞻远瞩批准了"轿车可以合资",改变了中国轿车工业的命运。

师:哪款汽车是中国第一辆合资轿车?

生 1:桑塔纳。

师:中国为什么要开办汽车合资企业?

生 2:因为中国汽车工业比较弱,需要引进外资和技术,帮助中国汽车发展起来。

师:是的。合资企业的成立,带来了外方资金和先进的汽车技术,加速了我国汽车产业的发展。但是要想真正成为汽车制造强国,零部件的国产化才是基石。即便有着对外开放带来的有利条件,也没有捷径可走。上海大众是我国最早的汽车合资企业,它的首款产品桑塔纳的国产化,在当时牵动着整个中国的汽车工业。后来,上海汽车工业国产化的经验向全国有关企业进行推广。到 20 世纪末,全国汽车零部件国产化体系基本形成,有效推动了汽车产业的发展。

师:艰难困苦,玉汝于成。经过数十年的发展,我国现在已然成为汽车制造大国,让人民群众共享改革开放成果。我们来看一组数据,2020 年,中国汽车总销量已达 2531.1 万辆,其中新能源汽车销量 136.7 万辆。自 2009 年至 2020 年,中国已经连续 11 年成为世界最大的汽车生产国和第一大新车消费市场。同时,自 2015 年起,我国新能源汽车产销量连续 6 年位居全球第一。

师:同学们,你们知道新能源汽车包括哪些种类吗?

生 1:纯电动汽车。

生 2:有插电式混合动力汽车和燃料电池汽车。

师:说得很好。由于新能源汽车的动力架构与燃油车不同,且先天具有整车智能化的优势,可以说我国的汽车企业与国外老牌车企在新能源车赛道上是从同一起跑线出发的。这是我国汽车产业赶超世界先进水平的最好时机。发展新能源汽车是汽车产业转型升级的主要方向,是推动绿色发展、保障能源安全的战略选择。我国坚持以经济发展为中心的同时,还始终坚持保护环境和节约资源,坚持走绿色发展道路。

师:中国汽车产业的迅猛发展是中华民族崛起的缩影。如今,中国汽车产业的变化日新月异,新能源汽车行业百花齐放,中国制造的动力电池销往全球,安亭汽车城也跑起了无人驾驶出租车。同学们,你们还能畅想到哪些未来汽车的可能样态?你们愿意参与其中吗?

生1：我觉得在未来，不仅在陆地上有汽车的身影，在天空和水里也将会有汽车的一席之地。我希望参与汽车的新建设，因为我十分喜爱汽车。我希望我能为水陆汽车的研究作贡献，研究关于汽车在水里的续航能力和氧气供应系统。

生2：关于未来的汽车，我想首先它是节能的，将太阳能、风能等可再生能源转化成电能，并储存在电池中进行使用，减少对环境的污染，减轻地球的负担。另外，车内应该是更为简洁但功能更为丰富的空间，比如，车内的座椅可以像《三体》中的星际飞船那样被隐藏起来，随时随地出现，更为方便，不显拥挤。我想，或许我可以成为一名设计师，将这一切设想变为现实。

生3：我认为未来的汽车可以变身，但不是像大黄蜂那样的变形金刚、人形汽车，而是既可以遨游在海洋之中的潜水艇，又可以行走在陆地上的汽车。并且，我认为未来的汽车应当具有防止意外发生的警报系统、自动驾驶系统等。我既可以给未来的汽车画设计图，增添更多的想法，也可以为其撰写新能源汽车的测评文章。

师：历史的车轮滚滚向前。从1949年到2021年，我国经历了72年发展的风雨历程，而汽车产业也实现了从无到有，并逐步走上由大到强的智造化道路。同学们，希望未来中国的智造大道上也有你们砥砺前行的身影！

 教师手记

利用红色场馆资源建构学生三"观"

——基于"车轮滚动：中国汽车的'智造梦'——走进上海汽车博物馆"的思考

教育兴则国家兴，教育强则国家强。培养什么样的人、如何培养人以及为谁培养人，是思政课教师在新时代背景下应该深入思考、长期思考的问题。2018年5月，习近平总书记在北京大学师生座谈会上讲道："要把立德树人的成效作为检验学校一切工作的根本标准，真正做到以文化人、以德育人，不断提高学生思想水平、政治觉悟、道德品质、文化素养，做到明大德、守公德、严私德。"作为一名中学思政课教师，面对认知水平较低、价值观未完全形成的初中生，需要探索更多有趣的形式、深入浅出的内容，让思政教育走进学生内心，真正达成立德树人的目的。

利用红色场馆中的红色资源进行教学，走出校园，不完全依赖于教材，是一次思政课程的大胆尝试。选择适合学生学情的红色场馆开展教学，是馆校合作思政课程要考虑的重点要素。本次馆校合作课程，我选择在上海汽车博物馆开展，主要基于以下几方面的考量：从学校背景来看，我校属于同济大学的附属学校，利用区位优势，常常和同济大学汽车学院开展联合活动；从学生背景来看，我校学生多住在上海市嘉定区安亭镇，父母多从事汽车行业相关工作，学生对汽车有一种天然的熟悉感，对汽车历史、汽车知识有浓厚的兴趣，具有一

定的知识储备；从场馆背景来看，上海汽车博物馆馆藏车辆覆盖世界汽车发展历史与我国汽车发展历史的各个阶段，作为教学场地资源丰富。此外，上海汽车博物馆是上海市爱国主义教育基地，完整呈现了我国汽车工业的发展历程，其场馆素材与所要达成的思政教学目标相匹配。

在红色场馆利用红色资源开展思政教学，相较于常规的课堂思政教学，学生的认知路径与教师的活动设计有哪些区别？具备哪些优势？我将基于"观察—关注—关联"的教学设计逻辑，浅谈几点关于如何上好一节思政课的思考。

一、以"观察"为起点——走进场馆，走近历史

本节课希望学生通过了解自中华人民共和国成立以来我国汽车工业几十年的发展历程，感受在党的坚强领导下中国汽车行业奋勇拼搏、勇于创新的精神。基于以上教学内容与教学目标，我将学生的活动范围设定在上海汽车博物馆的历史馆与探索馆。

与传统的课堂教学相比，学生在红色场馆中的认知内容和认知空间得到了无限延展。本次课程中，学生的认知对象由传统课堂中的课本和教师提供的图片、视频素材转变为博物馆的汽车展品、历史事件、文字解说等要素。比如：学生在历史馆中"围观"了我国第一辆国产高级轿车红旗CA72，由此得出红旗CA72的外饰具有中华民族特色的结论，感受到中国汽车在起步初期虽然技术制造能力不足，但仍坚持创新，站稳民族文化根基；学生还通过阅读第一辆国产桑塔纳的历史背景介绍及馆藏历史图片，了解到改革开放这一伟大创举给我国汽车工业发展带来的巨大发展契机。学生走进红色场馆，现场观看红色资源。教师基于红色场馆，可以将一些场馆要素作为教学工具，或是历史实物，或是文字解说，或是图片展览，或是视频动画，使学生能多形式、多角度、近距离地观察真实的历史。学生认知的来源由传统课堂教学中的间接经验变为自主探索、积极思考的直接经验。学生观察对象、活动场所的改变，更加激发了他们的思维活跃度和提高了他们的认知深度。

馆校合作的课堂要以学生为中心，而不是以学生为主导。在红色场馆教学过程中，由于课堂活动空间的延展和课堂素材的增多，教师要提前对教学路线、学生观察对象做出严谨的设计与筛选。教师可以通过明确的活动任务单、问题支架、手势指示等方式，组织学生有序参与场馆课堂教学。如在本次"红色一课"中，我设计了明确的现场参观路线：红旗CA72—桑塔纳—新能源汽车，与本次教学主题无关的展品则不进行参观讲解。我还通过设计相较于课堂教学指向和要求更加明确、细致的问题，以此引导学生的关注点与教学目标相匹配，明确限定观察对象及其角度，如"同学们可以看出红旗CA72具有哪些民族特色吗""中国为什么要开办汽车合资企业"。

学生走进场馆，观察场馆中的展品与相关展出要素，是对学生进行思政教育的第一步。基于学生的主动观察与能激发学生兴趣的认知活动，教师才能在后续阶段的课堂教学中讲到学生心里去。

二、以"关注"为桥梁——设置有趣活动，激发真实情感

在思政教学中，教师往往需要借用大量事件、图片、视频等要素，为课堂论点提供论证。

丰富的素材虽然有助于学生形成思维支架,但也容易让学生的关注点由问题思辨变为对课堂素材的无关讨论。在红色场馆教学中,教学空间放大,教学素材增多,如何让学生真正走入课堂主题,进行积极思考,需要教师巧用场馆素材,调动学生的参与兴趣,抓住学生的关注点,从而激发学生的真实情感。

在本次"红色一课"的学生活动设计中,我遵循了先调动兴趣、再激发情感的活动设计原则。首先,观察图片,初探历史。我通过向学生展示历年国家领导人阅兵照片,让学生寻找共性——国家领导人乘坐的均是红旗汽车。学生自然会有疑问:为什么在庄严的阅兵仪式上一定要乘坐红旗汽车?由此引出红旗汽车的诞生历史。其次,观察展品,探究细节。将学生的目光从图片引到场馆展品红旗 CA72,让学生通过现场观察红旗 CA72 的内外细节,了解到除了内外饰上具有中华民族特色外,当时我国汽车工业的设计制造能力还十分落后,与国外强大的汽车技术有较大差距。最后,阅读展品说明,再探缘由。近些年,我国汽车产业迅猛发展,涌现出多个自主研发、制造的民族汽车品牌。是什么契机让我国汽车产业实现了从无到有的发展?学生通过阅读场馆展品桑塔纳的相关介绍,认识到在改革开放、引进外资的背景下,我国汽车产业得以在技术制造方面实现飞跃。在本节课教学中,通过看图片、观展品、读介绍,让学生从对我国汽车工业的起步感兴趣到理解我国汽车工业的艰辛起步,再到为我国汽车工业抓住改革开放机遇、努力发展技术感到自豪,实现由兴趣到情感的升华。

三、以"关联"为目的——连历史与现实,合小我与国家

在红色场馆教学中,课堂资源丰富,学生情绪高涨。在主观和客观因素的共同作用下,学生较易达成了解中国汽车工业的历史发展、感受到中国富强需要科技与创新、明确科技强国的重要性的教学目标。但学生的情感认同不是思政课程的最终目标,而应将学生是否把"知"化为"行"作为衡量标准。因此,在本节课的最后一个教学环节中,教师带领学生参观上海汽车博物馆的探索馆,引导学生将自己在生活中所见到的汽车发展成就和中国汽车发展的艰辛历程关联起来,将自己的人生发展和国家富强关联起来。

上海汽车博物馆的探索馆以展示新能源汽车技术及未来汽车概念为主。从没有掌握核心技术的红旗汽车到引进外资、发展制造的桑塔纳,再到自主研发的新能源汽车,让学生认识到我国汽车工业所取得的发展成就不是凭空而来、一蹴而就的,而是经过几十年、几代人的奋勇拼搏、大胆创新才取得的不易成果。学生在现实中回望历史、认识历史,摒弃历史虚无主义,才能站在前人的肩膀上,立足民族根基,走好这一代人的长征路。

学生对新能源汽车并不陌生,在一辆解剖新能源汽车前,一个"你对新能源汽车有哪些了解"的问题,引发了学生对无人驾驶汽车、绿色能源、汽车芯片侃侃而谈。对于未来汽车的样态、是否愿意参与等问题,学生将自己的梦想和国家的未来汽车发展关联在一起。学生的思维路径实现了从"车是怎样的"到"我是怎样的"再到"国家会是怎样的"螺旋式上升。

用好红色资源,赓续红色血脉。在中国特色社会主义新时代,如何不断增强文化自信,在实现中华民族伟大复兴中国梦的实践中强化红色文化担当,已经成为时代赋予的新课题。

学生感悟

这是我第二次参观上海汽车博物馆。上一次来到场馆,我主要关注了世界交通工具的发展历史和汽车技术变革。这次跟随张老师走进上海汽车博物馆,从另一个视角了解到了我国汽车工业70多年的艰辛发展历史。尤其是在改革开放背景下我国汽车工业抓住机遇,迎来转机,我认为这是一个很重要的转折点。我很高兴看到我国汽车工业与中华人民共和国成立初期相比取得了巨大成就。我曾在安亭的道路上见过无人驾驶汽车测试,这是未来我国新能源汽车发展的主要方向之一。目前,我国汽车芯片研发仍需大力攻克难题。希望几年后我可以进入高校学习电子科学技术相关专业,为我国汽车工业发展贡献自己的力量。

(同济大学附属实验中学　张俊泽)

专家点评

上海汽车博物馆是上海市爱国主义教育基地,完整呈现了我国汽车工业的风雨发展历程。张芮老师充分利用该场馆资源开展思政教学,体现了"大思政课"教育观,取得了很好的教学效果。

一、横纵交织,虚实结合

汽车行业的发展是中华民族崛起的缩影。张芮老师以场馆里的实物展品"红旗CA72—桑塔纳—新能源汽车"为横轴,以我国汽车行业发展的"过去—现在—未来"时间线为纵轴,在参观展品的过程中,通过设置探索任务,穿插历史事件和文字解说等教育要素,形成了横纵交织、虚实结合的立体化教学网。在任务探索和答疑释惑过程中,学生了解了中华人民共和国成立以来我国汽车工业几十年的发展历程,感受在党的坚强领导下中国汽车行业奋勇拼搏、勇于创新的精神,领悟中华文化的独特魅力,增强了民族自尊心、自信心和自豪感。

二、问题助推,价值引领

道德与法治教师要引导学生用马克思主义的立场、观点、方法观察和分析问题,用理想之光照亮奋斗之路,用信仰之力开创美好未来,从而落实立德树人根本任务。

在教学过程中,张老师设置了以下问题链:为什么在庄严的阅兵仪式上一定要乘坐红旗汽车?红旗CA72具有哪些民族特色?中国为什么要开办汽车合资企业?你对新能源汽车有哪些了解?未来的汽车样态是什么样的?你可以贡献哪些力量?在今昔对比、中外对比中,学生体会到我国汽车工业的艰辛起步,了解到我国汽车工业能抓住改革开放机遇,实现了突破性发展,激发了爱国情、强国志,树立了走科技创新和民族特色发展之路的坚定决心。学生的思维也从"车是怎样的"到"我是怎样的"再到"国家会是怎样的"螺旋式上升,勾勒出科技梦、强国梦和少年梦之间的关联,自觉将个人的梦想和国家的未来发展关联在一起。

在实现中华民族伟大复兴中国梦的实践中，不断增强文化自信，强化红色文化担当，已经成为时代赋予的新课题。张芮老师结合学情，充分利用生本资源、区本资源，打通了生活和教育的通道，帮助学生树立正确的世界观、人生观和价值观。

教学建议："畅想汽车未来发展"的教学环节可进一步夯实、强化民族特色发展之路的意识，坚持不忘本来、吸收外来、面向未来。

（上海市嘉定区教育学院　汪金凤）

 作者简介

张芮，同济大学附属实验中学道德与法治学科教师，中学二级教师。负责初中学段多门思政课程教学，参与校级大中小学思政课一体化建设。获2021年上海市"红色一课"馆校合作优秀课程征集及展示活动二等奖，任2022年上海市校园红色文化传播志愿者，获2022年上海市红色故事大赛优秀讲解员称号。

科举制度的前世今生

——走进嘉定孔庙

上海市民办桃李园实验学校　王玲梅

师：同学们，文化是一个国家、一个民族的灵魂。长期以来，中华民族用自己的勤劳和智慧创造了灿烂的中华文化，而以孔子为代表的儒家文化就是其中一颗璀璨的明珠。我们今天要参观的嘉定孔庙就是儒家文化的一个缩影。现在大家可以抬头看一下，这是嘉定孔庙的正门。一个石柱牌坊上面写着两个字——"育才"，顾名思义就是培养人才。其实，除了要培养人才外，更重要的是要为国家和社会的发展培育、选拔人才。中国古代是怎么选拔人才的？在不同的朝代有不同的方法，如举孝廉、九品中正制、科举制度。这也是我们今天要学习的内容。接下来，同学们跟我一起去看一看科举制度是一项什么样的制度。

师：同学们，这是上海中国科举博物馆的简介。通过简介可知，我国的科举制度从隋朝开始，到清朝末年被废除，延续了 1300 多年。如果我们想了解科举制度，其实角度非常多。今天老师给大家提供三个角度，并将大家分成三个小组。每个小组的同学带着其中的一个问题去展览馆里面找答案。第一个问题是科举考试的制度框架是怎么搭建的。第二个问题是科举制度作为一项考试制度，是用哪些方法来保证考试公平的。第三个问题是科举制度有什么弊端或者不合理的地方。请同学们去寻找自己所需要的文物和史料，等会儿来做一个小组汇报。

师：哪个小组愿意最先开始？

生1：我们小组所探究的问题是科举考试中保证公平性的措施。我们在博物馆中找到了准考证，准考证上记录着考试者的姓名、身体特征等信息。这些措施是为了防止有人冒名顶替。然后，我们还找到了一排考场。每个考场都是一个单独的隔间，每场考试都要持续三天三夜，所以考场中的书桌可以变成床榻。这一系列措施也是为了防止考生作弊。最后，我们还发现了墨卷和朱卷。墨卷是学生用黑笔写下的考卷，而朱卷是由专门的考官来誊抄这些学生所写内容，是用红笔写的，所以叫它朱卷。总结下来，这些措施都是为了保证考试的公平性，为了防止各种各样的作弊方式和措施。

师：第一小组的同学非常棒，找到了许多文物和史料。接下来请第二小组来汇报。

生2：我们探究的问题是科举考试的制度框架是怎么搭建的。北宋开宝六年（973年），创立了殿试。自此以后，形成了三层考试制度——解试、省试和殿试。到元、明、清各朝，改为乡试、会试和殿试。

师：科举考试非常严格，而且是层层选拔。其实，今天也是一样的。接下来就是第三小组，谁来发言？

生3：我组选择的问题是科举考试有什么弊端或者不合理的地方。我们大家都知道元朝存在四等人制。在科举考试中，把蒙古人和色目人分为一榜，然后再把汉人和南人分为一榜，这种做法非常不公平。此外，明代科举考试的内容为八股文。八股文的字数、押韵、对仗等，都是严格规定的，不允许考生自主发挥。所以，我们认为其严重禁锢了人们的创造思想。明清时期，科举考试是严格将儒家思想的四书五经，尤其是朱熹的《四书集注》作为标准答案的，因此非常限制了人们思维的开放性。就等于说是为了考试而考试，比较死板，也许并不能为国家的政策做出什么灵活性的改变。

师：各位同学，刚才三个小组都进行了精彩的分享。我相信同学们通过自我探索学到的东西肯定是更为深刻的。大家在探索的过程中有没有发现如今的考试在很多方面和科举考试是有相似之处的，比如中考、高考等。但是，也有很多方面和原来的做法是不大一样的，比如考生就不用在考场过夜。接下来，同学们可以自由发言，对比一下科举制度和今天的考试制度有哪些地方是相同的，有哪些地方是不同的。

生4：科举制度和今天的考试制度有很多相同点。首先，它们都是一种人才选拔制度，就是选出能为社会、为国家作贡献的人才。其次，它们还是一种竞争性考试，高分的可能会继续录取，继续学习，都是择优录取。再次，它们都用多种方式来保障考试的公平性。比如，古代就有准考证，现在准考证上也要填写身份证号码；古代的考场隔开，就是现在的中考、高考座位都要有一定的隔开距离。最后，这些考试都有不同的层级。比如，古代分为乡试、会试和殿试，现在的公务员考试分为笔试和面试。

师：刚才大家已经说了很多相同点。它们之间又有什么不一样的地方吗？

生5：古代的科举制度分为三级考试，现在的考试制度分为中考、高考、硕士研究生考试、博士研究生考试和职业考试。此外，考试内容与形式也有一些区别。科举制度的考试内容主要是儒家的四书五经，因为儒家从汉代以后就被认为是正统思想，形式比较单一，以写文章为主。后期就变成了八股取士，答案非常死板。现今的考试制度就不一样了，考试内容丰富且涉及面广，包括文理、体育、实验等。考试形式也比较多样，有笔试、机试等。

师：嗯，很好。还有没有其他同学可以补充一下？

生6：我还找到以下几点不同。首先，我国古代对考生有严格限制。像之前同学说的，元朝实行四等人制，分为蒙古人、色目人、汉人和南人，对考生进行严格限制，尤其是女性，她们连参加的资格都没有。放到今天，我们并没有那么严格的限制，女性可以参加考试。其次，我国古代科举的目的是选拔能继承统治者意志的人，而如今的选拔是为了培养人才，使其为人类的发展作出自己的贡献。

师：中华文化源远流长、博大精深，但是以什么样的态度去对待它，利用好这样的文化资源，其实是我们必须要解决的一个问题。今天通过考察科举制度，对比今天的考试制度，我们很容易发现今天的考试制度借鉴了很多科举考试中非常好的做法,同时也摒弃了一些不太合理的因素。其实,我们既有改善,也有创新。因此,对待传统文化,绝对不是简单复古,也不是一味地丢弃,而是要做到古为今用,推陈出新,辩证取舍。我们要摒弃一些消极的因素,要继承积极的东西,从而实现中华文化的创造性转化和创新性发展。

师:同学们,你们是否觉得通过自主学习的方式来学习书本知识更加生动有趣呢?最后给大家布置一个作业:在嘉定区外冈镇有一位非常厉害的进士,叫钱大昕。请同学们分成若干小组,以探索学习的方式,自行去参观一下嘉定外冈的钱大昕墓和钱氏宗祠,了解一下钱大昕的钱氏家族是怎么诗礼传家的,以及他们的家风对于今天的社会主义核心价值观建设有什么样的借鉴意义。

 教师手记

一节既有意义又有意思的思政课

2020 年,《关于利用博物馆资源开展中小学教育教学的意见》指出:"中小学语文、历史、地理、思想政治、美术、科学、物理、化学、生物等学科教学和综合实践活动,要有机融入博物馆教育内容。"将博物馆资源融入思政课程中是每一位思政课教师都应该为之努力的。

习近平总书记在思政课教师座谈会上指出:"青少年教育最重要的是教给他们正确的思想,引导他们走正路。思政课是落实立德树人根本任务的关键课程,思政课作用不可替代,思政课教师队伍责任重大。"思政课程除了要完成知识的传递外,更为重要的任务是帮助学生树立正确的世界观、人生观和价值观,拥有正确而坚定的理想信念,"扣好人生的第一粒扣子"。要让思政课变得"有意思",可以立足学生的日常生活,利用学生身边的教育资源,如家门口的博物馆,让学生身临其境、沉浸体验。

本课选取内容属于部编版《道德与法治》九年级上册第 5 课"守望精神家园"第一框"延续文化血脉"。本框内容分为两大部分:"中华文化根""美德万年长"。"中华文化根"这部分内容要让学生理解中华文化"博大精深、源远流长"的特点,同时树立起对待传统文化的正确态度。因此,选取的资源是嘉定孔庙里面的上海中国科举博物馆。"美德万年长"这部分内容要让学生了解中华民族传统美德的内容,践行美德,同时延伸到今天的社会主义核心价值观。因此,选取的资源是嘉定外冈的钱大昕墓和钱氏宗祠。

本节课在资源选择上考虑了学生的学情和能力。嘉定孔庙可以说是嘉定区很多学生家门口的博物馆,从小基本上都来参观过,对环境很熟悉;同时,很多学生对馆内的文物和资源却又十分陌生,甚至不知道上海中国科举博物馆就在里面。选择这样一个学生既熟悉又陌生的场馆,一方面希望学生通过这次的学习体验,重新关注日常生活中自己习以为常的人和事物,学会从不同的角度观察生活、发现问题;另一方面,嘉定孔庙是儒家文化的缩

影,而儒家文化作为中国传统文化的代表和本节课的主题非常契合。同时,学生已经在历史课中学习过中国科举制度的相关内容,对科举制度的历史有一定的掌握。所以,整节课围绕科举制度分小组设置任务,充分调动学生的积极性,让学生在解锁任务的过程中自然而然地得出结论。

本节课共分为五个环节。导入环节的教学内容是让学生了解孔庙中科举制度展览的五个主题,便于后续在场馆内实施教学。教学设计是从孔庙入门处"育才"的牌坊联系到儒家教书育人的理念,从而引出本课的中心资源,即"科举制度"用来选人用人。

活动一的教学内容是让学生通过观察和寻找展览中的文物资料,总结出科举制度的制度建构、公平性体现、不合理之处。教学设计是将学生分成三组,每组负责一个问题,以小组合作的方式在场馆中找到相应的文物资料并记录下来,最后每小组派一位代表进行汇报。

活动二的教学内容是让学生通过完成表格,明确今天的考试制度在哪些方面学习、借鉴了科举制度,又在哪些方面进行了改进和创新。教学设计是设计一个科举制度和今天的考试制度的对比表格,让学生把上一个活动中找到的科举制度的内容类比到今天的考试制度中,自由发言,集思广益,最终完成表格填写。

教师总结环节的教学内容是让学生理解传统文化是文化自信的重要源泉,对待传统文化应当树立正确的态度。习近平总书记指出:"传承中华文化,绝不是简单复古,也不是盲目排外,而是古为今用、洋为中用,辩证取舍、推陈出新,摒弃消极因素,继承积极思想,'以古人之规矩,开自己之生面',实现中华文化的创造性转化和创新性发展。"教学设计是教师对学生完成的对比表格进行总结,得出结论。

作业布置环节的教学内容是查询、搜集相关资料,说说钱大昕家族的历史以及从钱氏家族身上学习到了哪些品德。教学设计是按照小组的形式,通过网上查询资料和实地参观钱大昕墓,了解钱氏家族的历史和家规家训,写成调研报告。

在整个教学过程中,因为形式比较灵活,学生的积极性很高,能在场馆中通过观察找到史料。同时,通过小组合作,对信息进行加工、整合,学生的团队合作能力得到了很好的锻炼。但是,学生在表达观点上还存在一些问题,如语言表达能力并不是很好。这也给我以后的教学带来一个很大的提醒,即在平时教学中要多关注教师输入信息和学生接收信息,通过一些提问与练习进行检测和反馈。如果对于学生的"输出"方面缺乏关注,其语言表达能力没有得到很好的锻炼,则不利于学生的综合发展。

另外,本节课的活动设计确实能调动每个学生的积极性,保证每个学生都是真正参与课程,而不是在其中"划水"。但是,最终的展示环节因为呈现形式是总结、陈述,比较单一,导致一部分学生并没有机会参与进来,缺乏表现自己的机会。在以后的课程设计中,应该吸取经验教训,改变展示环节的形式,让学生能各尽所能、各展所长。在一次培训活动中听到了延安中学老师的一节课,该节课中学生的表现让我印象深刻,也深受启发。学生将自己的学习成果用诗歌朗诵、情景剧等形式进行展现,每个学生都参与其中,每个学生都在发光。在今后的教学中,我也应该向这些优秀的老师学习,给学生更多的空间和机会,让学生

真正爱上思政课,认为思政课既有意义,又有意思。

学生感悟

我们在老师的带领下漫步于嘉定孔庙中,探寻科举制度的历史。参观场馆时,我们发现问题,提出猜想,寻找史料,探寻答案,一步步了解保证科举公平性的措施。在小组讨论环节,我们既总结陈述了本组的相关内容及感悟,也倾听了他人的见解,还了解了科举制度与现今考试制度的差异所在。在整个过程中,王老师从古代制度引入科举,最后总结回归课本内容。此次活动于我而言意义非凡,既提高了我的团队合作能力与语言表达能力,也让我了解了科举制度的演变历程。科举制度作为中华文化的重要组成部分,探寻其从创始、兴盛到衰落的过程,也让我深刻认识到中华文化的源远流长、博大精深。我们在学习并发扬中华文化的过程中,也应当取其精华,去其糟粕,在增强自身能力的同时,让中华文化亘古相传、历久弥新。

(上海市民办桃李园实验学校　叶安馨)

这次王老师以一种特殊方式为我们上课:游嘉定孔庙。我们分成了多个小组,去探寻和收集关于科举制度的各种资料。交流讨论之后,我了解了科举制度的历史。科举制度不断发展,出现了各种措施,比如,由专人誊抄"朱卷"再批阅等,这些都是为了在封建时代能进一步保证人才选拔公平性的措施。现在的考试中也有古代科举的影子。在科举制度中,我能窥见中华文化的源远流长、博大精深。穿透时代的隔膜,它们仍薪火相传、历久弥新。但是,科举制度在宋朝以后开始变质,衍生出如明朝八股文这样的严苛限制,逐渐抑制了文人的文化创造能力。在新时代,我们需要传承中华文化,但绝不是一味地信奉,应该思考其利弊,取其精华,去其糟粕。延续文化血脉,需要我们不能忘本,面向未来,勇于创新。游嘉定孔庙的旅程令我难忘,这样的实践性课堂使我更深刻地理解了延续文化血脉的学科内容,从而能将其运用在以后的生活、学习中。

(上海市民办桃李园实验学校　高靖贻)

对我来说,没有什么比在孔圣人脚边学习新知识更令人兴奋的事了。这次孔庙之行,我感到既满足又充实。我们在宽阔的屋舍间穿梭,迈着轻快的步伐,感受着缕缕清风;我们在醇香的木桌前驻足,寻觅着古时人们学习生活的点点滴滴;我们在浓密的树荫下思索,分享着自己的新收获……老师的指引也为我们辟开了一条明路。在师生一问一答间,无论是科举制度的变迁,还是文人墨客的思想,都化为一道道清流汇入我的心间,为我的思绪插上一对翅膀。

(上海市民办桃李园实验学校　孙文韬)

专家点评

本节课组织学生参观上海中国科举博物馆,探讨科举制度的主要内容和历史作用。学生在场馆现场感受中华文化的博大精深,感悟与传承中华文化的科学态度和方法。学生通过观察记录、交流心得等,触摸历史,思考现实,在真实而具体的情境体验中获得学习经历,起到了较好的教学效果。

本节课从科举制度的建构、公平性体现和弊端三个角度设置学习任务,引导学生带着问题进行参观。学生交流参观成果和教师引导构成了本次活动的主要学习内容。这样的教学设计保证了学习活动任务明确、板块清晰,教学活动围绕中心议题有序推进。

在学生掌握相关史料的基础上,教师启发学生进行具体分析。一是辩证分析古代科举制度的作用及其弊端。既分析了科举制度在人才选拔上的积极作用,也谈到科举制度在内容和形式上的局限性。二是通过古今对比,审视当代的考试制度,分析当代的考试制度在继承传统的基础上,在选拔创新人才和制度建设方面所形成的发展格局。在分析过程中,师生之间、生生之间交流思想,相互启发,进一步明晰了认识。这样既能培养学生对史料的整理、归纳能力,又能指导学生学会用辩证思维的方法分析问题,做出恰当的评价,使学生的思维实现从感性认识到理性认识的飞跃。通过分析,学生对"文化的传承与发展"也有了真切的理解。

本节课在活动与教材内容的结合上还要做进一步研究。本节课是结合教学内容而组织的一次研学活动。场馆信息的呈现,可以促进学生进行深度思考。一方面,要从文化的角度对科举制度进行文献梳理,进一步审视和评价科举制度的文化价值;另一方面,要引导学生通过场馆研学,进一步挖掘场馆所蕴含的"文化的传承与发展"思想,由点到面地揭示教学主题,增强知识的纵深感,从而进一步坚定文化自信。

(上海市嘉定区教育学院 印 伟)

 作者简介

 王玲梅,上海市民办桃李园实验学校教师,中学二级教师。获得2020年嘉定区"怎样当一名新时代的思政课教师"主题征文评选(初中组)二等奖、上海市"红色一课"馆校合作优秀课程征集及展示活动三等奖。

以邻里汇讲述"汇邻里"的故事

——走进徐汇区斜土街道的江南新村邻里汇

上海市南洋中学　赵　卿

教学实录

师:同学们,大家下午好! 今天我们来到了学校所在的斜土街道辖区内的江南新村。江南新村始建于 1953 年,是徐汇区一个非常典型也很有特点的大型老式小区。一会儿,我们会走进江南新村邻里汇,去看一看新时期徐汇基层社区建设有哪些亮点。今天我们邀请到了上海市徐汇区斜土社区邻里汇发展促进中心李靖主任来给我们介绍一下江南新村和江南新村邻里汇。请同学们带着问题走进江南新村:你们觉得江南新村为何要打造邻里汇项目? 邻里汇又是如何发挥"汇邻里"作用的?

街道代表:同学们、老师们,大家下午好! 欢迎走进徐汇区斜土街道的江南新村。大家可以从墙面上的小区介绍中了解到,江南新村里超过 37% 的居民都是 60 岁以上的老人。很多居民都是原江南造船厂的老职工,他们对"船"文化都有很深的情感。

街道代表:比如,我们左手边这个狭长的红色建筑物的造型就是一艘大船。它是由小区内退休的船舶设计师、建筑师提出外观及功能设计思路,根据居民提出的建设性意见进行设计和建造的。大家亲切地称之为"我家车棚",因为它的设计由居民自主完成,建成后的运营管理也由居民自发组成车管会来承担。"我家车棚"不仅解决了小区停车难、乱的问题,还解决了"飞线充电"的安全隐患。

街道代表:现在大家看到的这栋小建筑就是我们的江南新村邻里汇。邻里汇改造工程于 2016 年正式启动,2017 年 5 月建成,全年 24 小时开放。这里依托第三方专业服务机构,将养老嵌入社区,打造家门口的"托老所",形成 15 分钟社区养老服务圈。这里既有家庭医生、康复理疗,也有营养膳食、日托照料,还为老年人如何上网、使用智能手机、培养各种兴趣爱好提供服务培训。2018 年 4 月 11 日,李克强总理来到江南新村邻里汇,称赞这种养老模式能帮助更多老年人实现居家养老。同学们通过这块黑板也能看到这个星期邻里汇为居民们开设的相关活动和课程。此刻,居民们正在上书法课、绘画课和手工课。一会儿也请同学们一起参与。

师:同学们,在初步了解了江南新村的居民特点和邻里汇的设计理念后,我们共同讨论一下江南新村为何要打造邻里汇项目。

生 1:江南新村的居民大多是江南造船厂的退休职工,他们都参与了上海的建设和发展。打造邻里汇项目是为了能更好地服务江南新村的居民们,满足居民的生活需要。例如,居民们可以在邻里汇提供的活动平台上互相交流学习书法、绘画等内容,既丰富了他们的日常生活,也拉近了社区人与人之间的距离。

生2:考虑到江南新村居民的年龄分布特点,退休居民占大比重,因此打造邻里汇的原因如下:一是老年人在这里可以得到一定的医疗照顾;二是老年人缺少儿女在身边陪伴时心理上会感到空虚,邻里汇的各种活动可以让他们感受到关怀和被照顾。

生3:邻里汇也更好地完善了社区服务,比如,它的养老服务中心提供了比较完备的养老服务和医疗设施,即便遇到突发情况,居民的身体健康和安全也能得到及时照顾与应急处理。

生4:江南新村的老年人占比较高,而他们的活动范围主要集中在社区里。打造邻里汇也是为了更好地满足老年人在医疗、法律、发展业余爱好、邻里沟通等方面的需要。

生5:邻里汇的整体硬件设计非常温馨和舒适,既营造了非常良好的社区环境,也提高了居民对社区的归属感。

师:邻里汇通过硬件设置、医疗卫生服务、课程配备等多方面发挥着"汇邻里"作用。如今,居民对邻里汇的需求有了怎样的变化?今天也请同学们带着任务,一起参与邻里汇的课程,和江南新村的居民们进行互动。

(课堂活动:学生和居民一起上绘画课、书法课和手工课)

生1:我和居民们聊下来发现,他们对于邻里汇的需求分为几个层面。比如,他们希望居委和街道可以开放更多的公共活动室,配备更多的便民设施。有些居民拥有一定的技术和手艺,因此他们觉得自己也可以为邻里汇的课程作贡献。比如,自己可以做老师,或者社区有什么需要,可以随时随地叫上他们一起出主意、想办法。

生2:我觉得居民们对于邻里汇丰富的课程安排是相当满意的。但是,他们对于邻里汇或者社区的需求可能不仅仅局限在学习和健康方面的照顾及关心,还提到了邻里汇其实也可开放一些议事的空间给他们,让居民也能参与社区重大事情的讨论。他们觉得江南新村真的就像一个大家庭一样,很温馨,也很愿意参与进来。

生3:对老年群体来说,他们也希望有更多的活动和平台,可以和外面进行沟通。比如,参加一些社区以外的志愿服务或者社区之间的联谊活动,能让他们避免与社会脱节。

生4:有的居民提出,他们家里都有正在读书的未成年人。孩子们更多地生活在学校里,对社区、居委会的功能和作用并不是非常了解。邻里汇是不是也可以利用假期,发挥好社区中小学生的力量,鼓励他们一起做志愿者,参与社区建设、自我服务和自我教育,让未成年人也能真正地做好社区的主人。今天来到江南新村,对我的触动就非常大。

生5:习近平总书记指出,"我们建设的现代化必须是具有中国特色、符合中国实际的"。中国的现代化是人口规模巨大的现代化,是物质文明和精神文明相协调的现代化。江南新村居民对美好生活的需要,既有物质性的客观"硬"需要,也有获得感、幸福感、安全感和认同感等精神层面的"软"需要。因此,居民们对社区提出了更高的要求。

师:邻里汇是徐汇区的一个品牌,有着"1+13+X"的层级结构,即有1个区级的邻里中心(在建),13个街道都有1—2家邻里汇,全区每个居民区至少有1个邻里小汇。请同学们一起群策群力,为江南新村邻里汇的未来发展建言献策。

生1:邻里汇应是每个街区必不可少的设施,其硬件配置在一段时间后需要进行相应的检查和翻新。因此,不仅可以考虑增设专门人员负责及时维修和检修设备,还可以每月月底发放问卷,及时了解居民需求及目前需要改善的问题。

生2:我认为邻里汇也可以更大范围和更大程度地发挥"颐养老"的功能,使医疗站的功能惠及更多的居民,如定期开展体检、慢性疾病筛查等医疗服务。

生3:船厂的老职工虽退休了,但他们仍想为社会和人民作出贡献。因此,邻里汇可以为他们提供一个发光发热的平台,让他们发挥自己的价值。比如,可以和某个船厂举行联谊活动,让他们为新职工们介绍经验等。

生4:可以挖掘、培育、提升一批有社区情怀、专业特长和群众基础的居民,鼓励他们发挥"领头羊"作用,调动居民们以社区主人翁的意识和状态参与社区建设及发展。

生5:邻里汇是社区内的多功能活动中心,最大的优势在于距离近。因此,可以考虑将"以前走很远才能做的事"搬到小区里,吸引更多居民参与社区管理。对于行动不便的居民,甚至可以采用上门听取意见的形式,发挥他们的主体作用,从而让他们拥有更好的生活质量和体验。

生6:可以开展面向年轻人的活动,让更多的年轻人也能参与社区运作。儿童在社区中的活动主要集中在社会实践及娱乐活动上,他们很渴望自己的事情自己做主,因此可以让他们参与社区的自我管理和自我服务。比如,让他们给老年人上一些文化课程或者娱乐课程,或者给他们提供参与社会公共事务的机会。

生7:也可以发挥一下邻里汇的桥梁和纽带作用。比如,居民们可以互相分工,分管几个居民楼组。当遇到社区里的其他居民同志有意见和分歧时,可以按照分组,责任到人,负责沟通和收集意见,再集中到邻里汇进行讨论和协商,也可以起到社区工作的上传下达作用。

街道代表:谢谢同学们提出的这些建议。对于大家提出的很多想法,我们已经在实施了。我也会把大家的意见整合起来,和我们的居民自治团队展开讨论。同时,我也期待同学们能在假期加入江南新村的志愿者团队。

师:"在城市建设中,一定要贯彻以人民为中心的发展思想"。今天非常感谢李靖主任和江南新村,为我们提供了这样一个走出课堂、参与社会公共生活、体会基层社区建设的机会。站在中国共产党新的百年征程上,南洋学子将和江南新村的居民一起,共同见证和参与上海西岸、徐汇滨江的建设及发展。

 **教师手记**

从思政小课堂走向社会大课堂

党的十八大以来,以人民为中心的发展思想成为经济社会发展的重要理念。上海市南洋中学所在的斜土街道辖区内的江南新村,始建于 1953 年,是徐汇区一个非常典型也很有特点的大型老式小区。2018 年 4 月 11 日,李克强总理来到江南新村邻里汇,称赞江南新村邻里汇通过社区医养结合的尝试,帮助更多社区居民实现了居家养老。江南新村就是一个非常典型的能体现"人民城市人民建,人民城市为人民"的基层社区。江南新村的改建,既从居民群众中汲取了智慧和力量,也充分尊重了居民的主体地位和首创精神。邻里汇建设的目的是更好地满足居民对美好生活的需要,保障和改善居民的生活,提升居民生活的幸福感。

本堂课的教学对象为高一学生,在经过高中政治必修二《经济与社会》的学习后,学生已经能对指导我国经济社会发展的新理念形成认同,但结合社会现象和实践活动,运用新发展理念的基本观点,观察、分析和参与社会生活,尝试提出建设性意见的意识和能力稍显不足。因此,结合必修二《经济与社会》第二单元第 3 课"我国的经济发展"中"坚持以人民为中心的发展思想"的相关内容,在进行教学设计时,我选择了更贴切学生实际生活的议题——江南新村邻里汇如何发挥"汇邻里"作用,和学生共同探究社区是如何践行新发展理念的。

本课教学设计的目的在于,通过实地走访,让学生了解江南新村社区建设的整体情况和居民特点,进而亲身体会江南新村邻里汇的建设目的;通过参与老年活动课程,体会江南新村邻里汇如何发挥"汇邻里"作用;通过访谈交流,思考江南新村在发展中遇到的困境,如何才能从物质和精神多个层面更好地满足居民的需求。

一、情境选择

2018 年 1 月,教育部发布《普通高中思想政治课程标准》(2017 年版),首次提出"活动型学科课程"的概念,明确高中思想政治是一门综合性、活动型学科课程。在"双新"探索的大背景下,要构建以培育核心素养为主导的"活动型学科课程","设境导学"教学模式的探索和实践是高中思政课开展情境教学非常重要的抓手。《普通高中思想政治课程标准》(2017年版 2020 年修订)指出:"一般来说,情境涉及的行为主体越多,主体之间的相互作用越强烈,决策要实现的相互竞争的目标越多,影响决策及其结果的因素越多,情境的不确定性越大,立场观点或价值观、利益越多样且相互冲突越大,情境所蕴含的价值、功能、作用越丰富多样,情境的复杂程度越高。"因此,无论是针对思维活动抑或是实践活动,在进行教学情境的选择时,教师应着眼于学生的最近发展区,从学生的已知、未知、想知、能知、怎么知等方面综合考虑。于是,我确定以学校所属辖区内的江南新村的建设和发展为大情境,以江南新村邻里汇建设为切入口,拓宽学科知识和实践内容的深度、广度及复杂程度,让学生想参

与、能参与、参与后能有所收获。

二、活动设计

学生的知识学习在一系列思维活动、探究活动、社会实践活动等方式中进行,学生在参与、探究、体验中均涉及学科内容学习,而不是单纯的开展活动。[①] 2021 年,习近平总书记指出,"'大思政课'我们要善用之,一定要跟现实结合起来""思政课不仅应该在课堂上讲,也应该在社会生活中来讲"。本课的亮点在于,尝试将传统的思政课与场馆合作,打造"有血有肉"的思政三尺讲台。课堂融入了包括教师、学生、社区工作者和社区居民在内的多元主体。教师引导学生通过参与、观察和分析社区建设,以更全面、更生动、更独特的认知与分析,尝试为社区邻里汇的完善和发展提出建设性意见,以此提升学生的公共参与学科素养。本课教学依托校外实践基地展开,既是呼应国家在全面深化课程改革进程中对于"大思政课"的要求和期望,也符合活动型学科课程的含义,即活动型学科课程是课内议题活动的延伸、拓展和深化,实质是为了促进学生学习方式的转变。一方面弥补了学科课程和活动课程的弊端;另一方面弥补了学科内容的不足,实现了课程活动方式的多元化。[②]

三、任务设置

《普通高中思想政治课程标准》(2017 年版 2020 年修订)在基本理念中指出,"构建以培育思想政治学科核心素养为主导的活动型学科课程""力求构建学科逻辑与实践逻辑、理论知识与生活关切相结合的活动型学科课程"。围绕社会热点或者真实生活中的经验开展思维活动,对学生来说更具吸引力,同时也需要学生运用现实社会生活中所涉及的多种知识与技能进行回答,促进学科知识的融合,从而更有效地培养学生的综合能力与素养。在课堂教学的过程中,教师通过设置序列化的任务,引领学生进行自主体验和探究,进而将社区邻里汇的场馆资源真正用好用活。在本课中,学生课堂任务的序列性体现在以下几点。(1)对于细节性一般问题的思考,学生可以通过观察和聆听直接获得。比如:江南新村为何要打造邻里汇项目,邻里汇又是如何发挥"汇邻里"作用的。(2)对于指向事实但需要进行思维处理的复杂问题的思考,学生需要对在课堂中获得的多元信息进行判断和甄选。比如:如今,居民对邻里汇的需求有了怎样的变化。(3)对于具有开放性的复杂问题的思考,学生需要将生活的实际经验和已有的学科知识进行整合,并进行有逻辑的表达。比如:请同学们一起群策群力,为江南新村邻里汇未来的发展建言献策。学生在课堂中也需要以小组为单位,通过探究活动,完成序列化的学习任务,不断深化认识,达成从知识到方法的深度学习。然后,从主体、手段、途径、学科知识等角度,引导学生全面认识新时期社区建设过程中所遇到的困境和"人民城市人民建,人民城市为人民"的真正内涵。

在课后反思中,我也深刻感受到在依托场馆资源打造活动型学科课程的过程中,教师一定要充分发挥学生的主体地位,注重学生的实际生活体验、内心感受、社会活动参与。只

① 朱明光.关于活动型思想政治课程的思考[J].思想政治课教学,2016(4):4-7.
② 张孟云.基于核心素养的高中思想政治活动型学科课程建设探究[D].苏州:苏州大学,2017.

有在确定的议题引领下,借助贴合学生生活关切的情境,通过序列化的任务串联,开展丰富多彩的自主性、实践性、探索性主题活动,才能真正促进学生学科核心素养的发展。

学生感悟

这次走进江南新村邻里汇的活动,不仅丰富了我的思政课学习体验,让我深刻体会了"以人民为中心的发展思想",还让我近距离地体会了新时期社区建设工作的特殊性和全面性。新时期中国基层社区的发展和进步,如同一堂堂生动而深刻的"大思政课",能让我们更好地读懂这座城市和把握城市发展的未来。

过去,我总觉得社区只是我们生活的地方。在仔细聆听了赵卿老师对于江南新村概况的介绍和李靖主任对于邻里汇打造过程的介绍后,现在我才真正体会到社区既是一座城市非常重要的组成部分,也是一个国家发挥基层群众自治作用的重要场所。在我们看来是家长里短的小事,却也是上海这座城市在以经济建设为中心的发展过程中,城市居民对于"美好生活"最深刻的需要。江南新村居民对于邻里汇的需要,不仅有物质层面的"硬"需要,还有对于获得感、归属感、幸福感层面的"软"需要。"人民城市人民建,人民城市为人民"不仅仅是一句鼓舞人心的口号,更是基层社区工作和城市建设发展的一个指引牌。小到一个社区的建设,大到一座城市和一个国家的建设发展,都离不开人民主体地位的发挥。

我想,城市的发展需要高度,更需要温度。在向第二个百年奋斗目标进军的新征程中,作为生活在这座城市的一员,作为社区的重要组成部分,城市的建设既需要新时代的劳模精神和主人翁精神,更需要青年一代的奋发有为。

(上海市南洋中学　沈俊杰)

专家点评

赵卿老师的这堂在江南新村开设的馆校合作课程,其整体教学设计和实施聚焦学生政治认同和公共参与学科素养的培育,将知识学习、情境体验、实践感悟融为一体。一方面强调学生在课堂学习中边实践体验边思考感悟;另一方面强调学生在践行体验中强化家国责任和使命担当,既加强学生的"知",又推动学生的"行",达成知和行的统一,促进了学生的政治认同水平和公共参与能力螺旋式上升。本课的亮点主要体现在以下四方面。

一、立足学科本质,坚持在真实故事中立德树人

在江南新村邻里汇的实地调研和学习中,教师让学生清晰地了解和把握了一个基层社区建设和传承的历史脉络,用居民对于基层社区的深厚情感去鼓舞学生,领悟习近平总书记提出的"人民城市人民建,人民城市为人民"的深刻内涵,很好地激发了学生对于基层社区、对于上海这座城市的情怀与热爱、责任与担当,进而落实立德树人根本任务。

二、渗透学科融合，在社会发展细节中说理论事

通过本课的学习，让学生在"知"之甚广的过程中拓宽视野，把握新时代中国城市发展的脉搏。通过一系列课堂活动，让学生带着问题在探索中引发思考、形成发现，引导、帮助学生清醒地认识到基层社区发展的真实需求，进而在解决教师设计的学习任务的过程中提升探究力和实证力。

三、坚持以生为本，在学生感受中进行价值引领

在课堂教学的过程中，教师注重培养学生的独立人格和独立思维。学生在参与邻里汇活动的过程中，与居民展开了一系列对话和互动，在提升学习兴趣和研究积极性的同时，还打开了视野和格局，涵养了本土情怀。通过社区建设者的亲身经历和讲述，引导学生在价值判断的基础上形成正确的价值选择，立志在奉献社会中成就事业、成就自我。

四、放眼未来，以今日生活抒发未来建设的理想

作为一堂依托社会亲身实践而展开的活动型学科课程，教师充分发挥了场馆资源的感染力和说服力，使学生"亲其师，信其道"，形成对于基层社区和城市建设的自我反思，实现了学生知、情、意、行的相互转化，达成从"知"到"行"的育人目标，进而最终坚定对中国特色社会主义道路的信心、信念、信仰，成为一个有价值、有追求、有贡献、有智慧和有情怀的社会主义建设者和接班人。

（上海市徐汇区教育学院　王志安）

 作者简介

赵卿，上海市南洋中学教师，中学一级教师，中共党员。被评为全国学生"学宪法 讲宪法"活动优秀指导教师、上海市中学生时政知识大赛优秀指导教师、徐汇区教育系统中青年学科骨干教师，获上海市"红色一课"馆校合作优秀课程征集及展示活动三等奖、徐汇区教育系统"骏马奖"、上海市普教系统优秀党建论文二等奖。参与国家级课题"中国财经素养教育分学段主题活动研究"的子课题研究。参与编写《政治核心 文化先锋 育人模范——中学党建实务ABC》《设境育人 以美感人》等。

星星之火,从这里燎原

——走进南昌路 100 弄 2 号

上海交通大学附属小学　傅培贤

教学实录

师:同学们,学校的"四史"教育正如火如荼地开展着。经过一段时间的学习,你们都读了哪些中国红色故事?

生 1:我不仅读了《闪闪的红星》,还读了《鲁迅作品精选》。

生 2:我和爸爸妈妈一起读了一套革命故事连环画,重温红色经典,铭记峥嵘岁月。

生 3:电视剧《觉醒年代》的热播,让我读起了《李大钊传》和《新文化运动百年祭》。我深深地感受到没有共产党就没有新中国。

师:今天,就让我们一起走进南昌路 100 弄 2 号,一起寻找答案吧。这是一座具有 100 多年历史的石库门建筑。一个世纪前,这里的门牌还是法租界环龙路老渔阳里 2 号。中国共产党人就是在这里选择了走马克思主义道路,创世纪地铸就了中国革命的红色起点。让我们走进展馆,一起了解中国革命的火种如何在这里悠悠燃起。

师:这栋石库门楼上的两个房间分别是陈独秀、高君曼夫妇及两个未成年孩子陈子美、陈鹤年的卧室,而楼下右侧一间是陈独秀的会客室,左侧一间堂屋是随着陈独秀迁来上海的《新青年》编辑部旧址。

师:在这里流传着一段佳话:"南陈北李,相约建党"。让我们通过参观来了解这段佳话。请你们以小组为单位去寻找答案吧。

师:谁来说说佳话中的"陈"和"李"分别指的是谁,相约建党又是怎么一回事。

生 1:通过参观,我们小组知道了"陈"指的是陈独秀,"李"指的是李大钊,他们都是中国共产党的创始人。

生 2:我们小组还知道了陈独秀是安徽怀宁人,在中国的南方,而李大钊是河北乐亭人,在中国的北方,因此被称为"南陈北李"。

生 3:因为陈独秀创办了《新青年》杂志,李大钊将《新青年》第六卷第五号编为马克思主义研究专号。

生 4:他们还共同探讨在中国建立共产党组织的问题,相约建党。

师:1920 年 2 月,李大钊护送陈独秀秘密出京前去上海,途中两人商谈筹建中国共产党的事情。"南陈北李,相约建党"也成了一段历史佳话。

师:《新青年》杂志是什么时候创办的? 它的创办给中国带来了哪些影响?

生 1:1920 年 8 月,《新青年》编辑部正式成立。

生 2:这是中国第一个共产党组织,旨在宣传马克思主义的基本理论。

师:陈独秀创办的第一期《新青年》原名为《青年杂志》,在发刊词中提及"吾辈新青年当自主的而非奴隶的、进步的而非保守的、进取的而非退隐的"。这影响了当时一大批有志青年。尤其是 1919 年大量刊登介绍俄国十月革命和宣传马克思主义的文章,影响了有志青年的三观。

生 3:老师,您说的是《新青年》第八卷第一号起新开辟的俄罗斯研究专栏。

生 4:作家茅盾曾这样评价:"暗示中国人民与十月革命后的苏维埃俄罗斯必须紧紧团结,也暗示全世界无产阶级团结起来的意思。"

师:是的,《新青年》也成为党的机关刊物,犹如一盏明灯照亮了中国黑暗的社会。《新青年》编辑部吸引了许多青年先进分子共同研究革命理论,探究改造中国的道路。大家知道在它的作者和读者中有许多伟人吗?

生 5:1917 年 4 月,毛泽东在《新青年》第三卷第二号上刊登《体育之研究》一文。这是至今发现的毛泽东公开发表的最早的文章。

生 6:毛泽东曾经回忆说:"《新青年》是有名的新文化运动的杂志,由陈独秀主编。当我在师范学校做学生的时候,我就开始读这一本杂志。"

生 7:毛泽东曾是《新青年》的忠实读者。

生 8:《新青年》也是青年毛泽东投身革命、信仰马克思主义、参加中国共产党的政治导师。

师:在课前,同学们都读了很多红色故事。大家对这些人物都有哪些了解呢?

生 2:在中国内忧外患极其严重的黑暗岁月里,陈独秀和李大钊共同努力,《新青年》横空出世,指引着时代前进的步伐。在《新青年》编辑部里,有李大钊、陈独秀、鲁迅和蔡元培等人。

生 5:陈独秀是中国共产党早期的杰出人物,北京大学校长蔡元培曾聘请他为北大文科学长。

生 6:在建党之初,中共中央委托李大钊指导北方党的工作,领导宣传马克思主义,开展工人运动,建立党组织。

生 7:我们之前就学过鲁迅的文章,我还看过《小学生鲁迅读本》。鲁迅的童年伴随着百草园、社戏长大,他热爱生活,喜欢观察和思考。

生 8:蔡元培先生被北大学生称为"永远的校长"。他曾经告诉学生,读书要抱着求学的宗旨,不要那么功利。

师:同学们的介绍都非常精彩。这四位都曾在《新青年》编辑部里战斗着、奋斗着……

生 1:老师,《新青年》中的"新"该如何理解?

生 2:这是陈独秀为了强调这本杂志属于新时代青年,想要改造青年思想,开启民智。

师：《新青年》摒弃"之乎者也"，讲白话文，使用新式标点，高举民主与科学的旗帜。

生1：我知道《新青年》拉开了新文化运动的序幕。新文化运动是由陈独秀、李大钊、胡适、鲁迅、钱玄同等一些受过西方教育（当时称为新式教育）的人发起的一次"反传统、反孔教、反文言"的思想文化革新、文学革命运动。

生2：为什么新文化运动要反对传统、孔教和文言文，这不都是我们现在一直学习的东西吗？

生3：因为要民主，就要反对一切封建社会的君主制度；要科学，就要反对已经不适应发展的八股文和文言文。胡适在《文学改良刍议》中提出，今日的中国应该创造出属于当下时代的文学。他严厉批判旧文学，提倡新文学。

生4：1918年5月，鲁迅创作的第一篇短篇白话文日记体小说《狂人日记》发表于《新青年》月刊，开辟了中国新文学的道路。

师：新文化运动反对的孔教是君主专制以及为之服务的封建伦理道德，并不是反对孔子。新文化运动提倡的是新文化，既能让文章更通俗易懂，也更便于注入新内容和新思想。但文言文和孔子的思想依旧是中华优秀传统文化，值得我们学习。

生5：李大钊同志曾提出，以青春之我，创建青春之家庭、青春之国家。

生6：鲁迅曾经说："有一分热，发一分光，就令萤火一般，也可以在黑暗里发一点光，不必等候炬火。"

师：新文化运动在当时迅速遍布了全国各地，沉重打击了封建礼教，推动了现代科学在中国的发展，激励了一批又一批有志青年，让马克思主义思想在中国得以传播，革命火花就这样熊熊燃起。

师：就这样，一个伟大的组织——中国共产党发起组成立了，中国革命的星星之火，可以燎原。之后，老渔阳里2号就成了中共中央政治局办公地，担负起了中国革命早期领导中心的使命。

师：参观到这里，你认为是什么让星星之火得以燎原？

生7：仁人志士无畏的勇气及其对中国革命坚定的信念。

生8：我也感受到了无数青年革命战士们的崇高理想，以及以救国为己任、不怕艰难、无私无畏的伟大精神。正是这些让星星之火得以燎原。

师：2021年，中国共产党迎来百年华诞。从石库门开始，一艘小小的红船承载着人民的重托、民族的希望，越过急流险滩，穿过惊涛骇浪，成为领航中国行稳致远的巍巍巨轮！此时此刻，你最想说什么？

生1：明镜所以照形，古事所以知今。习近平总书记在庆祝中国共产党成立95周年大会上指出："一切向前走，都不能忘记走过的路；走得再远、走到再光辉的未来，也不能忘记走过的过去，不能忘记为什么出发。"

生2：我们要铭记这段历史，守护这种奋斗精神。

生3：中国的未来更需要少先队员的努力和奋斗！

生4：让我们饮水思源，心怀家国，奋发读书，为共产主义事业而奋斗！

生：（齐声）让星星之火继续燎原，更加绚丽，更加光彩！

（学生合作背诵《少年中国说》）

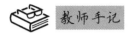教师手记

巧用红色资源，让馆校学习深度发生

上海是中国共产党的诞生地，是共产主义革命的摇篮，有着丰富的红色资源。"红色一课"的拍摄，对我来说无疑是一个巨大的挑战。在这一过程中，我始终都在摸索这样一个问题：如何带领学生从小课堂走进大课堂，发挥场馆教学立德树人的作用？幸运的是，在专家的悉心指导和伙伴的热情帮助下，我从教学实践中感悟到一些心得：运用场馆的红色资源来联结学生，真正为学生的发展而教，显得尤为重要。

根据《现代汉语词典》（第7版）的定义，联结是指"结合（在一起）"。基于联结学生的场馆教学，是指从学生的角度出发，明确教学目标，进行教学设计，开展实践活动，提升学生的核心素养，为学生终身发展而教，帮助学生扣好人生的"第一粒扣子"。这种教学包含以下几个要点。

首先，深入了解学情，找到教学起点，明确联结的方向。学情包括学生的年龄、身心特点、生活和学习中已经习得的经验等。南昌路100弄2号既是陈独秀的故居，也是中国共产党发起组成立地及《新青年》编辑部旧址。故居记录了《新青年》杂志是如何创办的，展示了马克思主义伟大思想是如何传播的，见证了中国共产党是如何诞生的峥嵘岁月。在场馆教学之前，交大附小的五年级学生通过整个小学阶段的学习，已经具备了一定的学习能力，包括小组合作、自主研究、查阅资料等素养。并且，通过学校的德育活动和《道德与法治》五年级下册第三单元"百年追梦 复兴中华"中的"中国有了共产党"这一课，初步了解了马克思主义在中国的传播及五四运动的相关史实，知道了中国共产党的创建是历史的必然选择。由于校内小课堂的局限性，很多学生对于这段历史的认知还停留在表面，很难引起共鸣或发自肺腑地认同。因此，走进场馆，通过小组合作等多种形式的学习方式，进一步了解相关历史，认同"中国共产党的创建是必然的"，成了本次教学联结的重点方向。

其次，在充分了解学情的基础上，对学生的场馆学习情况做一定的预设，从学生的已知经验出发，确定教学目标，设计研究框架，创造联结条件。课前，通过对场馆的实地考察，我们发现展馆的展示内容丰富全面，陈列着大量珍贵的历史照片、史料、文物。面对诸多元素，如何确定教学目标？选择哪些合适的内容进行学习研讨，才能让学生的感性经验上升为深刻体验？结合学生课前的适度访谈以及学生在完成这一课教材配套活动册的基本情况，我们预设了学生可能对场馆内容产生的几个问题：（1）陈独秀是如何创办

《新青年》的;(2)《新青年》杂志是一本怎样的杂志;(3)《新青年》的创办对中国革命有什么意义;(4)为什么说中国共产党的成立是一件开天辟地的大事。针对这些问题的教学，将帮助学生进一步理解中国共产党成立的意义。为此,我明确了教学目标,设计了以下教学问题链(见图1)。

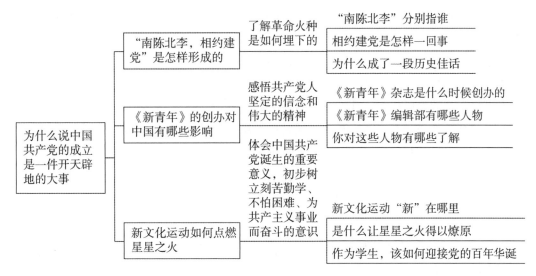

图1 场馆教学联结学生的教学问题链

概言之,整个学习活动以"为什么说中国共产党的成立是一件开天辟地的大事"为核心问题,并围绕着三个"一"展开:一段佳话——"南陈北李,相约建党";一份刊物——《新青年》;一场运动——新文化运动。教学问题链的设计,适度补充和拓展了教材的相关内容,让场馆资源与教学活动之间建立起了联结,以学生的已知为起点,激发学生的进一步思考,引导学生深入理解相关教学问题。制定适切的教学目标,设计合适的教学问题链,成为场馆学习和学生之间发生联结的充分条件。

最后,为了让场馆教学真正联结学生,必须紧紧抓住学生在教学过程中的认知冲突,激发学生质疑,引导学生在与文物对话中碰撞出思维火花,在深度学习中提升思维品质。通过场馆教育,促进学生完成从认知体验、行为指导到价值认同的转换,促进学生的道德生长。德国哲学家伽达默尔曾经指出:"质疑意味着摊开、公开。只有善于质疑的人,才能获得真正的理解。"学生通过质疑,从认知现象到理解知识,再到发现价值,在解决问题的过程中逐步实现从低阶思维向高阶思维发展,树立文化自信,增强政治认同,根植爱党爱国情怀,提升核心素养。

备课时,我发现对生活在新时代的小学生来说,《新青年》的创办、新文化运动的发起等,这些历史事实显得非常遥远。让他们通过静止的文物,感受当时"星火燃起"的社会场景,成为最大的教学难题。新文化运动到底"新"在哪里,一度成为他们的认知冲突点。我试图借助教学问题链,为学生搭建起学习框架,其中一个环节是开展小组合作学习。学生们学习在《新青年》编辑部里奋斗的热血青年们的故事,彼此交流自己对这些人物的了解。

如此,一方面唤醒了学生的已知经验——通过自主阅读红色故事,辅之以学校的德育活动,他们对毛泽东、鲁迅、李大钊、陈独秀、蔡元培等都有所了解;另一方面激发了他们的思考:《新青年》到底是一本怎样的杂志,能让那么多的有志青年为之奋斗?杂志中的"新"字该如何理解?随着阶梯式深入探讨的进行,学生还发现了和自己现有生活经历的矛盾与冲突,进一步提出疑惑:为什么新文化运动要反对传统、孔教和文言文,这不都是我们现在一直学习的东西吗?通过历史反思,他们进一步理解了此次运动的深远意义。

通过"调动已知—发现问题—提出问题—研究问题—解决问题"的深度学习过程,联结得以发生。在思维的火花中,学生逐步理解新文化运动激励一批又一批有志青年,让马克思主义思想在中国得以传播。他们感悟到共产党人坚定的信念和伟大的精神,理解中国共产党的成立是一件开天辟地的大事件。课堂接近尾声的时候,学生们自发地在场馆里深情地朗诵诗歌《少年强则国强》,集体背诵《少年中国说》。他们借助这些诗文来表达作为新时代的少年,为实现中华民族伟大复兴、为实现第二个百年奋斗目标努力奋斗、舍我其谁的志向。当课堂结束时,学生们走出场馆。南昌路100弄2号对他们来说,已经不仅是一个参观学习的场馆,更是一盏帮助他们树立正确信念、指导自我行为、指引人生方向的明灯。

《义务教育道德与法治课程标准》(2022年版)指出:"坚持校内教育和校外教育相结合,引导学生走出课堂、走出校园,积极参与社会实践活动,把知识运用于社会,服务于人民,强化学生的社会责任感,提高他们的实践创新能力。"[1]这对每一位思政课教师都提出了更明确的要求:用好红色资源,上好思政课。通过场馆教学联结学生,为学生发展而设计课程,能有效结合红色资源和校内教育,引导学生扣好人生的"第一粒扣子",充分发挥好思政课立德树人的作用。在解决好"培养什么人、怎样培养人、为谁培养人"这个根本问题上,做出积极而富有成效的探索。

学生感悟

今天,傅老师带领我们一起走进南昌路100弄2号学习党史,让我心潮澎湃、激动不已。100多年前,伟大的中华民族堕入深渊,在泥潭中挣扎。无数中华儿女在黑暗中探索,寻找拯救国家的道路。1915年,陈独秀在上海创办《青年杂志》(第二卷起改名为《新青年》),吹响了彻底批判封建主义的第一声号角,成为当时青年们的引领者。随之兴起的新文化运动,则让科学和民主的思想在中国得以传播,为马克思主义思想在中国的发展扫清了障碍。最终,在1921年7月23日,中国共产党诞生了。这是中国历史上开天辟地的大事,中国从此走上了一条民族复兴的康庄大道。现在,新的时代已经来临。在此,作为社会主义接班人的我们,不但要缅怀革命前辈的丰功伟绩,而且要继承他们的遗志,为中华民族的伟大复兴而奋斗终生。

(上海交通大学附属小学　李欣玥)

---

① 中华人民共和国教育部.义务教育道德与法治课程标准(2022年版)[M].北京:北京师范大学出版社,2022.

在《新青年》编辑部旧址的展馆里，我们看到了许多历史照片和文物。在这里，中国共产党人选择了走马克思主义道路，创世纪地铸就了中国革命的红色起点。通过参观，我们了解了这里是中国第一个共产党早期组织的诞生地，并在这里提出了"按照共产主义者的理想，创造一个新的社会"的革命目标，推动了各地共产党早期组织的建立。随着学习的深入，我心中的敬慕之情也油然而生。鲁迅曾经说过："有一分热，发一分光，就令萤火一般，也可以在黑暗里发一点光，不必等候炬火。"正因为他们这一代人的奋斗和牺牲，才换来了中华民族的伟大复兴。作为中国的当代少年，我们应该继承和弘扬革命先烈的精神，不负韶华，努力拼搏，为中华之崛起而读书！

（上海交通大学附属小学　余若涵）

辛丑春夏之交，申城烟雨朦胧。在傅老师的带领下，我们来到了南昌路100弄2号——《新青年》编辑部旧址，缅怀先辈，体验历史，了解"星星之火，可以燎原"的初创艰辛。进入小小的展馆，映入眼帘的是一张张黑白老照片和一段段充满血与泪的文字。在灯光的照映下，革命先辈是那样的神圣而庄严。通过参观，我们了解了"南陈北李，相约建党"背后的光辉历史，特别是陈独秀创办的《新青年》杂志，对中国和一代代中国青年思想的影响。随着对中国共产党的开创和发展的不断深入了解，我的心中时不时地荡起阵阵涟漪，可谓感慨万千。我深刻意识到，我们的幸福生活和祖国的繁荣昌盛离不开一代代革命先烈的努力奋斗和忘我牺牲。不忘初心，方得始终，鉴往知来，笃行致远。作为新时代好少年，我暗下决心：一定要努力学习，听党话、跟党走，将来为建设新时代中国特色社会主义贡献自己的力量。

（上海交通大学附属小学　高子力）

专家点评

思政课是落实立德树人根本任务的关键课程。道德与法治课程是义务教育阶段的思政课，旨在提升学生的思想政治素质、道德修养、法治素养和人格修养等，增强学生做中国人的志气、骨气、底气，为培养以实现中华民族伟大复兴为己任，有理想、有本领、有担当的时代新人打下牢固的思想根基。思政课不是纯粹的理论课，而是实践滋养的理论课。要坚持理论性与实践性相统一，将思政小课堂与社会大课堂相结合。从实践中获取丰富的课程资源，获取不断更新的课程内容，提升课程的认同感，增强理论的说服力。习近平总书记指出："把思政小课堂同社会大课堂结合起来，在理论和实践的结合中，教育引导学生把人生抱负落实到脚踏实地的实际行动中来，把学习奋斗的具体目标同民族复兴的伟大目标结合起来，立鸿鹄志，做奋斗者。"

傅老师设计与实施的基于联结学生的场馆教学，能结合道德与法治教学的相关内容，立足学生的视野，在了解学情的基础上，借助问题链开展问题导向下的学习活动，从小课堂到大社会，发挥场馆教学立德树人的作用，有效实施道德与法治课教学。其特点如下。

第一，充分运用红色资源，引导激情促思。在我国960多万平方公里的广袤大地上，红色资源星罗棋布；在中国共产党带领中国人民进行百年奋斗的伟大历程中，红色血脉代代相传。每一个历史事件、每一位革命英雄、每一种革命精神、每一件革命文物，都代表着中国共产党走过的光辉历程、取得的重大成就，展现了中国共产党的梦想和追求、情怀和担当、牺牲和奉献，汇聚成中国共产党的红色血脉。红色血脉是中国共产党政治本色的集中体现，是新时代中国共产党人的精神力量源泉。傅老师基于问题导向开展场馆教学，充分发挥学生主体性，引导学生认识到这里作为中国共产党孕育初心的"秘密摇篮"，在中国共产党创建史上具有重要而独特的地位，创立了中国革命史上的诸多"第一"，促进其情感得到升华。

第二，有机强化实践要求，关注素养培育。新课标要求基于核心素养发展要求，遴选重要观念、主题内容和基础知识，设计课程内容，增强内容与育人目标的联系，优化内容组织形式。建立校内与校外相结合的育人机制，要求教学要与社会实践活动相结合，加强课内课外联结，丰富学生实践体验，促进知行合一。傅老师能结合红色资源，通过参观访问、现场观摩等方式，带领学生从课堂走向社会，鼓励学生在社会实践中扩展视野、提升能力和学以致用，增进学生对国情的了解，增强爱国情感，培育核心素养。

作为思政课教师，要加强育德意识，提高育德能力，巧妙设计与实施场馆教学。基于学习内容，既要精选内容，体现以小见大，又要精准把握，实现有效育人。

（上海市徐汇区教育学院　曹娟娟）

 作者简介

傅培贤，上海交通大学附属小学教师，中级教师，徐汇区道德与法治学科中心组成员。长期担任班主任工作，从事并研究小学道德与法治、语文教学工作。曾获上海市"红色一课"馆校合作优秀课程征集及展示活动三等奖、徐汇区道德与法治学科青年教师教学评比二等奖。曾参加大中小学思政课一体化学习团队项目研究，负责"基于场馆学习的小学道德与法治综合实践活动设计与实施的研究"项目。

孔庙中的天籁之音

——走进嘉定孔庙

上海市嘉定区普通小学　周蓉倩

教学实录

师：来到嘉定孔庙，大家有一种什么感觉？

生1：庄严神圣的感觉。

生2：古老深厚的感觉。

师：为什么我们会有这样的感觉？

生1：因为孔庙有悠久的历史。

生2：因为这里是纪念孔子的庙宇。

师：是呀，因为这是纪念我国古代著名思想家、教育家、儒家学派创始人孔子的庙宇。今年我们又迎来了一批新的小讲解员。他们第一次来到嘉定孔庙开展实地学习。我们请老队员们给他们做一个示范讲解，好吗？谁来试试？

生1：（举手）我来！

师：好，请你来示范讲解。请大家认真观摩。

生1：大家好！欢迎参观嘉定孔庙和上海中国科举博物馆。孔庙是纪念和祭祀孔子的庙宇，又叫文庙、圣庙。嘉定孔庙始建于南宋嘉定十二年（1219 年），至今已有 800 多年的历史，是目前国内规模较大且保留比较完好的县级孔庙建筑，在古代江南地区的县级孔庙中有"吴中第一"的美称。现在我们看到的是嘉定孔庙和上海中国科举博物馆的所在地。

师：同学们，她讲得怎么样？

生：（齐声）好！

师：她运用了哪些讲解技巧？

生2：她讲解时的语音语调注意轻重缓急、抑扬顿挫，非常吸引人。

师：还有谁来说说？

生3：她讲解时面带微笑，眼神一直在和周围的游客互动交流。

师：你观察得真仔细！

生4：她还用上了动作手势语来辅助讲解，更加大气自信。

师：你看得非常仔细！大家说得都很好！我们在讲解时要掌握以下几点原则：一要掌握语音语调的轻重缓急、抑扬顿挫，要有节奏感；二要用动作手势语来辅助讲解；三要用眼神与游客对视交流,巡视全场,面带微笑;四要用放慢或者加重语气来突出重要景点。

师:接下来,请三年级的新讲解员观摩一下老讲解员的讲解,并挑选一位喜欢的老讲解员做师傅,以师徒结对的形式选择景点,模拟讲解,一起探讨和解决疑问。

A 组学生:阿姨好!

阿姨们:小朋友们好!

A 组学生:我们是嘉定孔庙的义务小讲解员,我们想为你们讲解一下孔庙的历史与文化,好吗?

阿姨们:好的,谢谢!

A 组学生:大家好! 欢迎参观嘉定孔庙和上海中国科举博物馆。大家站在孔庙门前可以看到孔庙南面的汇龙潭和应奎山。汇龙潭由五条河汇聚而成,五条河流犹如五条游龙,而潭中的应奎山又好比一颗明珠,因而人们将这一景象比作“五龙戏珠”。在应奎山的东面有一座外形美观的二层楼阁,叫魁星阁,也是孔庙古建筑群之一。“魁星”是北斗星中的一颗,传说是主宰文章兴衰的神……(师傅纠正语音语调和节奏)

B 组学生:在孔庙中门上端有一元代的鱼龙石刻,比喻读书人能考中秀才入孔庙(学宫)读书,犹如鲤鱼跳龙门……我们现在看到的这个呈半圆形的水池叫作泮池,它开凿于南宋时期。在古代,天子(皇帝)讲学的地方叫作辟雍。泮池上架有三座石拱桥。由于中国古代封建等级制度非常严格,当时孔庙的中门和泮池的中桥只有官员才能通行……(师傅纠正“辟雍”的读音和手势动作)

C 组学生:过了泮池就可以看到孔庙的第二道门——大成门。“大成”一词源于古代著名思想家孟子说的“孔子之谓集大成”,意思是孔子的学说集中了古代文人的思想智慧,并且达到了至高的境界。大成门内左右共有 7 只赑屃,其背上驮了 7 块石碑……(师傅纠正手势与眼神的一致性、缓缓放下的动作,并鼓励放松心情)

师:同学们,你们都找到小师傅了吗?

生:(齐声)找到了。

师:好,接下来我们进行师徒结对活动,请把你们的心愿卡交给你们的小师傅。来,我们排成一队合个影。

师:在刚才讲解的过程中,老师发现有些同学和游客之间的距离特别远,一些爷爷奶奶听得不是很清楚。讲解的时候,和游客的距离保持多少米最合适?

生:(齐声)一米。

师:是的,一米是最合适的。

生 1:周老师,刚才在讲解时,有一位游客问了我一个问题,可是我不知道。遇到这种情况时该怎么办呢?

师:这个问题应该怎么答,你们能说一说吗?

生 2:我也遇到过这样的问题。我是这样回答的:对不起,这个问题我不太清楚,等我进一步去探究了再告诉你。如果你不介意,我们留个联系方式。

师：这个回答很好。等讲解结束后，我们可以通过问老师或者自己上网查资料的方式来解决这个问题。

生3：周老师，我刚才讲解时，一位老奶奶硬是塞了个苹果给我。

师：你当时是怎么做的？

生3：我跟老奶奶说，我不要。

师：你做得非常好！作为志愿者，我们不应该拿游客的礼物。但是不拿游客的礼物，又会让游客有点失落。应该怎样做才更有礼貌？

生4：我会说，谢谢奶奶，不过作为志愿者，是不能拿游客礼物的。

师：你来说。

生5：我还会说，礼物不能收，但是我们可以合个影。

师：我们的小讲解员们真是太棒了！

师：接下来，让新讲解员来试讲一段。

师：谁来？

生：（异口同声）我来。

师：好，新讲解员们请到这边来讲解。

生6：孔子是春秋末期鲁国陬邑（今山东曲阜）人。如今，曲阜孔庙是我国最早也是最大的孔庙建筑群。

师：说得很好。接下来请她的小师傅来点评一下。

生7：我觉得她的讲解落落大方，语音语调很好听，注意到了轻重缓急、抑扬顿挫，并且面带微笑，巡视全场，值得点赞！但是，如果能加上一些动作手势语就更好了。

师：你们说是不是这样呢？

生：（齐声）是的。

师：今天我们来到嘉定孔庙进行观摩、学习、讲解。小师傅们发扬了自己的精神，把他们的一招一式都传给了小徒弟。同时，小徒弟们虚心好学，一招一式都学得非常棒！希望大家都能发扬孔子的"三人行，必有我师焉"的精神，把这种精神传承下去，将孔子的思想发扬光大。今天的活动就到此结束。

 教师手记

志愿讲解传承 提升文化自信

——以"疁城少年义务讲解队"为例

上海市嘉定区耸立着一座气宇轩昂、宏伟华丽、始建于南宋嘉定十二年、已有800多年历史的建筑——嘉定孔庙，其"规制崇宏，甲于他邑"，素有"吴中第一"之美称。古庙悠悠，

重檐飞翘,牌坊石狮,巍然矗立,古木翠柏,葱葱环绕,处处散发着文化气息。其深厚的文化底蕴形成了嘉定独特的人文资源,为嘉定后代学子的发展奠定了基础。

"嘤城少年义务讲解队"是上海市嘉定区普通小学与嘉定孔庙于 2002 年 3 月联合创办的一支义务讲解孔庙文化的小学生社会实践团队。20 多年来,该团队以"讲嘤城先人功绩,传嘉定孔庙文化"为宗旨,引导普小学子讲述嘤城历史故事,探究孔庙文化渊源,传承中华优秀传统文化,在嘉定孔庙这片文化沃土上不断成长。

一、"嘤城少年义务讲解队"的前世今生

上海市嘉定区普通小学倚立于文化深厚的嘉定孔庙之旁,学校秉承"智慧育人""勤诚文化"等办学理念,以德育为核心,大力弘扬中华优秀传统文化,充分利用嘉定孔庙的区域资源,于 2002 年 3 月,与嘉定孔庙联手创办了一支小小义务讲解队,即"嘤城少年义务讲解队"。这是一支以小学生为主体的社会实践团队,其组建的基本流程如下:组建团队—理论培训—情境模拟—实践体验—总结分享。

(一)广而告之,全面考量,招募选拔队员

每年 2 月,学校启动"嘤城少年义务讲解队"招募选拔会。通过"个人自荐、教师推荐、学校选拔和博物馆面试"的选拔程序,吸收一批立志传播嘉定孔庙文化、勇于锻炼自我的进取少年。

想成为一名正式队员,要"过五关,斩六将"。第一步是学校层面的选拔,除了将口齿伶俐和表达能力强作为小讲解员应该具备的基本条件外,还关注学生的社会责任感以及对中华优秀传统文化传承的兴趣和认知,还有家长的配合支持度,最终确定 30 名比较合适的候选人。第二步则是参加嘉定博物馆的面试,主要考察队员们的临场反应和对这项活动的真正兴趣。经过这一系列考验,15 名少年讲解员被正式录取。

(二)层层深入,全面关注,组织理论培训

团队组建后,负责教师开始组织队员培训,主要包括三方面内容。第一,明确工作职责要求。教师组织学生学习《少年讲解队公约》,在加强思想和行规教育的同时,明确具体上岗要求。第二,学习讲解内容。教师详细解读嘉定孔庙讲解词的文本内容,悉心指导新队员进行朗读和诵背。第三,操作训练。通过教师指导和老队员示范,少年讲解员们学习讲解时的语音语调、表情节奏、动作手势等技巧,并配合讲稿进行操作训练。

(三)馆校联动,参观场馆,开展实景培训

每年暑期,嘉定博物馆精心组织少年讲解队参观考察培训活动,如参观上海淞沪抗战纪念馆、上海博物馆、青浦博物馆、上海中国航海博物馆等,了解中国历代书画、古代文物化石、革命先辈文物等,使队员们既增长了知识又开拓了视野,让队员们聆听专业讲解示范,亲身体验,不断内化提升。不仅如此,嘉定博物馆还为队员们安排了丰富多彩的学习活动,组织队员聆听"文物普查"讲座,举行隆重的新队员颁发聘书和老队员退队仪式。

寒暑假期间,辅导教师指导队员们开展实习活动,给每位新队员配好小师傅,让新老队员"手拉手"师徒结对。要求师徒细细揣摩讲解的要领,请小师傅做示范讲解,辅导教师手把手地指点,尝试练讲。通过师徒互相点评和教师深度指点,促进新队员迅速成长。

(四)上岗讲解,锻炼能力,丰富实践体验

小讲解员经过一段时间的训练后,终于获得上岗实践讲解的机会。刚开始独立行动时,面对陌生的游客,队员们心里非常紧张,甚至有队员退缩在角落里。这时,教师不仅会及时鼓励队员,还会陪同队员一起走向岗位,主动向游客打招呼。队员们不断迎接挑战,勇敢接待了一批批游客。就这样,通过辅导教师的跟踪指导以及有针对性的启发和鼓励,他们终于振翅高飞,渐渐能独立自主地讲解了。在讲解过程中,有的游客为了表示感谢,请队员与他们合影,队员们因此备受鼓舞,心里既高兴又激动;有的游客甚至会送食物和礼物给队员,但经过培训的他们都婉言谢绝了。游客们都为孩子们的精彩讲解和文明举止所感动,表扬信从四面八方飞来。

(五)总结表彰,交流分享,不断激励成长

每学期期末,教师会指导队员们撰写一学期的讲解心得,组织召开交流总结会,让每位队员回忆讲解时的难忘情景,交流讲解时遇到的问题和困惑,反思感悟自己的经验得失,从而在交流中得到启发,在激励中收获自信和不断成长。每年儿童节,学校结合百名"普小之星",评选优秀的讲解小能人,并给予表彰。

"疁城少年义务讲解队"成立至今已整整21年了。小讲解员们在嘉定孔庙这个德育基地上锻炼成长,既品尝到了为他人服务的乐趣,也收获了课堂上无法学到的知识、本领及荣誉。2007年5月,被评为2006年度嘉定区精神文明百件好事之一;2011年,被评为嘉定区青少年暑期活动特色项目和上海市未成年人暑期工作优秀活动项目;2017年12月,被评为2016—2017年度嘉定区优秀志愿服务品牌项目;2020年8月,被评为嘉定区暑期活动特色项目;2021年8月,被评为嘉定区暑期活动特色项目。陈稼苗的《我快乐,我是小小讲解员》一文获上海市少儿新闻大赛优秀奖,张昕玮、陈宇娇、杨信捷等40多名队员的讲解文章发表于《疁城文博》一书中及"上海嘉定"平台上。此外,还涌现了一大批出类拔萃的队员,如全国少代会代表陈奕,首届嘉定区"十佳学生"庄凌云,嘉定区博物馆小达人王致、沈一诺,嘉定区"新时代好少年(美德少年)"汤佳奕、郭晶莹等,100多人被评为市、区级优秀队长和优秀队员。如今这支"疁城少年义务讲解队"已吐露芬芳,不断传播着疁城嘉定的孔庙文化,并不断更换新鲜的血液,积极传授讲解技巧,一次次把接力棒交给后面的弟弟妹妹们。

二、将"疁城少年义务讲解队"活动融入小学道德与法治课教学的价值分析

(一)契合道德与法治学科的课程目标

习近平总书记指出:"'求木之长者,必固其根本;欲流之远者,必浚其泉源。'中华优秀传统文化是中华民族的精神命脉,是涵养社会主义核心价值观的重要源泉,也是我们在世界文化激荡中站稳脚跟的坚实根基。"

《义务教育道德与法治课程标准》(2022年版)指出:"道德与法治课程要培养的核心素养,主要包括政治认同、道德修养、法治观念、健全人格、责任意识。"政治认同是指具备热爱

伟大祖国、中华民族、中华文化、中国共产党、中国特色社会主义的情感,以及为中华民族伟大复兴而奋斗的志向,能自觉践行和弘扬社会主义核心价值观。

孔庙是纪念和祭祀我国古代著名政治家、思想家、教育家、儒家学派创始人孔子的庙宇,古代地方府、州、县的学校大都设在孔庙内。嘉定孔庙得天独厚的文化资源蕴含着中华优秀传统文化的精髓。通过成立"嫠城少年义务讲解队"来学习、讲解孔庙文化是传承中华优秀文化的积极举措,也是培养学生文化自觉和文化自信的最佳途径,契合道德与法治学科的课程目标。

"孔庙中的天籁之音"一课,选取了"嫠城少年义务讲解队"带教传授新队员讲解技巧过程中的一个重要环节。结合小学阶段思政课课程标准、课程内容和课堂教学目标及内容,现将"孔庙中的天籁之音"一课与五年级上册"传统美德 源远流长"中的"立己达人的仁爱精神"内容作一下比较,见表1。

表1 小学阶段思政课课程标准、课程内容

学段要求	课程标准 第三学段(5—6年级)	课程内容 第三学段(5—6年级)	课堂教学 小学 3—5 年级
目标及内容	1. 政治认同 • 了解中华优秀传统文化的主要代表性成果及其意义,为中华民族创造的文明成就感到自豪。 • 理解社会主义核心价值观的内涵,在日常生活和社会活动中积极践行。 2. 道德修养 • 懂得自律,诚实守信,能够得体地与人交往,团结互助,能够平等友好地与他人相处,学会合作。 3. 健全人格 • 不怕困难,具有一定的抗挫折能力。 • 能够清楚表达自己的感受和见解,乐于倾听他人的意见,体会他人的心情和需要。 • 认识个人与社会、国家和世界的关系,能够适应社会环境的变化。	1. 道德教育 • 懂得做人要诚信、自尊、自爱、自强的道理。 • 愿意反思自己的生活和行为,学会理性思考,做出正确的判断与选择。 • 关心集体,在集体中承担相应的责任,具有集体意识和团队精神。 • 了解和感受社会生活,主动参与力所能及的服务性劳动,做一个热爱生活、乐于奉献的人,积极服务社会,增强社会责任感。 • 助人为乐,爱护公物,遵守社会交往、公共场所中的文明规范。 2. 中华优秀传统文化与革命传统教育 • 了解中华文化的悠久历史和博大精深,体会中华优秀传统文化的精髓。	"孔庙中的天籁之音"的教学目标: 1. 情感态度价值观 • 培养学生具有立己达人的仁爱精神,培育学生具有热心公益、求真务实、坚强意志力等品质,激发学生爱祖国、爱家乡的情感和进一步传播"教化嘉定"优秀传统文化的思想。 2. 能力与方法 • 通过教育、引导、学习和传帮带等方式,理解嘉定孔庙讲解词,掌握讲解技巧,提高表达、讲解、与人交往等各方面能力,为游客讲解嘉定孔庙的历史与文化。 3. 知识 • 知道嘉定孔庙的历史与文化,了解孔子的生平、伟大功绩和儒学思想的内涵

（续表）

学段要求	课程标准 第三学段（5—6 年级）	课程内容 第三学段（5—6 年级）	课堂教学 小学 3—5 年级
	4. 责任意识 • 关心公益事业，学习民主管理的规则和程序，参加力所能及的社会公益和志愿者活动，有团队意识，能够与他人合作互助	• 了解中华民族对人类文明的贡献，为中华民族创造的文明成就感到自豪，坚定文化自信。 3. 国情教育 • 初步理解社会主义核心价值观的内涵，并在日常学习和生活中践行和弘扬社会主义核心价值观	

（二）创设生动真实的课堂教学情境

道德与法治课程是义务教育阶段的思政课，是落实立德树人根本任务的关键课程。道德与法治课程学科核心素养是学生通过学科学习而逐步形成的正确价值观念、必备品格和关键能力，具有抽象性、间接性和内隐性。它必须依托生动、具体、真实的情境及活动才能真正落地，而真实情境则可以架起学科核心素养与学科知识及学生身心发展规律的桥梁，实现学科核心素养的内化于心、外化于行。

嘉定孔庙中庄严肃穆的场景，如殿堂牌坊、泮池碑廊等，无不展现着孔庙文化的内涵。把学校小课堂搬入孔庙大课堂，其中鲜活生动的孔庙故事为道德与法治教师通过"还原"历史场景，给予学生真实经历与体验的机会，实现以情化人的效果提供了丰富真实的教学情境资源。

（三）构建实践育人的体验教学平台

《义务教育道德与法治课程标准》（2022 年版）指出："道德与法治课程教学遵循道德修养和法治素养的形成规律……突出学生主体地位，充分考虑学生的生活经验，通过设置议题，创设多样化的学习情境，引导学生开展自主、合作的实践探究和体验活动，帮助学生形成正确的价值观，涵养必备品格，增强规则意识，发展社会情感，提升关键能力……坚持校内教育和校外教育相结合，引导学生走出课堂、走出校园，积极参与社会实践活动，把知识运用于社会，服务于人民，强化学生的社会责任感，提高他们的实践创新能力。"

"疁城少年义务讲解队"把孔庙这一优秀的场馆资源转化成了道德与法治课的操作体验式教学平台，队员们在这一平台尤其是这节思政课的学习内容及目标要求的选择和设置上，立足志愿讲解嘉定孔庙历史与文化传承的教育主题及资源特征，围绕思政课核心概念、内容之中华优秀传统文化展开，学习宣传讲解技巧，志愿服务社会游客，传播中华优秀传统文化，培养社会责任意识。

基于学生的能力、认知起点、思想觉悟和责任感，场馆资源及其与思政课程内容的整合程度等的不同,小学道德与法治课的社会实践活动在内容、目标和普适性维度上都会呈现出校本特征,体现出不同学校特色发展的思考与实践。

学生感悟

光阴似箭,岁月如梭,2年多的讲解时间似乎在刹那间匆匆流逝。蓦然回首,在嘉定孔庙担任小讲解员的经历,对我各方面能力的提升都有着极大的帮助。毋庸置疑,我的沟通表达能力得到了大幅提升,我与陌生人交往时已不再感到胆怯。泮桥边、桧柏旁,抑或是棂星中门的鱼龙石刻下,总有成群结队的游客在认真地倾听"孔庙中的天籁之音"。此时,我不禁感受到了儒家思想的伟大。

2000多年来,博大精深的孔子思想给中华儿女们带来了深远影响。它渗透到了我们生活的方方面面,如衣食住行、日常交往,还告诉我们礼义廉耻、忠孝节义、礼乐教化。神州大地之上,神圣而庄严的孔庙是它的象征。每当越过与腰齐平的门槛时,当我为游客讲解孔子思想时,内心就会感受到做小讲解员的快乐与自豪!祝愿我们的志愿服务精神伴随着儒家文化代代相传!

(上海市嘉定区普通小学 金佳阳)

三年级时,我成为一名光荣的义务小讲解员。当负责带教我们的周老师问我是否能胜任时,我心中没底,却咬着牙说:"我能行!"经过一番努力,我终于顺利地背下了密密麻麻的讲解稿。

2年多来,不论烈日炎炎的暑假、寒风刺骨的寒假,还是作业繁多的周末,我都会出现在嘉定孔庙,热情地为四方游客讲解孔庙的历史和文化。每次2个小时的讲解,既锻炼了我的体力,增强了耐力,使我的精力更加充沛,又使我面对游客更加从容,不再胆怯,还使我的语言表达更流畅自然。在周老师的鼓励和指导下,我还参加了上海市"建筑可阅读"全民讲故事比赛,并获得一等奖。我想,这就是坚持的成果。

如今,我已小学毕业,要退队了,但是想要传承中华优秀传统文化的种子已埋在我的心底,更让我领悟到坚持创造奇迹!

(上海市嘉定区普通小学 韩金言)

我通过孔庙讲解活动,不仅锻炼了口头表达能力和探究能力,还更加热爱嘉定及其历史与文化。此外,我既提升了阅读能力,变得热情大方,懂得礼貌用语,仪表端庄,勤学好问,遵纪守时,团结友爱,奉献爱心;又能在学习中坚持不懈、磨砺意志,不断提升个人素质;更对孔子文化、儒家思想和嘉定历史有了进一步的了解,从原本那个不肯在别人面前说话的小女孩转变成自信、大方的小姑娘。

《论语》中的经典语录耳熟能详,万世师表的孔子代代传颂,吴中第一的孔庙记录着历史,小讲解员志愿传承着经典。800多年的孔庙伴随着嘉定建县至今,一直深刻地影响和激励着人们。

作为一名小讲解员，我一定会把博大精深的儒家思想、孔子文化和嘉定的悠久历史传承下去。

（上海市嘉定区普通小学　陈彦蓉）

去年暑假，我光荣地成为"嘐城少年义务讲解队"中的一员。不知不觉，已经坚持"全勤"讲解一年。不论刮风下雨、严寒酷暑，我都坚持去嘉定孔庙讲解，每一次都以最佳的状态迎接孔庙游客。

一年的讲解实践，让我明白了快乐来自坚持、收获源于付出的道理。翻开讲解记录本，一位位游客的留言让我觉得所有的坚持都是有意义的。"非常优秀的小讲解员，祝福你！小小讲解员很可爱，讲解得清晰生动，很棒……"游客们认真倾听、热情互动是我最大的快乐，而收获的背后是辛勤付出的汗水和坚持。我们这支"嘐城少年义务讲解队"已经整整服务了 20 多个春夏秋冬，这也是一种坚持的体现。辅导员周老师更是我们学习的榜样，她坚持多年如一日，培养了一批又一批的小讲解员，让洪亮稚嫩的天籁之音久久回荡在古老的孔庙中。

（上海市嘉定区普通小学　刘宸玮）

专家点评

上海市嘉定区普通小学秉承"智慧育人""勤诚文化"等办学理念，充分利用嘉定孔庙的区域资源，与嘉定孔庙联手创办了"嘐城少年义务讲解队"。周蓉倩老师作为该团队的带教老师，把"嘐城少年义务讲解队"的团队活动与小学道德与法治课堂教学相结合，积极开展通过利用嘉定孔庙的场馆资源来提高小学道德与法治课堂教学实效的实践研究，取得了很好的教学效果。

第一，立足核心素养，制定铸魂育人的教学目标。"孔庙中的天籁之音"是部编版《道德与法治》五年级上册"传统美德　源远流长"一课的一个教学单元。周老师在分析课程标准、教材内容和学生实际的基础上确定的教学目标为"知道嘉定孔庙的历史与文化，了解孔子的生平、伟大功绩和儒学思想的内涵；掌握讲解技巧，提高表达、讲解、与人交往等各方面能力"，并且把团队的整体活动目标设定为了解嘉定孔庙的历史，正确认识、认同孔庙文化，激发学生爱祖国、爱家乡的情感，培养立己达人的仁爱精神和服务社会的责任意识。这样的教学目标价值导向清晰，符合课程标准素养培育的相关要求。

第二，创设真实教学情境，诱发学生学习主动性。推动思想政治理论课改革创新，要不断增强思政课的思想性、理论性和亲和力、针对性。小学道德与法治课是小学阶段的思政课，具有政治性、思想性和综合性、实践性的学科特征。如何让真理既有力量又有温度，这就需要以情动人，以道德与法治教师的深厚情怀，创设诱发学生学习主动性的真实情境。周老师把道德与法治的课堂"搬"到了嘉定孔庙中，利用视、听、讲、探、赏等形式，引导学生产生情感共鸣，增强情感认同。因此，课堂在学生主动学习、积极思考的过程中实现了灌输性与启发性的统一。

第三，丰富学生实践体验，促进知行合一。学科核心素养实际上就是一种把所学的学科知识和技能迁移到真实生活情境中的能力及品格。要养成这种素养，意味着学生的学习应该是在一个又一个基于真实生活情境的主题或项目中，通过体验、探究、发现来建构自己的知识，发展自己的能力，养成自己的品格。周老师以"嘤城少年义务讲解队"志愿服务的形式，实现了课内与课外的联动。学生在志愿服务的实践活动中走向社会，了解国情、社情、民情，增强爱国情感，拓展视野，提升能力。因此，形成了"知—行—新知—新行……"的知行合一、螺旋式上升的学习路径。

（上海市嘉定区教育学院　许晓芳）

作者简介

周蓉倩，上海市嘉定区普通小学道德与法治学科高级教师、教研组组长。荣获嘉定区骨干教师、"感动普小"十佳教工、嘉定区青少年暑期活动特色项目先进工作者、嘉定博物馆优秀志愿服务组织者、嘉定区志愿服务优秀组织者、嘉定区文明办"嘉定好人"等称号。所负责的"嘤城少年义务讲解队"志愿服务项目被评为嘉定区暑期活动特色项目、嘉定区精神文明百件好事之一、嘉定区优秀志愿服务品牌项目、上海市未成年人暑期工作优秀活动项目。

凝心聚力话"党群"

——走进上海凝聚力工程博物馆

上海财经大学附属北郊高级中学　胡亦然

教学实录

师:同学们好! 今天我们把课堂从教室"搬"到了博物馆。大家现在所在的博物馆就是上海凝聚力工程博物馆。"凝聚力工程"缘起于 20 世纪 90 年代,以了解人、关心人、凝聚人为主要内容,率先在长宁区的华阳路街道实施并迅速推广到全市。在推广过程中,涌现出了大量宝贵的经验,如杨浦区的"一线工作法"、浦东新区的"三服务"、徐汇区的"康乐工程"等。这些宝贵的经验不仅给人们留下了深刻的印象,还给广大人民群众提供了便利的服务。所以,在正式参观博物馆之前,请大家思考这样一个核心问题:基层社区凝聚力的提升到底依靠的是什么力量? 让我们一起带着这个问题开始今天的参观吧!

师:同学们,你们发现了什么?

生 1:我发现了新"四百"精神。如"问百家需",基层党组织通过问百家需来倾听人民群众的声音,从而凝聚了社区力量。

师:开展社区工作,第一步要做的是什么?

生 1:一定要问百家需! 就是要到人民群众中去,想人民群众所想,急人民群众所急。

师:好,我们再来思考一下:新"四百"精神本身有无内在的逻辑关系?

生 1:我觉得是有的。首先是"问百家需",从而才能有效地"聚百家力",继而才能"解百家忧",最后方能"圆百家梦"。

师:这位同学,你看了好久了,发现了什么?

生 2:看了那么多东西,我才第一次发现身边的街道、基层党员原来做了那么多事情。

师:他们做了哪些事情来提升凝聚力呢?

生 2:比如,党建工作"五个一"制度、党员干部"五带头"制度,具体措施如带头搞好里弄环境卫生。

师:在这些制度中,你发现哪些点特别吸引你的眼球,或者哪些表达反复出现?

生 2:"五带头"制度中多次出现了"带头"两个字。

师:可见,我们的党员干部在日常工作中总是带头冲锋在前。他们起到了怎样的作用?

生 2:党员的先锋模范作用!

师:这位同学,你又发现了什么?

生 3：我发现我们的北新泾街道在基层服务中不断地推陈出新，实施了诸如小区智慧步道、无人商店等创新举措。

师：这些创新举措说明了怎样的问题，又是如何推进凝聚力的？

生 3：这说明，随着科技进步，党建智能化得到了创新和加强，基层服务质量和服务效率得到了长足进步，进而提升了社区凝聚力。

师：你是否发现，无论是基层党建还是基层党员干部的工作，都是随着时代的进步发展而……

生 3：与时俱进的！

师：基层社区凝聚力的提升到底靠的是什么力量？

生 1：首先靠的是中国共产党的领导！

师：非常好！能不能再说得细致一点，是党的政治领导、思想领导还是组织领导？

生 1：应该是党的组织领导。

师：非常好！我们都知道，中国共产党始终坚持以人民为中心，坚持走群众路线，会及时地来到群众身边，倾听群众的呼声，汲取群众的智慧。因此，只有牢牢依靠党在基层社区的组织领导，才能在我们的实际工作中更好地贯彻党的各项发展理念。其实归根结底，有效的组织领导是由党的先进性决定的。无论我们的时代怎样变化，无论我们遇到怎样的困难和挑战，党始终坚持的是怎样的宗旨？

生 2：全心全意为人民服务！

师：党始终坚持的是怎样的执政理念？

生 3：坚持立党为公、执政为民！

师：非常好！除了始终坚持中国共产党的领导外，社区基层凝聚力的提升还有什么内因呢？请思考一下……内因其实就是我们每一位人民，是我们每一位人民的配合、努力和奋斗。其实，老师今天和大家一起来参观，心中也十分感慨。因为有些同学刚才说到，如果不是今天来到这个博物馆参观，他根本就没能意识到原来身边有那么多的党员干部做了那么多的事情！但是大家仔细一想，这样的感慨会让我们感到遗憾和可惜。毕竟我们的发展是为了人民，同时我们的发展建设也要依靠人民！同学们，我们国家的国体是什么？

生 4：人民民主专政！

师：所以，我们国家的真正主人、建设者应该是人民。在基层建设中，人民绝对不可以置身事外！在今天这节博物馆微课的最后环节，请同学不妨思考一下：在继续坚持中国共产党领导的同时，作为高中生的我们，既是人民，也是国家的主人。我们可以为自己的家庭、学校、社区、城市乃至我们的祖国做哪些事情呢？好，今天的博物馆课程就到此结束了，谢谢大家！

教师手记

刍议高中思政教育中的场馆资源利用

中国特色社会主义进入新时代后,坚定文化自信,建设社会主义文化强国成为中国人民的必然选择。作为蕴藏着巨大思政教育价值的文化载体,场馆资源在发挥思政教育铸魂育人、立德树人上有着巨大优势。习近平总书记也曾强调,"一个博物馆就是一所大学校"。博物馆等场馆资源不仅为思政教育提供了生动案例、素材和优质平台,还创新了贴近生活、贴近现实、触动心灵的实践课堂形式。学校与场馆的合力共建,强化了各场馆作为青少年爱国主义基地的社会角色和功能,助力形成稳定的场馆育人模式,从而实现馆校合力的良性互动,在优化思政教育形式的同时提升育人效率。因而,依据特定的主题,选取合适的场馆,并利用其资源展开思政教育便成了思政课教师努力的方向之一。

中国共产党是我国最高政治领导力量。办好中国的事情,关键在党。中国共产党的领导是中国特色社会主义最本质的特征和最大优势。人民是历史的创造者,是决定党和国家前途命运的根本力量。因此,中国共产党始终坚持人民主体地位,坚持以人民为中心,将群众路线贯彻到治国理政的全部活动之中,虚心向人民学习,倾听人民呼声,汲取人民智慧,坚持一切为了人民、一切依靠人民。因而,引导学生理解、体悟党的核心领导地位、人民主体地位及党群关系,进一步激发学生的主人翁意识就显得至关重要。通过高中政治必修课程的学习,学生已经知晓、理解相关的必备知识,但在核心素养的全面形成上仍有所欠缺。比如:有的学生对党的领导、党的人民立场、党群关系乃至基层群众自治制度的学习止步于抽象的理解层次,未能结合真实、具体的案例在情感、态度、价值观层面形成全面的政治认同;有的学生未能秉持科学精神,未能全面地看待人民的社会历史主体地位,往往注重党对人民主体地位的尊重而忽视了人民自身对主人翁意识的践行。对此,教师不妨选取合适的场馆资源,以呈现真实素材和创设生动情境,引导学生在参观中学习、在学习中感悟,助力相关核心素养的形成、巩固。此时,上海凝聚力工程博物馆便进入了笔者的视线。

上海凝聚力工程博物馆位于本市的中山公园内,是党员教育管理的实践基地,是上海基层党建联系服务群众的阵地和宣传展示的窗口,是新时代"凝聚力工程"建设的见证物征集、保存、研究和展示的固定场所。全馆分为"应运而生""百花齐放""深化拓展""融合互动""凝聚力工程在上海"五部分,向参观者充分展现了上海各地基层党组织积极践行党的群众路线,密切党群联系,将党的政治和组织优势转化为管理和服务优势的相关做法。因而,笔者将其作为本节微课的教室,旨在引导学生围绕核心议题,充分利用场馆资源,在寻找、发现、感悟中切实体会中国共产党坚守以人民为中心的根本立场及人民的主人翁地位(意识)。

高中思政学科新课标建议,引导学生围绕议题开展学习活动,以解决问题(或生成新的问题),从而培养学生的学科核心素养。在本课中,以"基层社区凝聚力的提升到底依靠的是什么力量"为核心议题,使学生带着问题参观场馆,从而主动寻找材料,发现关键信息,并在教师的引导下整合信息,进一步形成理性认识。如学生 1 不仅准确定位了基层党组织秉持的新"四百"精神,发现了社区群众的呼声是基层党组织开展一切工作的出发点和落脚点,还在教师的引导下明确了新"四百"精神之间的内在逻辑关系;又如学生 2 从基层社区的制度建设入手,通过对场馆资源(展板信息)的精准解读,发现一线党员总是肩挑重担、冲锋在前,从而在教师的引导下加深了对党员先锋模范作用的体悟;再如学生 3 聚焦社区智能服务,从创新发展角度出发,与教师一同总结与时俱进是党的建设必须实现的四项基本要求之一。通过参观、互动,学生得出以下结论:基层社区凝聚力的有效提升离不开坚持党的领导。但若只得出该结论,则显然未达到预设的教学目标,学生的主人翁意识仍未得到充分提升。对此,在最后的议题总结环节,师生齐聚"感恩石"前。教师通过直面学生参观前及参观中暴露的问题与抒发的感慨,点明作为社区的一员而未曾主动关心、参与基层社区活动是十分遗憾、可惜的,由此引导学生进行反思,使学生体悟到人民的主体地位绝不仅是予以尊重的,更应得到主动发挥。作为人民群众的一员,同学们更应积极践行主人翁意识,通过自己的努力与奋斗、劳动与奉献,创造更加美好的未来。由此,师生共同总结了议题、升华了情感。

场馆资源在思政教育中的优势集中体现为优质教学资源的呈现。上海凝聚力工程博物馆作为围绕特定主题开办的场馆,在展品陈列上力求规范、专业,为师生高效获取有益的教学资源提供了极大便利。同时,场馆中的展品大都已围绕主题整合相关内容,形成以案例为载体的情境,有助于学生在场馆创设的情境中展开综合性学习,从而在鲜活生动的案例中搜寻关键信息、解答核心问题,在运用已有知识分析情境、解决问题的同时温故知新,尝试在教师的引导下生成新的理性认识,从而加强情感体验,促进核心素养的形成、巩固。学生在运用场馆资源的同时,也离不开教师的及时帮助与引导。尽管高中生已具备相当的自主学习能力,但在面对海量场馆资源时仍会有所"迷失"。教师应助力学生对资源进行准确概括,力争条分缕析,把握重点和本质。对于学生在参观过程中产生的疑问与感慨,教师也应及时记录,或做解答,或将其加工为新的教育资源以供使用。

一节场馆课的时间有限,但教师可通过课后馆外任务的布置,以延伸思政教育之效。比如,可在微课结束时布置以下任务:搜集自己所在社区基层党建、基层社区治理的第一手资料,对其进行整合之后确定主题、制成展板,并设计相应的解说词。由此,助力学生进一步体悟基层党组织始终坚持以人民为中心的根本立场,并引导学生以宣传人的身份主动参与其中,提升自身的主体性。

 学生感悟

今天的参观学习让我感触最大的就是,在基层党组织的引领下,很多社区居民的生活

有了质的提升。对我来说，自出生起就已经住在条件比较好的小区了，对这些旧区里弄的生活根本不熟悉。通过今天博物馆中很多模型、投影的再现，我真切地感受到旧区里弄居民生活的不易和老旧小区改造工作的艰辛。同时，我看到了很多党员始终冲在第一线，且敢于直面居民提出的各种问题，始终以身作则，不断运用自己的智慧解决各种疑难杂症，充分发挥了党员的先锋模范作用！

（上海财经大学附属北郊高级中学　杨顺欣）

说实话，如果没有今天的参观考察，我真的不知道原来社区工作的讲究有那么多！可见，我平时对社区的关注确实太少了。其实，生活在社区的居民千家万户，但都希望过上更美好的生活，而这种美好生活的实现是需要有人来引导、组织的，否则社区治理极有可能会是一盘散沙。今天我在这里看到了很多非常有意义的社区治理案例，发现很多社区居民愿意表达自己的真实诉求并积极参与社区治理，社区的一些党组织也始终坚持以人民为中心，保持亲密的党群关系。我想，这就是这些案例之所以能成功的关键吧！

（上海财经大学附属北郊高级中学　黄诗滢）

今天参观前，老师提出的核心问题是关于凝聚力的（这个博物馆本身也是关于凝聚力的）。我心里就在想：何时我们才会有凝聚力？又有哪些因素会影响我们的凝聚力呢？想着、想着，脑海中就蹦出了"人心齐，泰山移"这句话。就像我们在思政课上学过的那样，新时代人民群众的根本利益和对美好生活的目标追求是一致的。人心齐的基础客观存在，加上我们党总领全局、协调各方的核心领导，泰山想不移也难……另外，不是到"凝聚"这一步就结束了，凝聚也是为了更好地改造客观世界和创造美好生活。所以，凝聚后也需要每个人真正地动起来，真正发挥人民群众的主体作用！

（上海财经大学附属北郊高级中学　徐自牧）

专家点评

"凝心聚力话'党群'"一课将上海凝聚力工程博物馆的教育资源应用于思政课，以讲"深"、讲"透"、讲"活"思政课，凸显价值引领，提升学生政治学科核心素养，促进学生全面发展，落实立德树人根本任务。

一、讲"深"思政课，凸显价值引领

纸上得来终觉浅，绝知此事要躬行。实践是认识的来源，是认识发展的动力。习近平总书记指出，"思政课不仅应该在课堂上讲，也应该在社会生活中来讲"。

胡老师运用博物馆提供的实践平台，带领学生开展研学活动，将课堂教学与课外实践相结合，讲"深"思政课，坚持为党育人、为国育才的使命，引导学生坚信党的领导，坚定"四个自信"，凸显思政课是落实立德树人根本任务的关键课程的功能。以"基层社区凝聚力的提升到底依靠的是什么力量"为核心议题，通过准确定位基层党组织秉持的新"四百"精神，发现社区群众的呼声是基层党组织开展一切工作的出发点和落脚点，激发学生爱党的情怀；从基层社区的制度建设入手，发现一线党员总是肩挑重担、冲锋在前，明确党的领导为基层社区工作提供了坚强的组织保证，引导学生领悟中国共产党坚守为中国人民谋幸福、为中华民族谋复兴的初心和使命。

二、讲"透"思政课，提升核心素养

习近平总书记强调："史料和文物是研究和传承历史最生动鲜活、最有说服力的教材。"文物本身不会说话，但却最能讲好历史。

上海凝聚力工程博物馆是党员教育管理的实践基地，是上海基层党建联系服务群众的阵地和宣传展示的窗口，是新时代"凝聚力工程"建设的见证物征集、保存、研究和展示的场所。胡老师将博物馆的丰富资源融入教学课程，讲"透"思政课，让基层党建的内容有理有据，让爱党爱国的基因可感可知，引导学生与上海凝聚力工程博物馆的史料建立连接，引导学生透过史料去学理论、悟真理，增强社会责任意识，提升公共参与能力，树立正确的人生观，成为合格的社会主义建设者和接班人。

三、讲"活"思政课，促进全面发展

"改革创新是时代精神，青少年是最活跃的群体，思政课建设要向改革创新要活力。"习近平总书记高度关切用好用活各种资源，推动思想政治理论课改革创新，大力提升育人效果。

将思政课堂"搬"到博物馆，讲"活"思政课，将感性与理性、内容与形式、讲授与体验相结合。胡老师充分利用博物馆"应运而生""百花齐放""深化拓展""融合互动""凝聚力工程在上海"等丰富多样的主题场景，打造沉浸式体验教育，通过真实的情境互动、丰富直观的实体展示，让基层党建不再只是课本中的白纸黑字，让基层党员"活"起来，激发学生的主人翁意识，触动学生的内心世界，激活社会"大课堂"，汇聚全社会育人"大能量"，进而激发广大青少年立志民族复兴的信心和决心，培养更多担当民族复兴大任的时代新人。

（华东师范大学第一附属中学　陈明青）

 作者简介

胡亦然，上海财经大学附属北郊高级中学思政课教师，中学一级教师。在《北郊学报》上发表多篇教学文章，参与多项市、区级课题及项目研究。2021年，负责的课题"《习近平新时代中国特色社会主义思想学生读本》与高中思想政治学科教学融合的研究"成功立项为上海市青年教师教育教学研究课题。

皮影戏

——琴声灯影里的松江文化记忆

上海市松江区第四中学　李亚楠

教学实录

师:皮影戏是我国历史悠久、流传很广的一种民间艺术,是中国人民智慧的结晶。它从中原来到松江,寻觅到了发展的沃土。松江皮影戏创始人毛耕渔先生组建的"鸿绪堂皮影戏班",1880年在七宝镇作首场演出。七宝镇旧属松江府,让皮影戏具有了松江本土特色。上海市松江区第四中学(以下简称松江四中)坐落于泗泾古镇之中,深受松江皮影戏的文化熏陶。今天让我们一起走近松江皮影戏,通过探究"如何传承和发展松江皮影戏"这一议题,来感悟琴声灯影中的松江文化记忆。

师:同学们,你们是如何看待传统的松江皮影戏的? 泗泾镇的马家厅作为松江皮影戏的传承基地,每周都有固定演出时间。请问你们是否愿意周末去泗泾欣赏松江皮影戏呢?

生1:愿意。

生2:不愿意。

师:能说说你们的理由吗?

生1:对皮影戏了解甚少,想知道有哪些看点和亮点等。

生2:方言听不懂,内容太过时,比如,武松打虎等。

师:看来同学们对皮影戏既有吐槽也有期待。课前同学们分小组开展了有关皮影戏的走访调查等研学活动,现在请大家分享一下研学成果。

生1:我们这组对"皮影戏的美术特点"开展了调研。我们认为皮影戏借鉴了中国的京剧人物脸谱,造型有点像剪纸艺术,还融入了木版年画的艺术风格。此外,还运用了中国工笔画的绘画技法,线条流畅考究,把人物表现得惟妙惟肖。

生2:我们组对"皮影戏演唱中运用的语言"开展了调研。松江皮影戏一般是用方言演唱的,旋律听起来有点像唱戏的感觉,曲调平缓,比较有江南特色。

生3:从松江皮影戏的人物造型上看,与我国其他地区的皮影不太一样,只有一只胳膊,而且人物身体分了好几段,它的头部也可以拿下来替换,这使得皮影表演更加生动灵活。

生4:皮影的制作主要是绘画的部分较多,刻的部分较少。其中,人物色彩鲜明亮丽、层次丰富。皮影戏表演时,使用的伴奏乐器是二胡、笛子,这些都是中国传统乐器。

师:这几组同学调查得非常仔细,总结得也非常到位。 总的来说,松江皮影戏的音乐融入了民族乐器,也离不开当时的戏曲音乐和江南丝竹音乐,体现出了珍贵的民间音乐价值。同时,同学们对松江皮影戏的艺术特征概括得准确到位。这些都体现了温婉的江南艺术风格特点和地域文化特色。

师:刚才几位同学的分享让我们感受到了皮影艺术的声美、形美、韵律美,我们给他们一些掌声。可我仍记得,刚才有同学不愿意去看皮影戏,并阐明了理由。的确,皮影戏在发展过程中存在着一些脱离现实的部分。近日,松江皮影戏传承人指导同学们编排了一出新剧目《李家训》。下面有请我们的同学表演该选段,大家欢迎!

(表演过程省略)

师:刚才同学们表演得活灵活现,非常精彩。其中提到老祖宗的家风文化要一直传承下去,但对此说法,在网络上也有一些不同的声音。一种观点认为,传统的家风文化制约着我们的价值取向,是包袱;另一种观点认为,传统的家风文化维护着社会的秩序,是财富。那么,传统的家风文化对现实生活而言是财富还是包袱呢?请以学习小组为单位展开辩论。

(辩论过程省略)

师:同学们刚才的辩论非常激烈,富有灵性的思维碰撞让我们欣赏到智慧的火花。通过辩论,我们明确了对于家风文化要坚持辩证观点,不能一概而论,而是应有鉴别地加以对待,有批判地予以继承。对于具有当代价值的家风文化,应坚持推陈出新;对于落后腐朽的家风文化,应予以摒弃。

师:精彩的瞬间总让人回味无穷,同学们,让我们继续回顾刚才的表演吧!你能发现松江皮影戏有哪些新的变化吗?请大家说说看。

生1:松江皮影戏运用了普通话对白,更贴近日常生活,对传统文化进行了补充和完善。因此,我慢慢地喜欢上了皮影戏。

生2:松江皮影戏按照时代的特点和社会发展要求对其内容进行了改编,比如,《李家训》片段中展现了中国共产党人的家风建设等硬核内容……

生3:老师,我认为虽然皮影戏在内容上有了新的变化,但我还是感觉比较老套,演绎形式单一,不太喜欢。

师:这位同学给我们提出了一个值得深思的课题:我们该如何赋予皮影戏新的生命力,更好地继承和发展皮影戏?大家有什么好的建议或者想法吗?

生1:可以创新皮影戏的呈现方式,如卡通电影、漫画等,让年轻人爱上它。

生2:在艺术表现形式上,可以借助现代多媒体技术,让皮影戏真正活起来。

生3:创作者让传统皮影与国粹京剧进行跨界对话的同时,也把西方的戏剧理念引入其中,实现了多元发展,在融合中满足了人们的多元文化需求。

师:同学们脑洞大开,很有创新意识,为大家点个赞。特别是还有同学提到了将传承良好家风这一主题融入皮影艺术的实践创新中,既保留了传统特色,又加入了创新元素。同时,既展现了其独特的美,又满足了现实精神需要,实现了形式和内容的完美结合,这样我们的文化才能更具生命力。无论是声形意貌皆美的松江皮影戏,还是刚才那段表演中讲到的中国共产党人的优良家风传统,都是中华优秀传统文化的重要部分,都需要我们不断继承和发展,进而坚定文化自信。

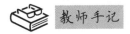 **教师手记**

挖掘场馆教育资源,创新思政育人模式

松江四中地处千年古镇——泗泾,这里有一系列独具地方特色的传统艺术精品,蕴含了浓厚的传统文化底蕴。在思政课教学中充分利用场馆资源,让非物质文化遗产(以下简称非遗)进课堂,提高育人实效,既是一种积极响应"大思政课"的实践形式,也为中学生感受中华优秀传统文化、感知古老文化的魅力打开了一扇窗。于我而言,第一次在非遗传承基地给高中生上思政课,形式非常新鲜,同时也是极具挑战的一件事情。但我觉得,这种上课模式符合思政课教育教学发展的潮流和趋势。营造沉浸式学习环境,有助于真正让思政课内化于心、外化于行。

场馆资源是一个立体的百科全书,同时场馆教育具有鲜明的情境性、自主性、体验性等,对学生核心素养的培育及个人的全面发展具有重要意义。如何在思政课教学中合理利用场馆资源,充分实现其教育价值,发挥出最大的育人合力,是思政课教师需要深刻思考的问题。泗泾镇的非遗传承基地,即位于开江中路312号的马家厅,是松江区文物保护单位,见证了城市变迁,传承了非遗文化。市级非遗项目"皮影戏"入驻马家厅二楼的鸿绪堂,堂内的各类非遗代表性演出道具、图文资料、宣传展板等资源都在述说着非遗传承故事。"皮影戏"一课主要是借助皮影戏这一传统文化形式,将中国共产党人的红色家风展示出来,积极融入新时代人们对美好生活的需要,弘扬了中华优秀传统文化,为松江皮影戏赋予了新的生命力,坚定了文化自信。

我校高中生自我意识较强,在心理和行为上都表现出强烈的自主性,同时具备较强的思维能力、独立思考能力和处事能力。我选择马家厅这个非遗传承基地进行场馆教学,一方面是因为这个场馆虽然就在我们身边,就在学校附近,孩子们上学放学都会经过这里,但是他们对于这个非遗传承基地里的皮影戏比较陌生。作为我国优秀的传统民间艺术——皮影戏,非常有必要揭开它神秘的面纱,增加学生对身边传统文化的了解和认识。另一方面是因为我校是一所美育特色学校,依托皮影戏,将思政课与美术课、音乐课相融合,开展跨学科融合教学,让学生通过参观场馆、沉浸体验、小组合作,进一步增强对中华文化的认同感,树立文化自信,增强家国情怀。作为一名思政课教师,我也收获了很多。通过查阅大量资料和走访泗泾镇的皮影戏老人,我近距离地感受了这一民间艺术,领悟到了中国传统文化的魅力。同时,对于依托场馆资源开展思政课教学,我也有了更深刻的思考。我认为场馆的精品资源加上精心的教学设计,能更好地使思政教育入脑入

心,更好地立德树人。

相较于平时的40分钟课堂教学,场馆教学的15分钟略显短促。为了呈现更好的场馆教学,实现最优的教学效果,我对本节课进行了精心设计。

首先,搭建小组学习平台,组织展开实践调研与实地走访活动。课前师生们按照平等、民主、自愿的原则进行分组,共分为资源搜集组、采访艺人组、走访场馆组、街头采访组四组,分别就皮影戏的专业技术、皮影戏的历史及对皮影戏的了解情况等方面进行调研。根据调研和走访结果,我邀请美术、音乐学科老师共同参与教学设计,实现多学科育人,体现"大思政课"的特点。

其次,坚持问题导向,注重学生的沉浸式体验,发挥学生的主体作用,感悟中华优秀传统文化的魅力。在场馆教学过程中坚持问题导向,将问题系列化、情境化,通过设计辩论活动、问题任务和情境表演活动来推进课堂教学,充分调动了学生学习的积极性,学生参与度高,课堂气氛活跃。在"传统的家风文化对现实而言是财富还是包袱"的辩论环节,同学们通过激烈的辩论,明白了对待家风文化,要古为今用、推陈出新。《李家训》的情境表演活动将课堂气氛推向高潮,同时也增强了学生的情感认知,使其更多地感受到了传统文化形式背后蕴含的丰富价值,更深刻地理解了中国共产党人的优秀传统作风——家风的内涵。一系列问题及情境活动的设计,最终都指向学习任务的达成、核心素养的培育和思政课育人功能的发挥。

最后,课后注重巩固场馆教学的效果,进一步提升思政课的育人实效。一节好课不应该虎头蛇尾,千万不能课上轰轰烈烈,课后忽视了对教学效果的巩固。为此,我布置了如下作业。(1)思考如何弘扬家风文化,提高党性修养。请各学习小组课后通过走访党员先锋模范人物或者查找相关资料等途径,合作完成一篇小论文。(2)每个小组任意选取中国共产党百年党史的某个片段,用皮影戏表演出来。(3)请你写出关于"推动中华优秀传统文化创新性发展和创造性转化"的两条建议。学生课后通过完成以上任何一个作业,都能很好地巩固课堂教学效果,最大程度地发挥场馆教学的功能,推动思政课入心入脑。

上海作为中国共产党的诞生地、初心始发地及伟大建党精神的孕育地,红色一直是这座城市的底色,它也形成了一系列优秀传统文化、革命文化等。作为思政课教师,我们要牢记习近平总书记的嘱托,给学生心灵埋下真善美的种子,引导学生扣好人生的第一粒扣子;要充分利用好身边的场馆资源和红色资源,讲好党史、新中国史、改革开放史、社会主义发展史,注重课堂内外衔接,探索校外实景课堂教学模式,传承红色基因,厚植理想信念和爱国情怀,增强使命担当;要把一些道理讲明白、讲清楚,做到课上课下和线上线下一致,成为学生喜爱的人,才能适应新时代发展需要,更好地担负起时代赋予的重任,培养社会主义建设者和接班人。

 学生感悟

每次经过马家厅,我都对上面写的"非遗传承基地"疑惑不解,今天终于在老师的带领

下揭开了它的神秘面纱。这虽然是一节思政课，但是让我学习到了很多学校思政课学不到的知识。首先，我了解了皮影戏是国家级非物质文化遗产。通过和皮影戏老艺人的对话，我了解了皮影戏的发展历史和表演技巧，直观地感受到了皮影戏的魅力。其次，从美术专业的特点出发，从多个维度认识了皮影戏，寻找到了专业契合点。最后，这节课给我印象最深的就是情景剧《李家训》。这个活动是在老艺人的指导下，由我们学生自编自演，旨在弘扬中国共产党人的传统家风。课上还开展了"传统的家风文化对现实而言是财富还是包袱"的辩论活动，同伴们的辩论非常精彩。既让我印象非常深刻，也让我进一步了解了中国传统文化的博大精深，感受了中国传统文化的魅力。希望以后的思政课可以更多地走进社会、走进场馆，让我们更加直观地感受祖国的伟大，感受中国共产党的伟大，激励我们好好学习，早日成为中国特色社会主义事业的建设者！

（上海市松江区第四中学　陈　蓉）

专家点评

作为"红色一课"，本节课将"皮影戏"这一非物质文化遗产、共产党人的优秀家风等红色资源与思政课教学有机结合，借助于校外实景课堂，组织学生开展合作学习、探究学习，做到讲好了红色故事，传承了红色基因，传播了红色文化，坚定了学生的文化自信。

本节课体现了"贴近学生、贴近实际、贴近生活"的三贴近原则，较好地实现了书本知识、现实生活与学生成长的内在结合。本节课在教学内容及教学资源的选择上，充分运用了学生身边既熟悉又陌生的场馆资源，也就是松江的本土资源——传统民间艺术"皮影戏"，立足学生现实的生活经验，着眼学生的发展需求，从学生存在的认知困惑和情感困惑出发，选择合适的教学内容，密切联系了学生生活和社会生活，开展跨学科教学，有效落实了提升学生学科核心素养这一育人目标。

整节课采用多种教学方式，突出体现了"重视体验、凸显观点、关注过程"的特征，体现了新课程新教材的基本理念。教师在教学中采用了议题式教学方法，以议题为指引，以问题为导向，创设生活情境，让序列化学习活动贯穿教学全过程；通过设置"传统的家风文化对现实而言是财富还是包袱"这一辩题，组织学生结合自编自导的情景剧展开辩论，在价值冲突中深化学生对传统文化的理解，在观点比较、鉴别中提高学生对传统文化的认识，在辩论活动、探究活动中拓展了学生的视野，引领学生认同、坚信社会主义核心价值观，坚定文化自信；通过创设问题情境和组织学生参与社会实践活动，优化了学生的学习方式（自主学习、合作学习、探究学习成为本节课学生学习的主要方式），大大激发了学生学习的积极性和主动性，有利于促进学生形成正确的价值观、必备品格和关键能力。

此外，教师在课堂教学中注重倾听、串联和反刍，在与学生互动过程中能敏锐地捕捉到部分学生"对于传统皮影戏喜爱度不高"这一现状，设置了"该如何赋予皮影戏新的生命力，更好地继承和发展皮影戏"这一问题,并及时地吸纳有价值的生成性资源来推进课堂教学,达成了场馆教学的育人目标。

若能在课堂教学中深入挖掘皮影戏所体现的伟大的民族精神,并引导学生大力弘扬中华优秀传统文化与民族精神,则能更好地彰显"红色一课"的"红"的特色。

(上海市崇明区教育学院　唐忠燕)

作者简介

　　李亚楠,上海市松江区第四中学政治教研组组长,中学一级教师。被评为松江区第七届学科(德育、乡村)名师,2021届松江区见习教师规范化培训优秀指导教师,松江四中 2020 年、2021 年优秀党员。荣获上海市"红色一课"馆校合作优秀课程征集及展示活动三等奖、上海市青少年宪法法治教育优秀案例征集活动高中组一等奖。所带班级于 2018 年荣获松江区优秀班集体。

为了忘却的记念

—— 走进中国左翼作家联盟会址纪念馆

上海市鲁迅初级中学　汪惠康

教学实录

师：同学们，今天我们有幸来到了中国左翼作家联盟（以下简称左联）会址纪念馆。2021年是中国共产党成立100周年，也是左联五烈士牺牲90周年。今天，我们将围绕左联五烈士身上承载的历史使命，对本节课的关键问题展开学习。习近平总书记在纪念五四运动100周年大会上指出："一百年来，中国青年满怀对祖国和人民的赤子之心，积极投身党领导的革命、建设、改革伟大事业，为人民战斗、为祖国献身、为幸福生活奋斗，把最美好的青春献给祖国和人民，谱写了一曲又一曲壮丽的青春之歌。"接下来，就请各位同学以小组探访的形式，跟随着老师和场馆讲解员的引导，进入场馆开展研学活动。

师：同学们，我们现在所在的这间教室正是当年左联召开成立大会的会场。左联五烈士和其他的进步青年当年就是在这里聆听鲁迅先生的演讲的。接下来，请跟随我的脚步前往二楼，了解有关左联五烈士的故事。

师：同学们，这里就是左联五烈士的展厅。1931年1月17日至18日，李伟森、柔石、胡也频、殷夫、冯铿在上海三马路（今汉口路）的东方旅社召开党内会议时被人出卖后被捕。同年2月7日，他们在上海龙华英勇就义。五位烈士的平均年龄是26岁，年纪最大的柔石年仅29岁，年纪最小的殷夫只有21岁。大家关于五位烈士的英勇事迹有什么想要了解的吗？

生1：老师，据我所知，左联五烈士和鲁迅先生的关系十分密切。那么，请问鲁迅先生和左联五烈士参与的左翼文化运动是否有联系呢？

师：问得非常好。鲁迅先生作为左翼文化运动的旗帜人物，当时是非常关心这一批进步青年的，不仅是左联五烈士，还有其他文艺青年。鲁迅先生既在生活上又在文学创作上给他们提供了很大的支持和帮助。比如，鲁迅先生和柔石等人创办了朝花社，殷夫的诗集《孩儿塔》受到鲁迅先生的高度评价。左联五烈士逝世后，鲁迅先生写下了《无题·惯于长夜过春时》来悼念他们。在左联五烈士牺牲两周年的时候，鲁迅先生还写下了一篇同学们都非常熟悉的文章，正是《为了忘却的记念》。

生2：谢谢老师。在听了左联五烈士的事迹后，我的感触很深。请问左联五烈士的事迹对我们学生有什么意义呢？

师：这也是一个很好的问题。其实左联五烈士牺牲时都是二十来岁的青年，本该享受大好的青春，但是为了革命事业，他们把自己的青春奉献给了党和人民。所以，我们越接近中华民族伟大复兴中国梦的目标，越是不能忘却早期的拓荒者和追梦人。

生2：嗯，谢谢老师。

师：同学们，经过刚才的研学活动，想必大家对我们今天研学的关键问题都有了些思考成果。接下来让我们欢迎两个小组的代表上台发言。

生1：通过前面的提问和参观，我们明白了左联作为文学革命组织，虽然只存在了6年，但它却成为20世纪中国历史上不可忽略的一笔。今天，我们再来看左联，有了更多的意义。这是一段充满激情、充满传奇色彩的历史，而当时的左联五烈士和无数为革命牺牲的青年用自己的生命换来了我们今天幸福和平的生活，他们身上承担的是为革命奋斗的时代使命。他们奉献了自己的青春，去追求政治进步以及文学自由。我们作为新时代青年，不但要学习烈士们不畏艰险的精神，而且要勇于承担时代责任。我们的责任应该是刻苦学习，不惧困难，为实现中华民族伟大复兴贡献自己的力量。在国家需要我们的时候，我们也要挺身而出。

师：大家说得非常好！不仅看到了左联五烈士身上所彰显的伟大精神，还把如何继承先辈们的精神和自己的生活实际结合起来。下面请第二小组的代表上台发言。

生2：通过刚刚的参观学习，我们了解了左联五烈士的光荣事迹，也了解了当时青年所承担的责任。积极投身革命的新青年们，为了全国人民的幸福，牺牲自己的性命，舍小家为大家，为我们今天的幸福生活打下了坚实的基础。他们承担了为中国人民谋幸福、为中华民族谋复兴的初心和使命，勇于担当责任，更好地奉献社会。作为新时代青年，我们要乐于奉献，敢于付出，积极参与公益活动，努力学习，将来为人民作出更大的贡献。

师：嗯，说得很好！看来同学们通过今天的研学，探求到了左联五烈士身上所承载的时代使命。柔石曾经说过："剜心也不变！砍首也不变！只愿锦绣的山河，还我锦绣的面！"先烈们正是以这样的革命情怀和革命气概，为中国的革命事业奉献出了自己的生命和青春。他们为社会作出了积极贡献，也得到了人们的普遍认可和尊重，实现了自身的价值。

师：接下来，请各位同学打开自己手边的资料。汪老师在课前为大家准备了一些关于疫情中涌现的青年抗疫的优秀事迹，希望大家能认真阅读，将他们的事迹和左联五烈士的事迹进行对比，寻找两代青年服务社会中的变与不变，并分别写在铅画纸上，待会儿再进行分享。

（师生展开讨论）

师：刚才同学们的讨论非常热烈，接下来就请两个小组的代表给大家分享他们所认识到的变与不变。掌声欢迎！

生1：我们小组经过讨论分析得出：两代青年所处的时代变了，服务社会的形式、内容变了，服务的人群变了；不变的是奉献精神，即他们服务社会的奉献精神以及中国共产党的领导。

生2：我们小组认为，两代青年服务社会中不变的是为国家服务的初心、党的领导、身上的责任，还有奉献精神。他们之间所变的是服务社会的形式和内容、服务的人群，还有服务的地点和环境。

师：刚才两位同学的分享都非常好。无论是过去的革命战争年代，还是现在的和平年代，青年人服务国家、奉献社会的初心没有变，青年人身上承担的社会责任没有变，引领青年人服务社会的领导核心——中国共产党没有变。

师：正如大家所说，每个时代都赋予了青年不同的历史使命。我们应该积极投身社会服务，积极培养自身的社会服务意识。鲁迅先生曾说，青年所多的是生力，遇见深林，可以辟成平地；遇见旷野，可以栽种树木；遇见沙漠，可以开掘井泉。相信即将迈入青年的你们，在社会实践的岗位上也有着非凡的创造力。最后想问一下大家：你们有没有参与过服务社会的行动呢？

生1：老师，我在鲁迅故居从事志愿讲解工作，为来自各地的游客讲述鲁迅在上海的故事。

师：非常好。还有吗？

生2：老师，我就是左联会址纪念馆的志愿者。除了完成日常讲解工作外，我还会配合馆方做好游客的登记工作。

生3：老师，我是木刻讲习所旧址的志愿者，主要工作是协助社区管理好集文化传播、社区展示、社区服务于一体的市民议事厅。

师：同学们说得都非常棒！希望大家在学习完这节课之后，能在业余时间继续传承先辈们的遗志，在和平年代发扬"奉献、友爱、互助、进步"的志愿精神，积极地投身社会志愿服务，做一名优秀的青年。课程的最后，让我们在左联会址纪念馆的留言台上留下我们今天的学习感悟吧。

 教师手记

讲好左联故事 传承革命丹心

——运用左联会址纪念馆的场馆资源揭示奉献与青春的意义和价值

我所工作的学校位于上海市虹口区。虹口作为海派文化发祥地、先进文化策源地、文化名人聚集地，拥有十分丰富的红色文化资源。长期以来，上海市鲁迅初级中学将思政课作为鼓励全体学生用实际行动继承鲁迅"爱国""求真""创新"思想的途径之一，与周边的红色场馆进行合作，使思政课能走出传统的课堂，结合学校周边丰富的红色文化资源，对学生进行更有效的思想引领。通过开展形式多样、内容丰富的实践教学活动，学生在思政学科学习中的思想性、自主性和实践性得以增强。

　　思政课和场馆资源的结合,不仅仅是课程和场馆环境的简单叠加,而是通过场馆资源的运用,进一步提升思政课的教育效果。让学生通过课程走进红色场馆,不仅能提升学生的兴奋度,还能将教育内容与实景相融合,增强学习过程中的画面感,进一步激发学生的爱国心和报国志。在场馆中开展学习实践,了解革命先辈伟大事迹的同时,还能充分运用学科思维,透过现象看到事迹背后的本质,从而领悟先辈的革命精神,立下属于自己的新时代大志向。

　　2021年是中国共产党成立100周年,也是左联五烈士牺牲90周年。左联是中国共产党于20世纪30年代在上海领导创建的一个文学组织,自诞生起就以传播马克思主义文艺理论、提高革命作家的思想理论水平为己任,与中国国民党争取宣传阵地,有力地配合了中央苏区军事上的反"围剿"斗争。其中,李伟森、柔石、胡也频、殷夫、冯铿五位左联青年作家是当时中国文坛中的一支新锐力量,积极促进了无产阶级革命文学的初期发展。1931年2月7日,他们被国民党反动派秘密杀害于上海龙华,史称"左联五烈士"。

　　我校的周边正好是当年左联先辈们曾经生活过、战斗过的地方,鲁迅故居、拉摩斯公寓、中华艺术大学旧址——这些耳熟能详的"坐标"为我们无声地诉说着当年的故事,而最能彰显这段光荣历史的场馆莫过于左联会址纪念馆了。这座隐藏于多伦路弄堂内的西式洋房,曾是左联以中华艺术大学名义召开成立大会的会址所在地。在这里,鲁迅先生作了题为"对于左翼作家联盟的意见"的讲话,第一次提出文艺要为"工农大众"服务的方向,并且指出左翼文艺家一定要接触实际的社会斗争,鼓舞了许多诸如左联五烈士的青年作家投身革命。

　　习近平总书记在纪念五四运动一百周年大会上指出:"一百年来,中国青年满怀对祖国和人民的赤子之心,积极投身党领导的革命、建设、改革伟大事业,为人民战斗、为祖国献身、为幸福生活奋斗,把最美好的青春献给祖国和人民,谱写了一曲又一曲壮丽的青春之歌。"今天,当我们回首以左联五烈士为代表的革命先辈的事迹时,能清晰地发现,革命先辈们为中国的革命事业奉献出了青春和生命,他们为社会作出的积极贡献得到了人们的尊重和认可,在实现了自身价值的同时,还对社会变革产生了推动作用。

　　这一内容和部编版《道德与法治》八年级上册第7课第二课时"服务社会"有着密切的关系,是第三单元"勇担社会责任"内容的最后部分。基于对责任以及关爱他人的认识和理解,本课时侧重于理解奉献社会的意义以及掌握具体做法,也是本单元的总结和提升内容。本课时由"奉献助我成长"和"奉献社会我践行"两目组成,由小到大地讲授服务和奉献社会,对第四单元"维护国家利益"进行铺垫。学习了解服务社会,可以体现人生价值,促进全面发展。服务社会需要青年担当责任,需要青年积极参与社会公益活动,需要热爱劳动、爱岗敬业的精神。

　　我在结合左联五烈士革命先辈事例和学生生活经验的基础上,设计了"青春与奉献"一课。通过左联五烈士事迹给予我们后人的启示,引导学生理解服务、奉献社会与个人成长的关系。与此同时,我也在红色场馆的教学过程中发现,将红色资源与课堂教学相结合,不仅能提高学生搜集、运用和整理资料的能力，还能增强他们关注社会、参与社会实践的能力。在课后，通过长期开展馆校合作，更能增强他们的社会责任感，帮助其树立服务、奉献社会的意识。

在这节课中，我将青年服务社会在百年间的变与不变作为教学关键问题，要求学生在学习中充分运用高阶思维，能认清变与不变背后的实质，能认识百年间不变的是青年服务社会的使命，从而激发他们初步形成社会服务意识。培育学生的社会服务意识，不仅要以理论教育的形式向学生传授间接经验，还要以实践来验证。只有让初中生通过实践活动，得到如同在课堂学习一样的收获，才能激发他们对活动的重视程度和参与度，并与课堂的内容自发形成联系，增强知行合一。

新时代的思政课必须重视实践活动对学生产生的作用，必须将理论知识深入贯彻到学生的日常实践活动中。部编版教材以一个单元的内容向八年级学生揭示了社会责任感的重要性，也体现了当代思政教育注重人的全面发展的特性，特别是在人生观、价值观方面，要求学生尽早地扣好"第一粒扣子"。一旦缺乏与实际的结合，再美好的内容也就只能停留于纸面，停留在学生的机械记忆中。

在本次教学过程中，我不仅阐述了先辈们如何服务社会的事迹，还结合学生在纪念馆做志愿者的事例，积极引导学生培育社会服务意识、志愿服务意识，鼓励他们通过参与志愿服务提升自身的综合素质。在此过程中，使学生完成从"被革命先辈服务"到"服务革命先辈"的角色转变，使其真正融入志愿服务过程，再从实践活动中提升志愿服务能力，从普通的参与者变成志愿服务的提供者，并感受到自身的社会责任。

当前思政课教学更为重要的是，培养学生从社会中捕捉、分析和处理信息的能力，因此情感态度价值观是本节课中最为重要的教学目标。志愿服务作为学生服务社会最可能的一种方式，能帮助学生提升自我能力，也能培育他们的责任感，更能塑造未来公民良好的品德，促进社会进一步的和谐发展。因此，对于初中生志愿服务意识的培育，必须注重知和行的紧密结合，必须结合多个角度对这一过程进行全方位观察，在开展教学实践的过程中也必须采取有针对性的教学方案。这些方式不仅能有效提升教学效果，还能让学生体会到道德与法治课的重要意义。

这样的馆校"无缝"合作能强化思政课关于志愿服务意识培育的效果，也能使更多的学生在学习先辈事迹的过程中逐渐认识到参与奉献社会活动对自身发展的重要意义。学生在增强自身责任感的同时，还能更好地体悟革命先辈的精神，进而在今后的学习生活中主动地继承和发扬红色基因，为脚下这片充满光荣的土地"代言"。在将来，红色资源与课程教学结合背景下的思政课教学，不仅要成为"新常态"，更要成为新时代对青少年进行红色文化教育、理想信念教育的关键法宝。

 学生感悟

非常幸运能参与这样一节特殊的课程，我从来没想过学校里的思政课能与我日常从事

志愿者服务的场馆产生这样奇妙的联系。在此之前,我仅仅认识到在周末从事志愿者服务是一件能帮助到观众、锻炼自身能力的好事。但通过汪老师的引导,我不仅进一步了解了以志愿活动为代表的服务社会活动能促进青少年的全面发展,还学习了左联五烈士和当代抗疫青年的事迹,明确了可以通过奉献社会、服务大众来实现自身的价值。作为刚刚迈入青春的新一代,可能我们服务社会的形式、条件和环境发生了变化,但社会仍旧需要我们挺身而出,依旧需要我们具备社会服务意识。在今后的学习生活中,我将继续听党话、跟党走,用实际行动来继承先辈们的伟大精神。

(上海市鲁迅初级中学　赵翊水)

专家点评

本节课采用了"研学"的方式展开,这是一种在实践中学习知识的方式,可以提高学生的积极性,贵在一个"研"字。这不能仅仅是"知识＋场景"的简单叠加,而要像电影导演一样,将所要传递的东西通过语言、肢体、声音等展现出来,并且选取较为有代表性的主体去"演"。此类"研学"与目前较为新颖的"沉浸式演出"有着异曲同工之处,失败与成功的关键在于能否吸引观众的眼球和心理。

在本节课中,教师引领学生走进左联会址纪念馆,感受革命先辈的爱国主义精神。革命先辈们为中国革命事业奉献出了青春和生命,他们为社会所做的积极贡献得到了人们的尊重和认可,在实现了自身的价值的同时,还对社会变革产生了推动作用。教师将这一内容与部编版《道德与法治》八年级上册的"服务社会"一课有机相连,使教材中看似不变的内容在这场红色研学中体现得活灵活现,不仅可以提升学生对所学内容的理解,还可以让学生更好地去学习和传承中华民族精神。通过故事讲解、学生分享、教师引导等,在不断拓展相关故事情节和知识内容的过程中,体现"以小窥大"的理念,让初中生身临其境、有所感悟。

在本节课的设计中,教师将红色文化与思政课教学有机融合,形成富有吸引力和精神引领力的红色故事案例集,并将其融入课堂教学,丰富了思政课教学资源,夯实了思政课教育新阵地的基础,提高了红色文化的影响力与感染力,活跃了思政课堂教学氛围。这充分体现了道德与法治课要培养的核心素养,特别凸显"政治认同"这一素养的培育。学生通过了解中国共产党的历史和革命传统、改革开放和中国特色社会主义的伟大成就,汲取党史、新中国史、改革开放史、社会主义发展史所蕴含的精神力量,为自己是中国人而自豪。同时,他们能以实现中华民族伟大复兴为己任,增强做中国人的志气、骨气、底气,不负时代,不负韶华,不负党和人民的殷切期望。

(上海市松江区教育学院　孙灵灵)

作者简介

　　汪惠康，上海市鲁迅初级中学道德与法治教师。虹口区青年讲师团成员，虹口区青年马克思主义研究小组成员。被评为上海鲁迅纪念馆优秀志愿组织者、2022—2024 学年虹口区教育系统教师专业人才梯队教学能手、2018—2019 年虹口区服务青少年先进个人。曾获虹口区中小幼教师课堂教学评比二等奖、虹口区中小幼教师教学技能单项评比二等奖等荣誉。所执教的课程曾被评为上海市中小学"学科德育精品课"。

游古典园林,品中华文化
——走进古猗园

上海嘉定区民办华盛怀少学校　姜宇宁

教学实录

师:同学们,现在我们所在的位置就是古猗园。古猗园始建于明朝,是上海五大古典园林之一,具有非常丰富的文化底蕴。今天就让我们走进古猗园,去探访其中的魅力吧!

师:通过自由游览,大家都有什么样的收获呢?哪位小组代表先来和大家分享一下?

生1:我们组首先来到了微音阁,这里可以欣赏一些月圆月缺的奇景。微音阁旁的绘月廊是古代设计师根据当地的地形特征和月球的运动轨迹建成的。之后,我们来到了普同塔。普同塔上面雕刻了一些类似于如来佛像的图案,非常精美。

师:嗯,非常好,这一组关注的是古猗园的建筑元素。你们组有哪些收获呢?

生2:我们组去的是戏鹅池。它是因为池内有非常多的白鹅而得名的。首先,我们去了西面的白鹤亭。它是为了纪念白鹤南翔而建的。然后,我们又去了东面的梅花厅。它的四周遍植梅花,窗格十分精巧,上面雕刻着许多梅花的图案,让我们感受到了清代风格建筑的魅力。

师:这个景区里面的东西非常丰富,特别令人心驰神往。来,有请下一组。

生3:我们组去的是青清园。它位于古猗园的东面,里面特别大,以竹子为主题。除此之外,我们还看到了君子堂、龟山、龟山湖等,景色非常清秀。景区里面还有竹编艺术品的展览,我们从中发现古代劳动人民的智慧。

师:嗯,景区里面体现了绿竹猗猗的意趣,其中的嘉定竹刻也是嘉定文化中的非物质文化遗产。还有哪个小组?

生4:老师,我们组去的是逸野堂。逸野堂原本是古猗园的中心,是园主招待客人和休息的地方。里面有很多书法字画,能体现当时文人汇聚的场景。旁边还有一棵高龄古槐树,和古猗园一样历史悠久。

师:嗯,非常好。在这个园区中,我们能感受到古代文人墨客的那种风采。相信大家通过各组的游览介绍,对于古猗园所蕴含的文化都有了一定的了解。在游览过程中,我也发现了一个非常特别的地方。接下来就让我们一起去看一看。同学们,请大家观察一下这座亭子有什么特别的地方。大家可以四处走一走,看一看。

生5:老师,我发现了!

师:你发现了什么?

生5:我发现这座亭子的每一个角都有一个拳头,而东北角却没有。

师:对,这个恰巧就是这座亭子名为"缺角亭"的由来。你们知不知道这座亭子为什么要这样设计呢?

生6:老师,我知道。这座亭子是抗日战争时期南翔的爱国人士为纪念东北三省失陷而集资修建的,这也象征了红色精神。

师:对,它是革命文化的彰显。那个拳头有什么样的寓意呢?

师:紧握拳头寓意着……

生6:团结一致抗日!

师:对! 建这座亭子的目的就是让我们不要忘记那段历史,让我们明确勿忘国耻才能振兴中华。刚刚同学们也看到了这边有"油漆未干"的提示,说明相关单位正在对它进行修缮和保护。但有人也提出了这样的看法:像缺角亭这样的文化遗产在现实社会中又没有什么实用价值,根本就没有必要对其进行保护。对于这样的观点,你们认同吗?

生6:不认同。就像我刚刚说的一样,它象征着一种爱国精神。如果我们不去保护它,不去修缮它,人们就会渐渐忘掉它,也就会忘掉这种精神。

师:说得很好。我们保护这些文化遗产,就是想让这些文化遗产"说话",让后来人了解过去的那段历史。我们刚刚看到的这些中华文化,其实都是整个中华民族的一种精神追求的体现,蕴含着整个中华民族的独特标识,也为整个中华民族的振兴提供了一种非常强大的动力。所以,对于这样的中华文化,我们必须竭尽全力地去保护它。

 教师手记

立足本土资源,厚植文化认同

中华文化是中华民族共同的精神家园,是中华民族独特的精神标识,也是世界认识中国、观察中国的重要视角。当今世界,全球化和信息化的时代浪潮让文化交流与文化冲突缠绕在一起,各种思想文化呈现出前所未有的交织与激荡。世界文化大交流、大交融、大交锋,给中华文化的发展注入了巨大活力,但同时也使之面临着严峻的挑战。如何在这样的时代背景下有效应对多元文化冲击,更好地发展中华文化,坚定文化自信,加快建设社会主义文化强国,成为我们日益需要重视的问题。

文化自信是指一个国家、民族和社会成员对自己所认可、信仰和践行的文化及其文化体系所产生的深层次肯定和尊崇,是对文化价值体系和其核心观念热情而坚定的态度。文化自信是文化认同更高层次的价值表达,是人们对所属文化的肯定性价值判断和带有文化自豪感的心理状态。认同是自信的前提,没有文化认同,也就没有文化自信。如果抛开文

化认同来建构文化自信,则会陷入将文化价值观念片面化、简单化地植入人民群众思想意识的误区,从而导致文化自信建设流于形式、肤浅失实。因此,要坚定文化自信,首先要加强文化认同。

青少年是祖国的未来、民族的希望,青少年的文化认同问题是关乎实现中华民族伟大复兴的大问题。没有了民族文化,就失去了民族存在的根基;没有一代又一代健康发展、有着民族文化基因的青少年,国家和民族就不会有美好的未来。因此,我们一定要把青少年的文化认同问题摆在至关重要的位置,对正处于人生"拔节孕穗期"的青少年进行精心引导和栽培,帮助他们建立对本民族文化的强大认同感,帮助他们从一开始就扣好人生的第一粒扣子。

如何才能切实有效地提升青少年对中华文化的认同感? 文化认同是行动主体实现价值体认的一种心理活动,既非一成不变的,也不是一朝一夕就能形成的,而是需要我们在长期实践过程中借助切实有效的载体来不断滋养和培育。本土资源的合理、有效利用,对文化认同感的提升大有裨益,是增强文化认同的有力武器。本土资源源于日常生活,贴近现实,贴近青少年。本土资源种类多样,分为自然地理资源、人文历史资源和社会发展资源,主要包括有地域特色的自然景观、文物名迹、民间艺术、民俗风情、经济特色等。合理、有效利用本土资源,因地制宜地发掘其内在的教育价值,能有效厚植文化自信。

在进行"中华文化根"一课的内容教学时,我选取了本土资源——古猗园作为教学素材,带领学生走进古猗园,进行实地游览教学,一边欣赏,一边思考,一边收获。之所以选择古猗园作为主要教学资源,首先是因为古猗园位于嘉定区南翔镇,具有丰富的文化底蕴,符合本课教学的主题。同时,对我校学子而言,古猗园是家门口的景点,是我们日常生活环境中的一部分。其次,在古猗园里进行实地观察学习,这样的学习方式对学生来说很有新鲜感。学生们很乐于接受这样的学习方式,学习的积极性和主动性会得到提升。再者,从学习内容来看,"中华文化根"一课的理论性较强,选取古猗园作为学习情境,通过古猗园景点的欣赏,可以切身感受中华文化的特点,可以将抽象的理论知识具体化、生活化,帮助学生更好地理解和掌握。最后,古猗园作为嘉定特色景点,是嘉定文化的一部分。学生们在游览古猗园的过程中可以更加深入地感知本土文化的特点,感受嘉定文化的魅力,自然而然地产生"我爱我嘉,我爱中华"的情感,增强对本土文化、中华文化的认同感和自豪感。

本节课的教学内容主要包括两部分:一是感知中华文化的特点,二是辨析文化遗产的价值。在进行第一部分的学习时,我采取的是小组合作学习的方式。学生以小组为单位,自由游览感兴趣的景区。游览完毕后,各小组派代表向大家介绍本小组游览的收获。在这一过程中,教师充分尊重学生的学习主体地位。学生通过自主选择游览的景区,将学习方式化被动为主动,成为整个学习过程的主人。通过相互之间的交流分享,大家会对古猗园有进一步的了解。综合各组发言,学生能切实感知中华文化的特点——源远流长、博大精深。在这个过程中,给我印象最深的是,我们在前往下一个学习点的途中看到一群早锻炼的爷爷奶奶,有的在打太极,有的在练武术,有的在舞剑,还有的在演奏民乐。当看到这一场景时,有同学就立马反应过来,太极、武术、剑术、民乐都是中华优秀传统文化的重要表现形式。将生活中的场景与课本知识有机结合，从生活实践到理论概括，学生们的这些学习生成令人欣喜。

"辨析文化遗产的价值"是本课的教学重难点。在进行这部分的学习时，我借助了古猗园中的缺角亭来展开教学。缺角亭又名补阙亭，是古猗园中的一个重要且富有特色的景点。它坐落在竹枝山巅，面朝九曲桥，背向浮筠阁。其中，四只檐角有三只为紧握的拳头，表达了收复失地的决心，而唯独东北一角是空的，象征着抗日战争时期东北三省的沦陷。从缺角亭的外观寓意不难看出缺角亭作为文化遗产所蕴含的革命精神和革命文化。文化遗产承载着中华民族的基因和血脉，是不可再生、不可替代的中华优秀文化资源。诞生于革命战争年代的革命文化遗产有生命、有记忆、有语言，印证着来路，昭示着明天，是革命文化的具体表现。对于革命文物、革命文化遗产，习近平总书记曾做出重要指示："切实把革命文物保护好、管理好、运用好，发挥好革命文物在党史学习教育、革命传统教育、爱国主义教育等方面的重要作用，激发广大干部群众的精神力量，信心百倍为全面建设社会主义现代化国家、实现中华民族伟大复兴中国梦而奋斗。"紧随习近平总书记的教诲，我们要站在历史和时代的高度去追寻红色记忆，传承红色基因，弘扬革命精神。恰逢相关单位对缺角亭进行修缮之际，于是我设计了观点辨析环节："像缺角亭这样的文化遗产在现实社会中又没有什么实用价值，根本就没有必要对其进行保护。对于这样的观点，你们认同吗？"通过对这一问题的辨析，学生们可以更加清晰地厘清文化遗产在当今时代的地位，认同文化遗产的价值和存在意义，树立保护文化遗产的意识。文化遗产最有情怀，也最能反映情怀。驻足在缺角亭前，它身上沉淀的红色基因会穿越时空向我们走来，我们会为之震动、激动、感动，不做历史虚无主义者、文化虚无主义者，不数典忘祖、妄自菲薄，认同中华文化、坚定文化自信的情怀油然而生。

由此可见，本土资源以其鲜活性和生活性生动地展现了中华文化的历史价值及现实意义。充分挖掘和利用本土资源，可以帮助青少年在开放包容、多元价值观并存的现代社会中形成自信、自强、坚不可摧的品质，增强对中华优秀文化、对国家、对中华民族的认同，增强做中国人的志气、骨气、底气，接过传承和弘扬中华优秀文化的接力棒，真正成为实现中华民族伟大复兴的后备队和生力军！

学生感悟

通过游览古猗园，我们学习了很多。比如，我们参观了许多典雅的明代建筑，深刻体会到了古猗园的悠久历史底蕴、我国独特的民族文化和中华民族的精神追求，从而拥有强大的文化自信。其中，令我印象深刻的建筑为缺角亭。因八一三事变，爱国人士重修独缺一角的亭子，提醒我们勿忘国耻。我从中体会到了他们的爱国主义精神。今后我也会积极弘扬中国精神，展现中国文化，实现自己的人生价值！

（上海嘉定区民办华盛怀少学校　高姿怡）

通过游览古猗园中的逸野堂、戏鹅池、松鹤园、青清园、鸳鸯湖、南翔壁等景区,我感受到了古猗园古朴、素雅、清淡的气质。其中,缺角亭更是让我明白我们要勿忘国耻,时刻铭记先辈们为现在的美好生活所做出的牺牲。我也要爱党爱国,努力学习,以期将来为祖国建设作贡献。

(上海嘉定区民办华盛怀少学校　陈俊宇)

专家点评

本节课中教学设计的逻辑、教学资源的选取、教学活动的设计、教学情境的创设等方面,能充分调动学生的积极性、主动性、创造性,激发学生活力和动力,是深度学习的体现。学生在学习成长过程中实现发展,并有了自己的看法和想法。课堂状态不同了,课堂也就有了革命性意义。

一、设计理念

1. 基于素养培育:通过对中华文化的理解与把握,学生增强了对中华文化的认识、理解和认同。不是满足于灌输知识,而是落位于培育素养。

学习中华文化对初中生而言有一定难度,因此,学生要在理解的基础上形成更加深入细致的想法,需要做一些思考。由于学生单从知识层面很难把握中华文化,本节课的设计强调了基于素养培育的基本方向,通过对中华文化的理解和把握,让学生理解中华文化不是一个抽象的概念,而是现实生活中的一个可触、可感的东西。带学生走进古猗园,进行实地观察和探讨学习,使学生在各方面形成比较深刻的认识,并在这种认识的基础上去理解和认同中华文化。从本节课的教学实录和教师手记看,这种观念自始至终所要实现的结果,对学生来说,应该是产生了一些积极的影响。这堂课让学生实实在在地感知、理解、认同中华文化,明白青少年的文化认同关乎中华民族伟大复兴中国梦的实现。

2. 关注学生特色:充分关注古猗园这一本土教学资源的特点,充分关注初中生的思维表现及其成长要求,给学生提供展示想法与交流的机会和平台。

首先,这节课的设计立足本土教学资源——嘉定古猗园。对南翔镇的学生而言,古猗园就是家门口的景点,是日常生活环境中的一部分。这说明我们的思政课不是凭空谈,而是结合学生生活实际,从学生的成长和发展来谈。从学生的成长和发展去谈中华文化,去谈学生的思维发展,去谈思政课的意义和价值,对学生来说,有一个亲切、可视化的东西做参照。本节课能让大家看到许多本土文化元素,看到学校学生表现出来的一种对家乡最新发展的亲切感,这种亲切感是教师引导学生理解中华文化的一个非常重要的方向。其次,充分关注初中生的思维表现及其成长要求。相关政策文件确实对思政课的发展提出了学段要求,其中这个学段要求落实到初中生的思维表现和成长要求方面,要考虑初中生的特殊性。这种特殊性不是通过一种具体、指向性的东西来表现,但是在整个课程设计的环节中要能看到对学生思维表现的关注和对学生成长的关照。最后,给学生提供展示想法与交流的机会和平台。与以往的很多满堂灌的课堂不同，这节课给予学生充分的展示机会和交流平台，让学生通过自己的所见所得所思所想，去理解中华文化。这样一种探究学习、合作学习的过程，对学生成长来说具有非常重要的意义。

二、优化建议

所谓好课无止境，任何一节课总能找到可以打磨和细化的地方，从而使教师的教学实践达到新高度。

1. 学生讨论的深度把握再优化：初中生的思维程度相较于小学生有了大的变化，也不同于高中生，但可以通过追问等形式，实现"再推一把"的促进，让学生实现学科思维的跃升。

在"辨析文化遗产的价值"的教学内容中，教师提出具有价值冲突的问题，引导学生运用已有知识做出正确的价值判断和行为选择，形成传承和弘扬革命文化的学科基本观点。但教师和学生的问与答还不够深入，因为初中课堂教学中的关键点是学生的体验和认知，不能仅仅让学生体会是什么，还要知道为什么。因此，不能仅仅局限于一问一答，教师要通过进一步提问的方式，让学生往前再想想，让课程呈现不一样的状态。

2. 教学流程的过渡衔接再优化：各教学环节之间以及一些过渡语的安排，还可以再做斟酌，使之更加顺畅。学生作答之后，教师的即时点评要更加简洁明快、突出特色。

（上海市徐汇区教育学院　王瑞梅）

 作者简介

姜宇宁，上海嘉定区民办华盛怀少学校初中道德与法治教师，中学二级教师。

科技改变世界

上海市嘉定区安亭小学 周 旭

教学实录

师：同学们，上节课我们学习了"科技改变世界"这部分内容，知道了科技的发明推动了人类社会的进步。谁来说一说汽车带来的变化？

生1：有了汽车，我们的出行更加方便。

生2：有了汽车，我们可以高效地运输货物或者食物。

师：既然汽车对我们的生产和生活这么重要，你们想不想去实地看一看？

生：（齐声）想！

师：安亭就有这样一个地方，它集中了汽车发展历史过程中的重要车辆。这个地方就是上海汽车博物馆，让我们一起去开启探究之旅吧！

师：同学们，现在我们来到了上海汽车博物馆。在这里，我们可以直观地感受各种类型的汽车，让我们马上进去看看吧。这是上海汽车博物馆的一楼，展示了各种汽车。大家是不是看得眼花缭乱了呢？现在请同学们自由探究，并记录一下你在观看过程中的疑惑。

师：谁来交流一下？

生1：为什么这里有马车？

师：你很会观察！马车是现代汽车发明的灵感之一，在没有发明汽车之前，人们都是用马车来运输货物的。这是中国的马车。有了马车之后，人们可以干什么？

生2：可以出门远行或者搬运货物，能缩短路程和减少时间，使人不容易疲惫。

师：但是，后来马车因为各种各样的原因被淘汰了。马车有哪些缺点？

生3：马不受人们的控制，会引发安全事故。

生4：乘坐马车时不舒服，木轮不结实，很容易颠簸。

生5：饲养马太麻烦，还得雇人照顾它。

师：马车有优点的同时，缺点也不少呢！

生6：老师，你刚刚说马车是现代汽车发明的灵感之一。既然马车这么麻烦，那么，从马车到现代汽车，中间经历了哪些演变过程？

生7：汽车是怎样走进人们生活的？

师：你们很会思考！马车的缺点有这么多，怎样才能制造出不用马拉的车辆呢？将汽油机装到当时大家熟悉的三轮车或者四轮马车上，是早期汽车发明者的一种成功思路。在汽车诞生的道路上,留下了许多追梦者深深的足迹。

师:首先,我们来看蒸汽汽车的发明。看到工厂里、火车上、轮船中到处冒着白色烟雾,人们想到能否用蒸汽驱动汽车。1769年,居纽制造了一辆蒸汽汽车,用来装重型大炮。但因为没有刹车,导致意外发生,最后人们还是用马匹来运输大炮。即便如此,人们并没有因为困难重重而放弃不断思考的动力。在第二次工业革命的背景下,1885年,卡尔·本茨设计并制造出世界上第一辆使用汽油内燃机的汽车。但由于该汽车经常抛锚,受到不少冷嘲热讽。后来,他的妻子克服重重困难,终于驾驶这辆汽车行驶了100多公里,汽车才逐渐被人们所接受。然而,早期汽车好比雕刻工艺品,价格昂贵,只能为富人所拥有。如何让汽车走进千家万户,成为汽车追梦人不断思考的问题。同学们,你们在这里看到了什么?

生1:流水线的操作方式,看起来好快啊!

师:当时,凯迪拉克看到屠宰厂里流水线式的屠宰方法,他想如果汽车也能这样操作,就能生产更多的汽车了。于是,他开始尝试将零部件进行标准化的设计和制造,使它们可以安装到同一车型的不同汽车上,从而实现了汽车的量产化,让更多的人拥有了汽车。后来,经过多样化的设计和速度的提升,最终形成了各种类型的现代汽车。同学们,听了老师的介绍,谁来回答从马车到现代汽车,中间经历了哪些演变过程?

生1:中间经历了蒸汽汽车和汽油汽车的发展。

师:汽车是怎样走进人们生活的?

生2:凯迪拉克实现了汽车量产化。

师:学到这里,你们想不想了解中国汽车的发展?你们还想知道什么?

生1:中国第一辆高级轿车是什么?

生2:普通老百姓开得最多的车是哪一种?

师:同学们,这些问题都集中在了这个"揭秘任务"卡片中。现在让我们带着问题,一起去"国货之光"这个主题展区探究一番。

师:提到中国轿车工业发展史,有一辆汽车肯定绕不过去,它就是我国第一辆高级轿车——红旗CA72。20世纪50年代,中苏关系破裂,加上国外的封锁,毛泽东不愿再坐苏联的汽车。大家决心造一辆自己的车子,不再依赖苏联。接到任务后,在短短一个月的时间内,工人们不分昼夜,顾不上吃饭、睡觉,终于制成了中国第一辆高级轿车。那时整车车身就像搞雕塑一样,完全是工人们一下一下敲出来的。所有工人,三天三夜没离开现场。

红旗轿车是国家领导人坐的汽车。为了让中国普通老百姓也能坐上车,勤劳的中国人民开启了自己的智慧之光。改革开放以后,中德以合资形式在上海汽车厂生产出第一辆汽车——桑塔纳。"有幸坐上桑塔纳出租车便觉得老神气了。"有位驾驶员回忆说,"好多人花钱打车都是为了体验这个冬天有暖气、夏天有空调的稀罕物,这是一种高档享受。如果结婚能订到一辆桑塔纳出租车作为婚车,就是非常体面气派的。"

师:同学们,请大家根据卡片内容自主填写答案。

师:中国第一辆高级轿车是什么?

生：（齐声）红旗轿车。

师：普通老百姓开得最多的车是哪一种？

生：（齐声）桑塔纳。

师：同学们，你们都很会学习！汽车走进千家万户，离不开人类无尽的探索。2021年是建党100周年，作为新时代社会主义的接班人，你们从这些汽车追梦人身上学到了什么？

生1：面对生活中的问题，不能放弃思考。从早期马车到汽车的过渡，就是因为人们不满足于当时的马车。所以，要当好社会主义的接班人，就要不断思考、不断进取。

生2：要有联想式致知的能力。人们看到蒸汽机，就想到了要把它用在汽车上；看到了屠宰场里的流水线，就想到了汽车的流水线量化生产。所以，要当好社会主义的接班人，在生活中就要学会展开想象的翅膀，让自己的想象变为现实，为国家发展作贡献。

生3：要有迎难而上的勇气和信心。蒸汽汽车没有刹车，汽油汽车开起来太麻烦，但人们不放弃、不抛弃，积极探索解决之道。要当好社会主义的接班人，就应该学习这样的精神和品质。

生4：红旗轿车对中国人来讲，不仅仅是一个汽车品牌，更是一种强烈的责任和历史的使命，代表了中国人不服输的精神。要当好社会主义的接班人，就要有不服输的精神和吃苦耐劳的品质。

生5：做任何事情都不要依赖别人。当时毛泽东坐的车是苏联的，但和苏联关系破裂以后，我们自力更生，建造了第一台红旗轿车。作为中国人，我们就要发扬独立自主的精神，为国家建设多出一份力。

生6：作为社会主义的接班人，要有为人民服务的意识，努力造出让老百姓满意的车子，满足人民对美好生活的向往。

师：是啊，不懈的试验、一次次挫折和点点滴滴的成功，迎来了一个个历史瞬间。我们不仅要有不断思考、迎难而上、吃苦耐劳的品质，还要发扬独立自主的精神和培养为人民服务的意识。相信这些品质会助力你们的发展，使得你们更快地成为社会主义的接班人，为国家的发展作出伟大的贡献。同学们，你们能做到吗？

生：（齐声）能！

 教师手记

从不可能到可能

——关于"科技改变世界"的教学思考

《义务教育道德与法治课程标准》（2022年版）指出："思政课是落实立德树人根本任务的关键课程，道德与法治课程是义务教育阶段的思政课，旨在提升学生思想政治素质、道德

修养、法治素养和人格修养等……课程具有政治性、思想性和综合性、实践性。"以馆校结合为特征的场馆思政课，作为一种新型思政课，是思政课教师适应课程发展诉求的必然选择。不同于以内容定场馆，本课是先定场馆再设计内容。这对我来说是一个挑战，主要表现在：上海汽车博物馆融合了中外汽车发展史，而在早期发展史上，以外国人的发明居多，以此作为思政课的红色基因展开教学，似乎不太可能。但不可能真的不可能吗？是否还有其他内在资源被我忽视了呢？

带着这样的疑问，我重新查阅了相关资料。其中，习近平总书记在学校思政理论课教师座谈会上提出八个相统一的教学要求，给我留下了深刻印象。"坚持价值性和知识性相统一"具体是这样说的："思政课重在塑造学生的价值观，这一点必须牢牢抓住。强调思政课的价值性，不是要忽视知识性，而是要通过满足学生对知识的渴求加强价值观教育……知识是载体，价值是目的，要寓价值观引导于知识传授之中。"在思政课上，价值是目的，知识只是载体。因此，思政课的知识学习可以不仅仅限于红色资源。结合上海汽车博物馆的场馆内容，我们应该打开知识视野，从古今中外的汽车发展史中提炼一个个汽车追梦人的奋斗精神，寻找适合社会主义接班人的品质，从而追寻内在的价值目的。

有了习近平总书记八个相统一的指导引领，我的心中豁然开朗，不可能可以变成可能！接下来要解决的问题是不可能怎样变成可能。为此，我深入上海汽车博物馆，在全面了解场馆资源的主题、主要内容、教育意义、资源形式、资源布置特征等方面的基础上，选取了马车、蒸汽汽车、汽油汽车、凯迪拉克汽车、红旗轿车、桑塔纳作为教学点位。理由如下：总体来说，前四种汽车贯穿汽车发展的重要节点，代表了人类追寻梦想的前进脚步。后两种汽车则代表了中国早期汽车发展的水平，能充分显示我国汽车追梦人不屈不挠的奋斗精神。具体来说，马车作为现代汽车发明的灵感之一，是非常重要的点位，能引出现代汽车的学习。在现代汽车历史上，蒸汽汽车、汽油汽车代表着驱动技术的不断进步，汽车从富人所独有到走进千家万户，凯迪拉克汽车是绕不过去的坎，它是汽车量产化的标志性车辆。在中国汽车发展历史上，红旗轿车是我国第一辆高级轿车，代表着中国人民独立自主研究汽车的开始。桑塔纳作为使用最多的民族车辆，见证了改革开放的伟绩和回忆。

选取点位后，接下来我将解决以下几个关键问题。

解决教学关键问题1：上海汽车博物馆一楼的展品汽车众多，涵盖了汽车历史发展过程中的所有重点汽车。学生成群结队地自主探究，能让他们深入教育现场，感受教育氛围。在此过程中，学生记录下心中疑惑。这种开放式的探究模式，能把学生最真实的学习状态呈现出来，展示出以系统的问题链为讲解的主题形式。

解决教学关键问题2：马车、蒸汽汽车、汽油汽车、凯迪拉克汽车、红旗轿车、桑塔纳等多种重要汽车，能让学生直观感知汽车的发展，是一个直观的线性发展历史，有助于让学生知道汽车文明的进步并不是一帆风顺的，背后付出的努力和汗水更值得称道。

解决教学关键问题3："揭秘任务"卡片是上海汽车博物馆特有的资源。学生在自主探究过程中将问题与卡片内容相结合，通过交流，有利于学习国产汽车的相关知识，同时也能提升民族自豪感。

解决了关键问题之后,我又设计了有内在逻辑的问题链,以呈现本课的具体学习。在课前的交流谈话中,我搜集了学生的相关问题,以学生提出问题为导向,进行梳理整理。归纳如下:(1)为什么这里有马车?(2)马车的缺点有哪些?(3)从马车到现代汽车,中间经历了哪些演变过程?(4)汽车是怎样走进人们生活的?(5)中国第一辆高级轿车是什么?(6)普通老百姓开得最多的车是哪一种?前两个问题是关于马车的学习,让学生交流马车的种种不便,为的是自然导入现代汽车的学习。中间两个问题为介绍后面的现代汽车做好铺垫。最后两个问题主要是为了引入国产汽车的学习。从马车的学习到现代汽车的发展,再到国产汽车的学习,从古至今,由外到内,通过这几个问题,串起了整个学习的逻辑链,为后期的总结升华做好扎实基础。

此外,在蒸汽汽车、汽油汽车的讲解中,我有意弱化国家概念,深入阐述每一次汽车发明背后的艰辛,从而为馆校教育的紧密结合做好有效连接。在国产汽车的讲解中,我以学生的问题为主线,详细介绍了红旗轿车背后的国际意义以及桑塔纳背后的民生意义,让主题更加丰富。

如何让品质的提炼水到渠成?为此,我在以学生自主探究为主的基础上,引导他们重点学习了蒸汽汽车、汽油汽车、凯迪拉克汽车、红旗轿车、桑塔纳的发展历史。学生了解了背后的故事后,产生了合理联想,从历史走入现实,自然感受到作为社会主义接班人应该有不断思考、迎难而上、吃苦耐劳的品质。

知识不分中外,价值引领前进。这节思政课是在上海汽车博物馆里展开的。我坚持以价值为目的,以知识为载体,设计了以质疑释疑为任务驱动的主线教学思路。在问题链的引导下,带领学生发挥主体探究精神,去感悟一代代汽车追梦人背后的真实故事,从而提炼新时代社会主义接班人所需具备的精神品质,以期达到润物无声的教育效果。值得高兴的是,在这节思政课上,我从原来质疑不可能上好这节课到变成能上好这节课,在从不可能到可能的过程中,同样感悟到了中外汽车追梦人身上的品质。教与学互相成就、互相成长,与学生同频共振的感觉真好!

学生感悟

今天我们去了三个地方上课:一个是自己的教室,一个是上海汽车博物馆的一楼,一个是馆内教室。说到汽车,它是我们常见的交通工具,给我们的生活带来了很多变化。但汽车是怎么发明出来的,背后有什么故事呢?中国汽车发展的背后又有什么故事呢?带着这些疑问,我学习了马车、蒸汽汽车、汽油汽车的历史,知道了汽车文明的进步并不是一帆风顺的,背后付出的努力与汗水更值得称道。此外,怀揣着心中的疑惑,在老师的带领下,我们还学习了红旗轿车、桑塔纳及其背后的故事,填写了"揭秘任务"卡片,并且再次回顾了中国汽车的早期发展史。

不懈的试验、一次次挫折和点点滴滴的成功,迎来了一个个历史瞬间,从而让汽车走进了千家万户。这节课的学习经历让我感受到作为社会主义的接班人,我们应该有不断思考、迎难而上、吃苦耐劳的品质,这样才能在不断变化的时代中处变不惊,自立自强,为党为国不断奋斗。

（上海市嘉定区安亭小学　严靖恒）

专家点评

习近平总书记强调,"思政课不仅应该在课堂上讲,也应该在社会生活中来讲""'大思政课'我们要善用之,一定要跟现实结合起来"。本节课立足"大思政课"理念,将道德与法治课堂"搬"到了上海汽车博物馆,拓展了教学空间,有效发挥了教学场域的独特教育功能,增强了思政课教学的生动性和新颖性,体现了思政课教学的实践性。通过对本地红色场馆资源的充分开发和有效利用,鼓励学生在场馆学习和探究活动中开拓视野,提升学习能力,增强爱国情感。

本节课有以下几个亮点。

第一,用好本土红色场馆资源,拓展教学场域。教学场域是思政课的基本载体和关键要素,具有独特的教育功能。将课堂"搬"入上海汽车博物馆,体现了课堂教学与现场教学相结合、教学与学生的真实体验相结合,充分发挥了场馆的社会教育和传播文化功能,对有效落实本课的教学目标,尤其是情感态度价值观目标的达成,起到至关重要的作用。

第二,以探究活动为主,提升学生的学习能力。教学伊始,老师带领学生来到上海汽车博物馆,带领学生开展自主探究活动,引导学生在初步的观察中提出心中的疑惑。随后,带着学生提出的两个问题(为什么这里有马车? 从马车到现代汽车,中间经历了哪些演变过程),引导学生在进一步的参观中寻找答案。接着以"揭秘任务"卡片的形式,聚焦学生提出的问题,带领学生在"国货之光"主题展区开展深入学习。通过层层追问,引导学生思考并了解红旗轿车背后的国际意义以及桑塔纳背后的民生意义。通过了解一代代汽车追梦人背后的真实故事,提炼新时代社会主义接班人所需具备的精神品质,激发民族自豪感,培养责任意识。

最后提点建议:探究学习是探求知识的学习方式,目的是形成科学精神和科学态度。它无论是作为一种学习方式,还是作为一种必备品格或关键能力,对于学生的发展,都是至关重要的。场馆的情境式教学为探究学习的发生提供了真实的生活场景。如何在场馆教学中让探究活动真实地发生,需要老师在教学实践中进一步思考与改进。例如:围绕真实场景,探究活动的具体要求是什么,需要探究的问题是什么。要设计以核心问题为中心的探究学习,以此为学生提供学习支架,引导学生多方面、多角度地思考,培养正确的价值观,让红色场馆教学更有效地助力思政学科核心素养的培育。

（上海市普陀区教育学院　汤永蓉）

作者简介

　　周旭,上海市嘉定区安亭小学教师,小学一级教师。撰写了近十篇论文,参与市级课题,领衔主持区级课题,多次获得市、区级奖项。2021 年,所执教的"红色一课"之"科技改变生活"获得市三等奖。

上海最大的人工河：大治河

上海市浦东新区新场实验中学　魏翠兰　屠敏蕊

教学实录

师1：同学们好！

生：（齐声）老师好！

师2：同学们，上课之前我们先来看一则新闻。2019年8月，国务院印发《中国（上海）自由贸易试验区临港新片区总体方案》，指出在上海大治河以南、金汇港以东以及小洋山岛、浦东国际机场南侧区域设置新片区。大治河这个韵味深长的名字开始进入公众视野。

师1：开挖于1977年的大治河，是上海有史以来规模最大的人工河。40多年来，它在航运、灌溉、防洪排涝、垃圾转运、城市美化等方面发挥了巨大的作用。上海自贸区临港新片区成立后，大治河又一次迎来了新生，前景令人无限遐想。

师2：今天，我们站在大治河边，通过学习和认识上海最大的人工河——大治河，来感悟南汇人民为上海的水利工程事业、为祖国的社会主义现代化发展而奋斗的精神。

环节一：回溯历史——大治河的昨天

师1：之前同学们都已经做过社会调查。哪位同学来给我们介绍一下大治河的概况？

生1：老师，我来。大治河是上海最大的人工河，西起黄浦江，东至长江入海口，河面宽102米，全长39.5千米。开挖大治河是南汇历史上最大的水利工程。1977年开挖，1979年完工。当时正处于粉碎"四人帮"之后的拨乱反正时期，从大乱到大治，时称大治之年，故以"大治"命名，也表明了南汇人民要自力更生、团结治水、彻底改变自然面貌的决心。

师2：哪位同学来给我们介绍一下大治河的开挖情况？

生2：老师，我来为大家介绍一下当年开挖大治河时千军万马战河场的壮阔场景。从1977年12月开始，当时南汇县的20多万民工、6000多辆中小型拖拉机和汽车以及2000多辆独轮手推车，迎着凛冽的寒风，浩浩荡荡地奔赴开河工地，在河两岸搭起了上万个简易工棚。开河工地上，他们迎着招展的红旗，有的用锄头挖，有的用铲子铲，有的用肩膀挑，一个个大口喘着粗气，喊出了响亮的口号："宁吃千辛苦，引来幸福泉""愿流万担汗，汇成生命河"。1977年12月5日，时任上海市委书记彭冲同志在南汇大治河工地带头参加劳动。

师1：请你给大家介绍一下大治河的工程意义。

生3：好的，老师。大治河为黄浦江纳潮泄洪、灌溉良田、水上运输发挥了重大作用，同时成为上海市区遇台风高潮时纳谷削峰的防汛河网，很长时间内还是原南汇居民生活用水的主要河道。据说,大治河挖成后,就再也没有遇到过洪涝灾害了,村民们也没有再挖其他小沟小河了。以往每年冬季要进行的"洗碱"行动,也因引入了大治河的清水灌溉而逐渐变成了历史。

环节二:了解当下——大治河的今天

师2:40多年来,大治河见证了时代变迁。如今的大治河又是怎样的呢?

生4:如今大治河的通航能力大大提升。作为建设国际航运中心的重要组成部分,上海在加快内河高等级航道建设,构建水上"高速公路路网"。

生5:大芦线航道按照三级航道通航标准,整治后将为洋山深水港区集疏运开创优越的内河资源及通航条件,形成"水上高速"。

生6:未来大治河可通行的最大船舶将从300吨级升级为1000吨级。与此同时,大治河全线航道护岸将新建,航道将进一步疏浚。

生7:作为上海市"十一五"规划工程,2005年,上海市投资20多亿元为上海最大的人工河——大治河"强筋壮骨"。市、区有关领导对治理大治河问题高度重视,多次实地察看大治河。2005年7月,时任上海市副市长杨雄率市相关职能部门负责人到南汇开展大治河综合治理工作的主题调研。同年9月,市政府决定用三年时间综合整治大治河。两岸护岸工程在2007年底前已全面完成。

师1:请你说说大治河的生态廊道建设。

生8:好的。根据上海市生态空间规划,浦东新区在"十三五"期间重点推进9条生态廊道建设。其中一条大治河生态廊道规划已获批复,将分为四大主题区域来打造。大治河生态廊道是上海市生态廊道的重要节点,也是城市居民休闲、休憩、度假、亲近自然的生态场所,更是生态功能与环境友好型城市功能和谐共存的生态复合区域。

环节三:展望未来——大治河的明天

师2:请你介绍一下大治河的未来规划。

生9:好的,老师。整个规划根据生态类型和建设用地功能,划分为观赏林野、桃林野趣、水乡田园和城市功能四个主题区域。其中,观赏林野组团是以保护自然性和野趣性的半自然环境为主的农林地区;桃林野趣组团以建设培育大团镇蜜桃园为特色;水乡田园组团以农业生产用地为主;城市功能组团以酒店、文化娱乐、体育休闲、会展服务、研发设计、康体养老等功能为主。

生10:老师,我家住在大治河对面的新南村,我想给大家介绍一下我们新南村这些年的变化。经常听我爷爷说:"新南村以前是个名副其实的贫困村,村里没有集体资产,干什么都要'打白条',工资都是到年底才能领。"现在的新南村土地肥沃,良田一眼望不到边,桃林成片,还有鱼塘、畜禽场,人民生活逐渐富裕起来。每逢节假日,还有很多人到我们村参观旅游呢!2019年,新南村获得上海市人社局颁发的上海市首个"乡村创客中心"称号。2020年,新南村被列入2020年度上海市乡村振兴示范村建设计划。据悉,新场镇按照"乡创文旅"发展主线,以"乡创+"为路径,通过聚焦人才振兴,驱动乡村产业、文化、生态、组织的全面振兴，加快将新南村打造成具有江南水乡特色的"上海乡创第一村"。

环节四：小结提升——培养担当民族复兴大任的时代新人

师1：距离大治河的开挖已过去了四十几个春秋，而今的大治河正在发挥着灌溉、航运、景观等作用，它恩泽和滋润下的地域面貌以及人们的生活状况都发生了翻天覆地的变化。但是，在开挖大治河的过程中，人们团结协作、战天斗地、群策群力、甘于奉献的大治河精神，却值得我们永远铭记。

师2：大治河见证了我国从大乱到大治，见证了改革开放以来南汇人民追求美好生活、为上海水利事业、为社会主义发展而奋斗的精神。

师1：作为华夏的一员，作为南汇人民的子孙，我们有义务为实现中华民族伟大复兴的中国梦而不断努力。

师2：编织人生梦想是青少年时期的重要生命主题，而中国梦则是我们华夏子民共同的梦想。我们要勇敢地承担起时代的重托，为中华民族伟大复兴中国梦的实现尽自己的一份力量。我们要把自己的人生理想与祖国、时代、人类命运联系起来，树立远大理想，培养良好品德，发扬创新精神，掌握实践能力，勤奋学习，立志成才，做个新世纪的社会主义事业建设者和接班人。

 教师手记

乡土资源融入道德与法治课堂的实践与思考
——基于"上海最大的人工河：大治河"的教学反思

很荣幸能参加这次的"红色一课"活动，第一次尝试这种现场实践课教学，对我们来说是一个不小的挑战。但我们觉得，这样的教学形式应该是今后初中道德与法治课的一种常态：因为相较于青少年的形象思维特点而言，道德与法治课不能空洞、刻板，而要追求有温度、有情感，最好是引导学生观察生活，发现生活中的"美"，从身边事做起，把爱国情、报国志自觉融入中国特色社会主义事业中。因此，初中道德与法治教师要积极利用身边鲜活的资源，努力调动学生的各种感官，引导学生形成正确的价值观，树立高远的理想信念，这是初中道德与法治课的教育核心，更是初中生成长的需要。

2019年3月18日，习近平总书记在学校思想政治理论课教师座谈会上提出："要坚持理论性和实践性相统一，用科学理论培养人，重视思政课的实践性，把思政小课堂同社会大课堂结合起来，教育引导学生立鸿鹄志，做奋斗者。"在这一理念的指引下，我们尝试把学生身边的乡土资源融入道德与法治课，让学生将社会、家庭、学校的教育资源相结合，在实践探索中感悟感触，真正做到理论与实践的统一。

我们学校坐落于浦东新区中南部的历史文化名镇——新场。它的南侧有一项上海重

大水利工程——大治河。开挖于拨乱反正"大治之年"(1977年)的大治河全长39.5千米,河面宽102米,被称为南汇的母亲河,是从黄浦江东岸的闵行区鲁汇镇到浦东新区东海之滨的水运大动脉。40多年来,在不同的历史时期,大治河在民生保障、生态环境保护、航运贸易和浦东开发国家战略中发挥了多元作用。当年新场劳动人民不怕苦不怕累,为大治河的开挖、建设流汗奋斗的精神……这些都是理想载体。

大治河是新场的母亲河,家家户户都与它有着各种渊源。我校学生基本都是土生土长的新场人,有很多学生的爷爷奶奶曾参加了大治河的开挖,绝大部分学生都听说过大治河的开挖故事,耳闻了大治河的重要性。但他们了解到的都是一些简单碎片,对于深入了解、探究自己熟悉的事物,他们很感兴趣,积极性很高。寒假期间,我们就给学生布置了社会调查任务,要求学生通过走访身边的老人或村干部、网上搜集图文资料等方式,了解大治河的历史、工程意义、规划发展……我们希望学生能充分利用身边独有、亲切的资源,开展对家乡历史的采访调查,引起共情共鸣。

学生在查阅资料、采访和收集数据中更加真切地感受到大治河本身具有的丰富意义,体会大治河带给家乡人民生活的变化,感悟当年新场劳动人民不怕苦不怕累地为社会主义发展、为上海水利事业流汗奋斗的精神,从而更加热爱家乡、热爱人民。

我们还要求学生分小组实地走访、考察大治河环境保护方面的成果和变化,从中形成和道德与法治课相关的探究性小论文。如关于新场环境、大治河环境治理等,让学生在实践探究中获得绿色发展和可持续发展的启迪。学生从调查实践中了解了大治河今天的发展变化——航道提升、护岸工程、生态廊道……

在这次活动中,我们主要是想让学生体验在集体中分工协作、共同进步、完成调查报告。我们尝试根据学生特长将他们分组分工,分别负责问卷设计、查阅资料、现场采访、图文编辑等工作,既要让学生有独立思考的空间,又要充分发挥合作学习的优势,重视培养学生的自主参与意识和合作沟通能力。

上课的时候,我们始终围绕着大治河的昨天、今天、明天展开。通过知红色历史背景、叹劳动人民艰苦奋斗、感社会主义建设蓬勃发展、观新农村建设四个教学环节的设计,引导学生回顾当年为了解决水患、满足人民对美好生活的需求,先辈们是如何千辛万苦地引来幸福泉的,带领学生了解40多年来大治河是如何见证家乡变迁的,引领学生展望大治河助力下的家乡的未来——成为绿水碧波环绕的新片区。

大治河作为乡土资源,它从对人们生活的影响到精神的承载,再到浦东开发、国家自贸区发展大计的每一个层面上,都可以激发学生个人理想的树立和中国梦的展望。我们想让学生纵观改革开放史、社会主义发展史,形成"大治河的故事——浦东的历史、地理、政治定位——自贸区的国家战略、大治河航道的历史和提升——如何树立自己的理想"这一脉络,从而培养为家乡和祖国贡献力量的责任意识。

前半部分借助所查资料讲大治河的故事,学生们还是得心应手的,而后半部分畅想大治河的发展,感悟大治河对于浦东发展和国家战略的意义,对初中低年级学生而言可能有点难度。于是,我们在上课的时候只是点到即止,可以在八年级再开展一次较深层次的大治河乡土资源融入道德与法治课活动,实行低年级和高年级的分层教学。低年级着力于基础调查,了解大治河的历史,讲述大治河的故事,提升学生的实践动手能力,让他们真切体会到大治河开挖的不易,领略老一辈的奋斗和奉献精神。同时,结合六、七年级的"少年有梦""在集体中成长"等相关知识,激励学生要做一个有理想、有责任感的时代少年。高年级结合时政分析大治河所反映的改革开放史,畅谈大治河对于浦东发展和国家战略的意义,着力培养学生以发展的视角理解国家战略,组织学生撰写关于发展大治河的提案和"我为大治河献一计"征文,引导学生积极参与国家政治生活,为建设美好祖国献策献力,担起时代责任。

 学生感悟

今天,我在魏老师和屠老师的带领下,来到新场镇大治河边进行了"红色一课"主题教育,与同伴们共同品学了大治河的发展史。通过这次活动,我更全面地了解了大治河的开挖故事,更深刻地体会到大治河对于推动家乡发展的重大作用。爷爷常说,大治河是我们新场的母亲河,它滋润着新场的每一寸土地,见证着新场百姓生活的日新月异,希望子孙后代要知道感恩,保护好大治河,开发好大治河。先辈们当年开挖大治河时千军万马战河场的壮阔场景令人震撼,"宁吃千辛苦,引来幸福泉""愿流万担汗,汇成生命河"的口号也久久萦绕在我的耳边。饮水思源,不忘历史;雄心壮志,憧憬未来。作为新时代好少年,我将更加努力学习,延续发展先辈们这种团结协作、战天斗地、甘于奉献的精神,立志为祖国的未来贡献自己的力量。

(上海市浦东新区新场实验中学　王梓懿)

专家点评

本节课立足学生成长背景和已有经验,聚焦大治河的前世今生,引导学生通过社会调查、参观访问、现场观摩等多种学习方式及活动,深入体验40多年来家乡在经济社会发展方面取得的巨大成就,深刻感悟家乡人民伟大的奋斗精神、劳动精神,增强了学生的爱国心、报国情和强国志,较好地落实了道德与法治课程立德树人的根本任务。

第一,立足学生已有经验,关注学生的成长发展。本节课高度关注学生的已有经验,在综合考量学生的成长背景、家庭情况、认知特点以及在道德与法治课程学习中已积累的学习经验,包括"少年有梦""在集体中成长"等的基础上,指导学生从历史维度探究大治河的前世今生,在自主探究、合作探究、实践学习中提升学科关键能力,涵养品格,培育正确的价值观。

第二,整合地区特色资源,激发学生家国情怀。本节课聚焦地区特色资源——"新场镇

母亲河"——以大治河的前世今生为逻辑主线,深度挖掘地区资源所蕴含的丰富教育功能和价值,引导学生将自身成长和家乡发展建立关联,培育学生家国情怀,激励他们勇担使命。

第三,创设多种学习情境,丰富学生实践体验。强化学科实践、丰富学生实践体验是义务教育新一轮课程改革的重要内容。本节课较好地体现了以学科实践为中心的课程育人方式的变革。教师引导学生通过"走访身边的老人或村干部""网上搜集图文资料"等方式来全面了解大治河的历史;通过实地走访、现场考察等方式来全面观察大治河的现状;通过"听爷爷讲故事"等方式来体验大治河工程的波澜壮阔,感悟家乡人民的勤劳精神和奋斗精神。

(上海市浦东教育发展研究院　杨　颖)

 作者简介

魏翠兰,上海市浦东新区新场实验中学道德与法治教师。曾获 2021 年上海市"红色一课"馆校合作优秀课程征集及展示活动三等奖。

屠敏蕊,上海市浦东新区新场实验中学道德与法治教师,中学高级教师。曾获 2021 年上海市"红色一课"馆校合作优秀课程征集及展示活动三等奖。撰写的《乡土资源融入道德与法治课堂的实践与思考——以新场实验中学"大治河"乡土资源分层实施为例》荣获 2021 年浦东新区中学思政课教师教学论文评选一等奖。

牢记嘱托，改革精神再出发

——走进安徽小岗村大包干纪念馆及上海浦东展览馆

上海民办兰生复旦中学　　盛利铭

教学实录

师：2016 年 4 月，习近平总书记来到小岗村感慨道："当年贴着身家性命干的事，变成中国改革的一声惊雷，成为中国改革的标志。"为什么说是"贴着身家性命干的事"？我们一起来看一下当时 18 位农民签下的红手印契约。

（展示契约实物图）

师：大家通过 VR 参观大包干纪念馆时，对这份契约提出了很多问题。今天非常幸运，我们通过视频连线邀请到了当年按下红手印的严宏昌爷爷。严老，您好！

（视频连线：严宏昌爷爷在大包干纪念馆现场为同学解惑）

师：同学们，跟严爷爷打个招呼。

生：（齐声）严爷爷好！

严老：同学们，大家好！我叫严宏昌，是小岗村人。当年我领着小岗村搞农村分田到户，搞起了大包干。今天能和大家见面，非常高兴！

师：严老，是这样的，我们同学有些问题想要问您。当年你们按下手印后有遇到过困难吗？最后又是如何解决的？

严老：按下手印以后，我们受到的阻力也非常大。在那个时候，我们分田到户，是在开倒车，有人认为是资本主义的复辟，引起了各方的阻力。还是靠地方的领导解决的，尤其是我们县委书记陈庭元同志，默许我们试一年。这一年过来，又得到了以滁县（今滁州市）地委书记王郁昭同志为首的七个常委的支持，默许我们继续试两年。接着得到安徽省委书记万里同志的支持，默许我们继续试五年。最后得到中央的认定，所以小岗村的包干获得了成功。

师：谢谢严爷爷，我们把掌声送给严老。

师：严爷爷的讲述，让我们对这份契约有了更深刻的认识。现在请同学们结合严爷爷的讲述，来谈一谈从这份契约中你感受到了什么。

生 1：我从这份契约中感受到了这些农民的勇敢。

师：你是从哪里看出来的？

生 1：就是这份契约，同时结合刚刚严爷爷说的话，他们当时受到了各方的阻力和非议，说他们是开倒车,是资本主义复辟。但是他们始终坚持走这条道路,并在各级有关领导的支持下,继续干了下去,最后坚持走好了这条道路。这份契约上说,"我们干部坐牢杀头也甘心",所以我觉得他们非常有勇气。

师:非常棒。从严爷爷的讲述和这份契约中,我们都能感受到当时这18位农民是非常勇敢的。同学们,你们了解过他们当年为什么要这么做吗?

生2:因为当时农民处于吃大锅饭的状态,就是说不管你干了什么活,你吃到的饭都是一样的。这样他们的生产积极性会受到影响,导致后来的粮食就会越来越少,生活就会越来越困难。

师:生产关系阻碍了生产力的发展。小岗村农民壮举的背后体现了怎样一种精神?

生3:这背后体现了中国人民敢为人先、敢闯敢试、不怕困难的精神。

师:你能具体说一说吗?

生3:因为当时他们是吃大锅饭的,但他们是第一个提出这种改革想法的,也是冒着杀头的风险去做这么一件事情的,所以觉得他们非常勇敢、非常厉害。

师:所以,改革真的是非常不容易的一件事情。它需要我们冲破固有的思维,需要我们具备敢闯敢试、敢为人先的精神,甚至有时候可能还要冒着杀头的危险,以及具备付出生命的决心和勇气。

师:小岗村经过大包干,他们获得了成功。同学们再想一想:除了小岗村人自己的努力外,是否还有其他因素呢?

生4:我觉得还离不开中国共产党的支持和领导。

师:你从哪里看出来的?

生4:严爷爷刚刚提到的。

师:经过改革,小岗村一年就解决了温饱问题。在中国共产党的领导下,家庭联产承包责任制也迅速地推广到全国,改革的浪潮从农村开始涌向城市。

师:小岗破冰,深圳兴涛,海南弄潮,浦东逐浪。1990年,党和国家做出重大部署,对上海的浦东进行开发开放。前段时间,我们参观了浦东开发开放30周年主题展。在主题展中,我们看到了这样两张照片。从照片中,我们可以感受到浦东发展如此之快。

师:这些照片背后有着怎样的故事呢?今天我们非常有幸地邀请到了浦东开发开放30周年主题展的讲解员王老师为我们进行讲解。

(视频连线:讲解员王韵正老师在上海浦东展览馆现场为同学们讲解)

师:王老师,你好!

王老师:盛老师好!同学们好!

生:(齐声)王老师好!

师:王老师,上次我们参观主题展时听了您的讲解后,感触非常深,对这两张照片产生了浓厚的兴趣。您能为我们深入地介绍一下这两张照片背后的故事吗?

王老师:大家现在看到的是烂泥渡路置景。浦东人曾经戏言,走过烂泥渡路,行人没有好衣裤。烂泥渡路周边的棚户区在1996年正式启动拆迁,当时为了抓紧完成拆迁任务,浦东管委会挑选了50名精兵强将,其中大部分是党员干部。负责拆迁的同志非常辛苦,还流传着一句话:周六保证不休息,周日休息不保证。其实不仅是周末,每天下班后的"夜晚时间"也是上门做居民思想工作的黄金时段,所以大家基本都是白加黑、五加二的工作状态。当时没有空调、风扇,大家只能用冰块降温,3天就病倒12个人,还不断有人脱水昏倒,办公室的窗户上就挂着刚刚拔了针的吊瓶。但是,我们的党员干部和工作人员依旧轻伤不下火线,仅仅一个月,签约率就达到85%以上。4个多月后,这一片有着20多万平方米的旧建筑、3500多户居民的棚户区就全部拆迁完毕。

王老师:如今,这条烂泥渡路已经变成了陆家嘴金融城的核心区域。这两张照片就是在同一个角度拍摄的今昔对比照,相差20年的时间,已是沧桑巨变。如今的浦东已经从阡陌农田变成了一座现代化新城,从几乎一无所有变成了创新发展的先行者。在中国共产党的领导下,中国人民在这片热土上创造出了无数个第一,在我们的展览馆中就陈列出了55项比较突出的第一,而浦东也正在将第一的良种播撒到全国!上海浦东没有辜负党和国家的嘱托。

师:谢谢王老师精彩的讲述,下次有机会我们再去聆听您的介绍。王老师的讲述让我们对浦东速度有了更加感性的认识。现在请同学们结合自己参观的体会,来谈一谈浦东开发开放和小岗村改革有哪些共同点,同学们可以相互讨论一下。

师:好,现在哪一位同学可以说一说?

生5:它们都有着非常重大的意义,浦东开发开放证明了改革开放是非常正确的选择,小岗村改革更是如此,它开启了改革开放的序幕,所以两者都产生了重大的深远影响。

师:很好,我们的党领导人民解放思想、锐意进取,创造了改革开放的伟大成就。还有吗?

生6:我觉得它们都是在中国共产党的领导下完成的,因为小岗村改革之前,严爷爷也说到了,是在党中央的支持下克服各方阻力完成的。刚才王老师在讲解中也提到很多党员亲力亲为地建设开发浦东。因此,改革开放是非常正确的选择,小岗村改革更是如此。

师:说得非常好!我们要始终坚持中国共产党的领导,改革开放就是最好的证明。还有吗?

生7:它们都体现了中国共产党的初心。小岗村改革的目的是让更多的农村摆脱贫困,获得更多粮食。上海浦东更是中国共产党直接去领导开发开放的,也是为了让人民过上更好的生活。所以,都体现了为中国人民谋幸福、为中华民族谋复兴的初心和使命。

师:习近平总书记曾说:"江山就是人民,人民就是江山。中国共产党领导人民打江山、守江山,守的是人民的心。"还有没有?

生8:在不同的时代,面对不同的改革的背景,我们始终要勇敢地创新、打破成规,以一种惊人的勇气和魄力坚持完成改革任务,最终在改革中取得深远的影响与成就。这背后体现的共同点是中华民族具有敢做、敢闯、敢试、敢为人先的伟大精神和品格。

师:其实就像刚才同学们讲的一样,两者都是在我们党的领导下,从人民的需求出发,以人民为本做出的重大抉择。其背后体现的就是我们党和人民解放思想、实事求是、敢闯敢试、敢为人先、不怕困难、锐意进取的改革精神。

师：习近平总书记强调："新时代的中国青年要以实现中华民族伟大复兴为己任，增强做中国人的志气、骨气、底气，不负时代，不负韶华，不负党和人民的殷切期望！"希望同学们能牢记习近平总书记的嘱托，继承和发扬改革精神，为实现中华民族伟大复兴的中国梦而奋斗。我们今天的课就到这里。

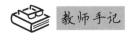 教师手记

挖掘场馆资源，创新教学模式

——关于"牢记嘱托，改革精神再出发"的教学思考

习近平总书记在 2019 年的 3 月 18 日召开的学校思想政治理论课教师座谈会讲话中强调："要坚持理论性和实践性相统一，用科学理论培养人，重视思政课的实践性，把思政小课堂同社会大课堂结合起来，教育引导学生立鸿鹄志，做奋斗者。"这堂"大思政课"就是在这样的改革背景下进行的，是贯彻落实习近平总书记重要讲话精神的一次生动探索，凸显了实践性的重要性。

一、挖掘场馆资源，让思政课教学更具真实性

马克思指出，现实世界是人生活于其中、与人发生着千丝万缕的联系、对人有价值和意义的价值世界或意义世界。核心素养政治认同的培育，不仅仅要立足课堂本身，更要通过走进社会大课堂，帮助学生在实践中厚植情感，提升理性思考能力，从而形成正确的价值观，最终在行为上进行践行。场馆资源的充分引入，就是帮助学生从社会大课堂中汲取知识和力量，与书本知识逻辑相互印证，从而逐步构建起符合自身逻辑的价值道德认同体系。同时，也可以提升思政课教学的亲和力与针对性。学生通过参观场馆，可以了解我们党和人民的奋斗史。一个个生动的故事能有效地提高思政课的感染力和说服力，让学生在思政课中获得更多的自豪感、满足感和成就感。

本节课的目的是在充分挖掘大包干纪念馆和上海浦东展览馆资源的基础上，聚焦小岗村大包干和浦东开发开放的历史，探讨改革开放的精神对于当下的我们有怎样的现实意义。基于这样的思考，课堂教学之前，教师团队来到安徽小岗村进行学习，参观了大包干纪念馆，并和当年 18 位带头人之一的严宏昌做了深入的交流。回到学校后，教师又带领学生通过 VR 的方式参观了大包干纪念馆，对大包干纪念馆里的实物进行了逐一讲解。同时，又带领学生前往上海浦东展览馆，在讲解员王韵正老师的解说下对浦东开发开放的全过程进行了学习。在参观学习的基础上，教师让学生讲述了参观体悟，并要求学生提出新的思考。教师和学生对改革开放的历史有了更深入的了解，特别是学生基于参观提出的思考和疑

感,对有效开展课堂教学起到了至关重要的作用,这也让课堂情境的创设更具真实性、学生的讨论更有价值。

学生在参观大包干纪念馆时对18位农民按下红手印的契约产生了浓厚的兴趣,提出了各种问题。比如:当年他们为什么要按下红手印?他们难道不怕吗?按下红手印后他们有没有遇到困难?……学生在参观上海浦东展览馆后,对其中的两张照片产生了兴趣,并提出了自己的思考:当年为什么要在浦东进行开发开放?浦东开发开放的过程是一帆风顺的吗?有遇到过失败吗?浦东开发开放的经验是否具有辐射作用,对其他地方有没有参考价值?……诸如此类问题,是学生基于自身心得体会提出的思考和疑惑,是基于现实生活的现实问题,贴近学生的生活实际,具有现实性和真实性的特点。结合本次教学目的,选择学生参观后提出的核心问题,在课堂深入分析问题、解决问题,就是本次教学内容的重要组成部分。因此,教师团队最终确定了以下教学内容:小岗村改革的重点将围绕当年的实物“契约”文本展开,浦东开发开放的重点将围绕两张同一地点不同时间的照片展开,并就小岗村改革和浦东开发开放的关联进行深入的探讨。于是,最终确定了以下教学目标:(1)通过对小岗村18位农民签订“契约”文本的探究,知道“大包干”精神的内涵,明白并认同改革发展需要“大包干”这种敢为人先的首创精神;(2)通过对上海浦东开发开放进行探究,理解今天深化改革、美好生活的实现需要继续发扬改革精神,并认同“改革没有完成时,只有进行时”的理念;(3)通过对改革开放史(小岗村改革和浦东开发开放相关历史)的学习,明白中国共产党的初心和使命,理解以人民为中心是中国共产党的执政理念和执政追求,增强爱党情怀。

从上述分析可以看出,教学目标、教学内容的设定,充分地基于学生在场馆参观基础上的认知水平,是以学生现实问题为导向的进一步深入和探讨。这就有效地对课堂和社会进行了关联,是一次非常成功的思政小课堂和社会大课堂相结合的路径探索,提升了课堂教学的有效性。我们认为,重视实践性,不能仅仅停留在实践本身,更要在实践的基础上,对理论内容进行进一步的思考,强化学生对课堂中强调的原则和立场的理解,从而提升理性思维,形成认知逻辑,增强自身的政治认同。正因为有了参观的体悟,学生在思考“浦东开发开放和小岗村改革有哪些共同点”的问题时,他们才能基于实践经验对课本知识进行感悟和应用。

二、创新教学模式,让思政课堂更具灵活性

内容决定形式,形式体现内容。实践教学的内容必然要通过一定的教学形式才能体现并强化教学的理论内容,因而实践教学应服从于教学的理论内容,并以增强教学的实效性为目的来恰当、合理地选择和安排与之相适应的教学形式。① 在思政小课堂和社会大课堂的有效结合中,教师更多的是带领学生走进社会进行学思践悟,从而为课堂教学内容服务。是否还有另外一种方式能让两者之间的关联更加紧密呢?本次课堂教学就该内容进行了

① 韩喜平,王晓阳.论思政小课堂与社会大课堂的结合[J].思想理论教育,2019(10):68-71.

有效探索,并取得了良好效果。

1. 有效利用现代化手段,让场馆资源随时都能走进课堂。考虑到教师要在两个场馆进行实践教学,而两个场馆一个在安徽一个在上海,很显然按照常规的教学思路是无法同时满足的。这是本次教学遇到的一个现实困境,也是很多教师日常教学中会遇到的现实困境。一堂思政课,我们或许会用多个场馆资源来辅助教学,而有些场馆资源却在外省市。即使不在外省市,学生也不太可能经常性地在正常的学习时间到场馆进行学习。于是,常规的教学方式往往是教师从网上寻找相关资料,然后设计情境,学生就情境进行深入探讨,或者偶然有那么一次带领学生去参观场馆,然后在此基础上进行教学。这样的方式是非常不错的一种教学模式。但是不是有更好的方式呢? 最后,教师团队想出一个办法,既然学生无法到安徽现场参观大包干纪念馆,恰好大包干纪念馆又制作了 3D 参观系统,于是大家一拍即合,就带领学生通过这样一种现代化的方式对大包干纪念馆进行了全面的参观,教师从旁进行讲解。这个过程有效地弥补了空间距离所导致的局限性,学生通过参观,对大包干纪念馆里的文物有了更加直观的认识,同时也节约了课堂教学成本,但是效果却和现场参观几乎没有多大的差别。思政课作为一门综合性课程,利用场馆资源是非常普遍的,因此,我们完全可以通过这样一种创新方式帮助学生了解我党的历史文化,拓宽知识面,为课堂教学服务。

2. 有效利用现代化手段,让场馆的讲解员参与日常课堂,增强课堂实效性。思政课教师更具有专业性,其理论功底相对深厚,但是有时对于场馆资源的了解并不深入。场馆讲解员对于场馆里的人、事、物都了解得更加深入。他们经过系统的培训,知道如何更好地讲好场馆里每一张图片、每一个物品背后的故事。两者的有机结合,一方面可以提升课堂教学的效率;另一方面可以让学生更好地感受场馆里的人、事、物,为课堂教学服务。一开始我们是想请严宏昌爷爷、王韵正老师到课堂和学生进行现场互动,但后来基于以下原因,我们尝试了直播连线的方式。一是严老年龄已经很大,为了一堂课让他来回奔波,我们于心不忍;二是我们认为这样的教学方式也不是日常教学的长久之计。于是,我们通过现代化手段,让严老和王老师来到了现场,就是现场直播视频连线的方式。以严老的直播视频连线为例,学生完全适应这种教学方式,并没有感到突兀。并且严老是在场馆里进行连线,学生可以通过视频进一步了解大包干纪念馆的场景。学生向严老提出问题,严老就学生的问题进行回答。教师在严老和学生互动的基础上,对严老的讲述进行进一步的深挖,提出了问题链。这种利用现代化手段的创新情境教学模式,让场馆教学和课堂教学有效地融合在一起,实现了互补,提高了课堂教学的效率和实效性。同时,学生通过身临其境的时空对话,又能切身地体会到当年小岗村改革的不易,为后续的深入讨论打下了良好的情感基础。同理,在浦东开发开放的探讨过程中,我们也用了这种方式,让讲解员王韵正老师以视频连线的方式进行现场答疑解惑。再加上教师的深入引导,学生对浦东发展背后的故事有了更深入的了解,对上海敢闯敢试的精神有了更深的认同。

今天,我们国家科技发展如此迅速,思政课教师要善于运用现代化手段,充分利用 5G

网络、直播系统、大数据、云计算和 VR 技术等，让场馆资源源源不断地走进日常教学，为课堂教学内容服务，帮助学生更好地了解中国共产党的奋斗史。我们认为，这是当下思政课教学改革创新的方向之一，非常值得探索。因为这种方式可以促使理论、时事、社会实践的融合，可以更好、更有效地发挥场馆资源的作用，让思政课更具魅力，从而不断提升思政课教学效果。

我们不仅要让学生走出去学思践悟，也要让具有生命的场馆资源走进课堂，从而不断提升学生的思想政治素养、道德修养、法治素养和人格修养，增强学生做中国人的志气、骨气、底气，通过学习成为一个有理想、有本领、有担当的时代新人。

学生感悟

这是一堂生动的课，也是一堂令人印象深刻的课。课堂之上，老师用一个个真实的案例带领我们走进改革开放。我们了解到小岗村的契约、打响改革开放"第一炮"，了解到之后的浦东开发开放以及党员干部们奋战在一线、吃苦耐劳、敢闯敢试的动人故事。我对这样的一段历史并不陌生，但这一堂课却让我第一次真实感受到了这段历史。它不再是仅仅停留在历史书上的对党、对"总设计师"的赞歌，而是扎根于泥土中、凝聚着广大人民对于美好生活的不屈不挠的向往与追求。开拓创新、勇于担当、开放包容、兼容并蓄，改革开放前辈们的精神犹在耳边；前辈们离我也并不遥远，那是一张张朝气蓬勃、坚毅乐观的脸庞，他们的身影久久在我心中徘徊，引领着我向他们靠近，努力成为一个"有益于人民的人"。

（上海民办兰生复旦中学　江一平）

这堂实践课令我们身临其境地感受到改革开放前辈身上敢为人先、锐意进取的创新精神，以及为中国人民谋幸福、为中华民族谋复兴的初心和使命。1978 年 12 月的一个寒夜，凤阳县小岗村的 18 位农民签下契约，尝试大包干，拉开了中国改革开放的序幕。改革开放以来，小岗人始终发扬敢为人先的精神，不断探索，勇于创新，用勤劳的双手建设着美好的家园；浦东开发开放取得的显著成就同样离不开改革开放的东风，离不开前辈们在开发开放中奋勇开拓创新的精神……公开课上一个又一个生动的案例，无不书写着中华民族从站起来、富起来到强起来的飞跃。作为新时代的青少年，我们要向改革开放前辈们学习，弘扬与时俱进、锐意进取的改革创新精神，持续推动全面深化改革的历史进程，奏响中国走向繁荣富强的最强音！

（上海民办兰生复旦中学　黄瀚卿）

专家点评

习近平总书记在庆祝中国共产党成立 100 周年大会上指出："一百年来，中国共产党弘扬伟大建党精神，在长期奋斗中构建起中国共产党人的精神谱系，锤炼出鲜明的政治品格。"为了学习贯彻习近平总书记"七一"重要讲话精神，盛老师充分利用上海的红色场馆资源,采用信息化教学手段,给学生讲述了中国共产党人在百年党史中所构建的伟大精神。这节课有三大突出的优点,具体如下。

第一,充分利用了红色场馆资源,让学生身临其境地感受中国共产党人的精神内涵。上海是中国共产党的诞生地,是中国共产党的初心始发地。浦东新区又将在未来打造成为社会主义现代化建设的引领区,是思政课非常好的现实素材。通过真实的场馆资源的参观与探索,结合学生平时的所见所闻,让他们近距离地切实感受浦东开发开放的经验,并由此感受一代又一代共产党员的初心和使命。

第二,利用信息技术,打破时间和空间的限制,创设第二课堂。在整堂课的教学中,充分利用了现代信息技术,现场连线博物馆的讲解员,打破了学校课堂和社会课堂的界限,为第二课堂的创设开辟了新的路径。教学过程既没有采用教师的整堂教授,也没有采用以往博物馆的参观教学方式,而是在同一时间将两者有机融合,打破了空间的限制,让学生体验不一样的两种课堂,既能了解小岗村的历史发展,又能体会浦东开发开放的历程,充分体现了思政课的守正创新。

第三,将核心素养的培育贯穿思政课一体化教学的始终。2019 年,习近平总书记在学校思想政治理论课教师座谈会上的讲话中指出:"要把统筹推进大中小学思政课一体化建设作为一项重要工程,坚持问题导向和目标导向相结合,坚持守正和创新相统一,推动思政课建设内涵式发展。"本节课是面对初中生的一堂生动的思政教学,上接高中下衔小学,承上启下。始终用核心素养引领小学、初中、高中思政课一体化教学,在情境设置、活动设计、质量评价等方面,既充分考虑初中生的学情,又融入一体化教学中,在实践中凸显对思政课一体化教学的探索。

(上海市杨浦区教育学院 蔡晶君)

 作者简介

盛利铭,上海民办兰生复旦中学教师。曾获杨浦区道德与法治骨干教师、上海市提篮桥监狱志愿团讲师、2018 年杨浦区中小学德育工作先进个人等称号。多次开设市、区级公开课,主导和参与多项市、区级课题的研究。曾荣获"一师一优课、一课一名师"活动市级"优课"、全国教育部优课奖、上海市中小学"学科德育精品课"、全国优课二等奖、上海市中小学(中职校)时事课堂教学展示评优活动二等奖等。目前是市、区合作项目"道德与法治学科教师育德意识和能力提升"区域课程开发的主要负责人。

年少立长志，争做接班人

上海市长宁区天山第二小学　周亚妮

教学实录

师：今天我们来到江苏盐城的新四军纪念馆，一起来学习一堂党史课。2021年春节前，上海市40余位年逾百岁的新四军老战士给习近平总书记写了封信。习近平总书记在给他们的回信中提到："你们青年时代就投身革命，为党和人民事业英勇奋斗，期颐之年仍心系党史宣传教育，深厚的爱党之情令人感佩。"同学们，你们了解习近平总书记在回信中提到的这支以"铁军"著称的新四军吗？

生1：我参观过纪念馆，知道新四军的全称是国民革命军陆军新编第四军，它也是中国人民解放军的前身之一。

生2：我看过《铁军——新四军的故事》纪录片，知道它是中国共产党领导的人民军队。经历了皖南事变后，武器简陋、装备不足的新四军，在险恶的环境中凭借铁一般的意志，独立担负着华中抗战的重任。

生3：我在纪念馆中学习到新四军在1937年由八省十四个地区的红军游击队陆续改编而成，皖南事变后在江苏盐城重建军部。2021年是新四军重建军部80周年。

师：好的，看来大家对新四军都有了一定的了解。新四军是在民族危亡的严重关头，作为中国共产党领导下的以服务人民为宗旨的一支军队。今天，在我们的现场来了一位新四军老战士，让我们用热烈的掌声欢迎宋强爷爷的到来。

师：宋爷爷，感谢您能来纪念馆给我们盐城的小学生面对面上课。孩子们之前学习了一些您的故事，有些问题想问问您。

生1：宋爷爷，我想问问您当初是怎么想到要加入新四军的？

宋爷爷：当时，老百姓的日子过得很苦，年轻人都想保家卫国。我18岁就去参军了。当时基本都是20岁左右的人去当兵，保卫中国。

师：我们说一代人有一代人的使命。宋爷爷年轻时一心想着保家卫国，就走上了战场，加入了新四军。

生2：宋爷爷，当时的战争环境怎么样？

宋爷爷：战争环境非常艰苦，但我们什么都不怕，主动出击。很多战友都牺牲了，但大家仍不怕，继续往前冲。

师：每个人都畏惧死亡，但是在这样的生死面前，宋爷爷没有后悔，也没有退缩，这种不怕牺牲、不怕苦难的拼搏精神令我们敬佩。他的这份坚守、这份执着,让我们看到了共产党人不惜牺牲个人的一切,为实现共产主义奋斗终生的精神。

生3:宋爷爷,您打仗的时候有没有什么难忘的经历?

宋爷爷:打仗并不是一个人的事情,每次遇到困难时,我们都是一起解决,一起冲。我们人多且年轻,每个人都以爱国主义思想来坚定地站在战场上。

师:孩子们,你们有没有听到宋爷爷说的"人多",我们常说,人多力量大。宋爷爷和很多战士们相信,只要在中国共产党的领导下,大家团结一心,就能排除万难,排除一切恐惧!

生4:宋爷爷,请问是什么支撑着您离休后还关心着我们少年儿童的?

宋爷爷:一到礼拜六或者礼拜天,都有许多小孩跑到我家去围着我,问我参军打仗的这些情况。他们很想知道,我也想和他们好好讲讲这些故事,让他们了解当时的情况,知道幸福生活来之不易,希望他们永远记住新四军。

师:宋爷爷一如既往地关心着党和人民的事业,尤其关心少年儿童的成长。离休后,他还为学校和社会发挥余热。这也让我们看到了一个真正、真实的共产党员的形象。我们也想告诉宋爷爷,请您放心,在您和老一辈的关心指导下,我们的少年儿童一定会健康成长,谢谢您!让我们再一次用热烈的掌声感谢宋爷爷的到来。

师:同学们,刚才我们也参观了新四军纪念馆。在这座纪念馆里陈列着许多文物,它们都留下了"铁军"的印记,反映了新四军铁的信念、铁的担当、铁的纪律、铁的作风。同学们,你们还记得有哪些场景或文物给你留下了深刻的印象吗?

生1:在一次战斗中,为了掩护大部队和人民的撤退,刘老庄连的战士们整整战斗了10小时。到了最后,82名英勇无畏的战士全部壮烈牺牲。

师:是呀,刘老庄连的战士们展现出的英雄气概让我们所有人都为之感动。

生2:我发现了一件旗袍,讲解员曾告诉我这是来自上海的新四军女战士王海纹烈士生前穿过的旗袍。在转移过程中,她们不幸遭遇日军"围剿"。她和几位年轻的女孩为了坚守心中的信仰,拒不投降,毅然决然地跳入了大河中。

师:女战士们坚定信仰、不怕牺牲的铁的精神令人肃然起敬,她们是优秀的中华儿女、永远的抗日英烈。

生3:我在广场上看到了"东进"雕塑。一位号手昂然挺立、凝神聚气,奋力吹响新四军东进的嘹亮号角。

师:"东进"就是向东挺进,迎敌而进。战场上,正是在东进的号角声中,新四军战士们在中国共产党的正确领导下走向胜利、走向辉煌。

生4:让我印象十分深刻的就是纪念宋乃德县长的宋公碑。原来,农民都认为修筑捍海大堤这件事不太可能完成。后来,宋乃德县长做了很多努力才让堤坝得以修建,让洪水不再侵犯,让百姓过上了好日子。

师:你说得实在是太棒了!周老师也想告诉大家,宋公堤是新四军到盐阜地区后为人民办的一件大实事,它所反映的正是新四军一心为民的精神。这一个个会说话的印记铭刻在我们心间，让我们深刻认识到了中国共产党领导下的人民军队不怕困难、不怕牺牲、一心为民，也让我们感受到了正是因为有了这些精神，中华民族才能站起来、富起来、强起来。

师：聆听了他们的故事，重温了习近平总书记的寄语，你们现在有什么话想说，有什么事情想做？

生1：在党的领导下，新四军取得了一个又一个胜利。我有了这样一个想法，现在我是一名少先队员，长大后我还要加入共青团，加入共产党，像宋强爷爷那样努力成为一名共产党员。

师：你已经有了入团、入党的志向，要热爱党、向往党，一辈子做党的好孩子。

生2：我是这样想的，今天的幸福生活是来之不易的。虽然现在不需要我们像刘老庄连82名烈士那样流血牺牲，但我也要努力地创造美好生活。

师：孩子，你是好样的！珍惜今天的幸福生活，努力创造未来的美好世界。

生3：习近平总书记在给淮安市新安小学少先队员们的回信中指出，"希望你们结合自身成长实际学好党史，以英雄模范人物为榜样，从小坚定听党话、跟党走的决心"。所以，今天我来到了这座场馆，希望今后我能在舞台上给全国人民讲述这段历史，让他们铭记和弘扬铁军精神。

师：从小做党的好孩子，长大后也去传承这样的红色精神。说得太棒了！今天，我们在纪念馆里和宋强爷爷回忆了当年的事件。这些震撼人心的故事激励我们热爱党、向往党，对党忠诚，无私奉献，珍惜现在的幸福生活，长大后努力创造美好世界。正如习近平总书记寄语我们的那样，"从小学先锋、长大做先锋，努力成长为能够担当民族复兴大任的时代新人"。

 教师手记

如何上好场馆思政课

——基于"年少立长志，争做接班人"的教学思考

有幸来到江苏盐城的新四军纪念馆，上了这样一堂别开生面的场馆课，这对我而言是一次从未有过的挑战。第一次走出传统课堂，第一次没有多媒体辅助，第一次面对异地学生，第一次现场采访新四军战士……许多的第一次汇聚，百感交集，但也正是这次挑战，让我对上好小学场馆思政课有了更深的认识。

首先，场馆思政课讲什么。我想，一定是弘扬中国共产党人的伟大精神。

《义务教育道德与法治课程标准》（2022年版）明确指出："道德与法治课程要培养的核心素养，主要包括政治认同、道德修养、法治观念、健全人格、责任意识。"政治认同是社会主义建设者和接班人必须具备的思想前提，在小学阶段具体表现为爱中国共产党，知道中国

共产党是伟大、光荣、正确的党。因此,引导小学生进一步认识中国共产党,热爱中国共产党,是非常有必要的。为什么要让学生认识这样一支以"铁军"著称的新四军?一是因为从1937年到1947年,新四军战士们用鲜血和生命凝聚成的新四军革命精神,闪耀着共产党人不忘初心、牢记使命的光芒。他们高举党的旗帜,英勇投身到为中国人民求解放、求幸福,为中华民族谋独立、谋复兴的历史洪流之中。换言之,新四军是中国共产党领导的一支重要抗日武装。二是因为中国共产党的伟大革命精神,既是中国革命伟大实践的精神结晶和价值体现,也是中国共产党领导中国革命过程中所表现出的精神与品质的总概括,更是中国共产党在革命时期的精神境界、精神风貌、精神力量的总写照。就新民主主义革命时期而言,中国共产党最具有标志性意义的革命精神是红船精神、井冈山精神、长征精神、延安精神和西柏坡精神等。新四军铁军精神与其他革命精神一起,共同构成了中国共产党革命精神的整体谱系。习近平总书记给上海市新四军历史研究会的百岁老战士们的亲笔回信,表明了对传承弘扬铁军精神的高度重视。新四军纪念馆作为全国爱国主义教育示范基地,是宝贵的思政课教学资源。这正是响应习近平总书记强调的把思政小课堂和社会大课堂结合起来,教育引导学生立鸿鹄志,做奋斗者。可见,在新的征程上,开展场馆教育是落实以史为鉴、开创未来的方法和路径,弘扬伟大建党精神是场馆教育的内容和载体。

其次,用什么来讲。经过这次教学探索,我认为讲好场馆思政课必须选择典型的教学资源。新四军纪念馆中有很多具体、凝练的红色资源,在15000平方米的建筑面积中有17000件展品诉说着新四军战士们的铮铮铁骨和赤子之心。通过一张张泛黄的照片、一件件珍贵的文物、一个个生动的事例,我与孩子们仿佛置身于那段光辉岁月。最终,我们选择了"刘老庄连"、"旗袍"、"东进"雕塑、宋公碑这些场景和文物。"刘老庄连"是习近平总书记在庆祝中国人民解放军建军90周年大会上的讲话中强调的"无数英雄群体和革命先烈,用生命诠释了一往无前的英雄气概";"旗袍"、"东进"雕塑彰显着新四军战士们坚定信念、迎敌而上的铁军精神;宋公碑记载了新四军带领老百姓修筑捍海大堤的艰难历程,是中国共产党一心为民的历史见证和生动缩影。这些都是历史留下来的中国共产党人不怕牺牲、英勇斗争,对党忠诚、不负人民的深刻印记,也让孩子们看到了共产党人无私奉献地为着人民、坚定向前的精神。同时,为了将历史和现实紧密联系起来,现场还请来了新四军老战士宋强爷爷。在面对面的互动交流中,宋爷爷回忆着曾经的峥嵘岁月,用最朴实的话语解答孩子们的疑惑,讲述铁军往事,一字一句地展示了战争年代的艰苦卓绝。看着宋爷爷胸前挂满的奖章,孩子们进一步认识到是战士们保家卫国、不惧牺牲的奉献换来了现在的幸福生活。

最后,就是怎么讲。对小学生而言,最好的方法是走进场馆、讲好故事。

第一,要让红色遗址成为课堂。要把学生的爱党爱国之情自然而然地激发出来,这是思政课教学的难点所在。我先带着孩子们实地参观新四军纪念馆,借助场馆中的5D、AR等技术化手段,通过巨幕投影、灯光秀等方式,让孩子们沉浸在战火纷飞的场景中。特别是来到"刘老庄连"，一声声的"东进"号角、一阵阵的雷鸣轰炸、一个个震撼的数字，让在场的每个人都潸然泪下，热血沸腾。第二，要给孩子们讲故事。习近平总书记说，"深刻道理要通过讲故事来打动人、说服人"。要讲好红色故事，就要以真实吸引人，以情节打动人，以细节感化人，以精神鼓舞人，以道理启迪人。要用话语打动孩子，思政课教师必须不断积累红色知识。授课前，我便抓住场馆中能明显体现铁军精神的典型文物、场景，翻阅大量的材料，对红色故事的历史渊源、历史事件及其对过去、现在、未来的影响等进行深入研究，寻解历史密码，将故事背后那些充满人文精神和情怀的人物、事件挖掘出来，尝试将红色资源变成激发爱国热情、凝聚人民力量、培育民族精神的重要内容，有了底气才能给孩子们讲好红色故事。除此之外，我还邀请到了新四军老战士到课堂上讲述自己参军、打仗、发挥余热等亲身经历的故事。虽然宋爷爷的口音较重，很多内容听得并不清楚，但我们能从他真挚的眼神、细微的表情中感受到当年的艰辛。孩子们在听故事、悟精神的过程中加深了对中国共产党的认识、认同和热爱，听党话、跟党走，也想用自己的实际行动传承红色基因，从而达到"触景生情、化情为意、以意促行"的教育效果。

不仅要在课堂上讲思政课，还应该把思政课堂开在红色场馆中，用好红色资源，上好"大思政课"。这次挑战让我意识到，身为思政课教师，必须"心中有党、眼中有人、肩上有责"。一次次的研讨备课，让我更有信心上好这堂课，更想上好这堂课。同时，我也更想上好每堂课，帮助学生扣好人生第一粒扣子，引导他们增强做中国人的志气、骨气、底气，为落实立德树人根本任务贡献自己的力量！

✏ 学生感悟

这是我第一次来到新四军纪念馆，也是第一次在场馆里上课。我常听爷爷说起"新四军"，过去只知道皖南事变后，新四军在我们江苏盐城重建军部。通过今天的学习，我对这座纪念馆里的文物有了更深的认识，尤其是"刘老庄连"战斗场景、广场上的"东进"雕塑、宋公碑等，都给我留下了深刻的印象。我还认识了一位新四军老战士宋强爷爷，也更明白了铁军精神的内涵。我有了这样一个想法，现在我是一名少先队员，长大后我还要加入共青团，加入共产党，像宋强爷爷那样努力成为一名共产党员。

（江苏省盐城市串场河小学　　徐　　笑）

今天，周老师带着我们来到了新四军纪念馆。一进门，就被"铁军忠魂"的雕塑深深吸引，仿佛新四军战士浴血奋战、勇猛向前的形象就在眼前。特别让我难忘的是新四军老战士宋强爷爷讲述自己的故事，让我感受到虽然当时条件十分艰苦，但战士们仍坚持在战场上拼搏到最后一刻。听了他的故事，我更坚定了想当兵的梦想，也想像这群革命先辈一样保卫国家。所以，要成为一名军人，首先要有强健的体魄。我现在每天坚持跑步、跳绳，多做运动，争取考上军校。

（江苏省盐城市串场河小学　　陈浩林）

今天，来自上海的周老师给我们上了一堂别开生面的道德与法治课。她带着我们参观了新四军纪念馆，用生动的话语讲述红色故事，让我感受到新四军与人民群众一起患难与共、生死相依，抵御外侮、共赴国难，创造了彪炳史册的赫赫战功和无数革命奇迹。我们很幸运能生活在和平年代，所以更要珍惜今天的一切。身为小学生，当下的责任就是努力学习，长大了为祖国、为人民作出贡献，努力创造出更加美好的生活！

（江苏省盐城市串场河小学　徐昌龙）

 **专家点评**

前期，我们和周亚妮老师一起研讨如何上好这节课。从几次陪伴她在场馆实地考察，到看到周老师这节课的精彩呈现，再到阅读了周老师关于这节场馆课的回望与反思，我们对于场馆思政课、思政课教师"讲道理"、思政课教师的成长有了很多新的体会。

这节课更坚定了我们对"思政课需要拓展学习空间"的认识。《义务教育道德与法治课程标准》（2022年版）明确指出，"坚持校内教育和校外教育相结合，引导学生走出课堂、走出校园"，这是从丰富学生实践体验的角度提出的要求。在学情调查中我们发现，学生无论是对新四军纪念馆还是对铁军精神，都所知不多，但是通过周老师的精心设计与引导，他们在场馆学习之后由衷地发出了向新四军学习的呼喊，还有学生此后再次走访了场馆。可以说，这次场馆课的尝试与体验，改变了思政课的教学方式，实现了思政课借助红色资源"讲深、讲透、讲活"的深度育人的要求。

这节场馆课最大的成功之处在于对学习的设计与支持。在这节课中，周老师聚焦"弘扬铁军精神"这一目标，从习近平总书记给40余位年逾百岁的新四军老战士的回信开始，带着问题找故事，让人物讲故事，让文物讲故事，以"故事"为切入点，设计了从"看故事""听故事"到"讲故事"的学习过程。在这一过程中，学生通过场馆考察、文物探究、人物访谈、交流分享等多种方式，了解、学习以刘老庄连为代表的新四军铁的信念、铁的担当、铁的纪律、铁的作风。正因为经历了这样完整、深入的场馆学习，学生们深深感受到今天的美好生活是无数革命先辈用鲜血和汗水换来的。于是，他们发自肺腑地表达要努力学习、奋力接续，听党话、跟党走，做新时代好少年！

这次场馆课的实践与探索，也让我更深刻地认识到要不负时代赋予思政课教师的使命担当，思政课教师必须重新成为学习者。如何充分发挥思政课思想引领的重要作用，引领小学生学好思政课，需要思政课教师时时处处用心思考、深入学习。周亚妮老师在执教这节场馆课的过程中，五次往返盐城、上海，无数次上网浏览线上博物馆，翻阅了多种文献资料和历史纪录，几次走访新四军老战士，对盐城小学生展开深入调研和观察……执教这节课的过程于周老师而言，是一个主动、自觉、全面的学习过程，而这一点正是思政课教师守好责任渠的重中之重。

（华东师范大学附属天山学校　李晓军）

作者简介

　　周亚妮，上海市长宁区天山第二小学道德与法治教师、德育教导，中级教师。被评为上海市中小学思政课骨干教师培训班优秀学员、长宁区"种子计划"教师、长宁区优秀少先队辅导员。曾获第四届上海基础教育青年教师教学竞赛三等奖，多次荣获长宁区课堂教学研讨一等奖。负责的"校园里的号令"一课被评为上海市中小学"学科德育精品课"。